데이터 제국

데이터 제국

당신의 모든 흔적은 어떻게 권력이 되는가

심재훈 지음

좋은땅

당신의 데이터는 누구의 것인가

2035년 11월, 서울. 30대 김 모 씨의 아침은 스마트워치의 진동이 아닌, '경고음'으로 시작됐다. 보험사 AI가 그의 수면 데이터를 분석한 결과, 어젯밤 심박수 변동이 감지되었다며 오늘 하루 카페인 섭취를 금지했기 때문이다. 그가 커피머신에 컵을 대자 "건강 등급 주의 단계입니다. 구매가 승인되지 않습니다."라는 붉은 메시지가 떴다.

출근길, 자율주행 택시를 호출했지만 배차에 실패했다. 이유는 간단했다. 지난달 그가 소셜미디어에 올린 정부 비판적인 게시글 때문에 '시민 신용 점수'가 깎여, 출근 시간대 우선 배차권이 박탈된 것이다. 지하철역 개찰구를 통과할 때 안면 인식 시스템은 그의 얼굴을 0.1초 만에 스캔했고, 동시에 그의 동선 정보는 실시간으로 국가 데이터 센터와 글로벌 빅테크 기업의 서버로 전송됐다.

오후 업무 중, 그는 은행으로부터 대출 금리 인상 통보를 받았다. 연체한 적도 없는데 억울했다. 알고 보니 그가 최근 검색한 '이직', '퇴사 고민'이라는 키워드를 AI가 포착하여 '상환 능력 리스크'가 있다고 판단한 것이다. 항의할 곳은 없었다. 결정은 알고리즘이 내렸고, 알고리즘은 설명해 주지 않기 때문이다.

그날 밤, 김 모 씨는 생각했다. "나는 자유로운 시민인가, 아니면 데이터 제국의 사육되는 가축인가?"

이것은 공상과학 영화의 한 장면이 아니다. 바로 지금, 우리가 맹렬한 속도로 달려가고 있는 예정된 미래다.

당신이 이 책을 집어 든 지금 이 순간에도, 보이지 않는 전쟁은 계속되고 있다.

총성 없는 전쟁터에서 총알 대신 오가는 것은 바로 '데이터'다. 미국과 중국은 이 21세기의 석유를 차지하기 위해 반도체 공급망을 끊고, 해저 케이블을 감청하며, 전 세계를 디지털 장벽으로 나누고 있다.

이 책은 이 거대한 패권 전쟁의 최전선을 기록한 보고서이자, 다가올 감시 사회에서 인간의 존엄을 지키기 위한 생존 지침서다.

우리는 흔히 "나는 숨길 것이 없으니 내 정보를 가져가도 상관없다."라고 말한다. 하지만 데이터 권력은 당신의 비밀을 캐내려는 것이 아니다. 그들은 당신의 욕망을 예측하고, 행동을 통제하며, 마침내 당신의 선택을 조종하려 한다.

이 책은 팬데믹 이후 가속화된 디지털 감시 체제부터, 챗GPT가 촉발한 AI 주권 논쟁, 그리고 미·중 갈등의 소용돌이 속에 놓인 한국 반도체의 운명까지, 데이터가 어떻게 국가를 흔들고 다시 세우는지 낱낱이 파헤칠 것이다.

이제 질문을 던질 차례다. 거대 기술 기업과 국가가 설계한 이 '데이터 제국'에서, 한국은, 그리고 당신은 식민지가 될 것인가, 주인이 될 것인가?

그 답을 찾기 위한 여정을 지금 시작한다.

목차

1부

코로나: 봉쇄의 기억

2부

하드웨어 전쟁: 21세기의 영토

1부

·

코로나: 봉쇄의 기억

1장

QR의 탄생

우한 봉쇄와 알리바바의 밤샘 코딩

1. 2020년 1월 23일 오전 10시, 우한의 시간이 멈추다

2020년 1월 23일 오전 10시. 중국 내륙의 거대한 심장부이자 인구 1,100만 명 안팎의 메가시티 후베이성 우한(武漢)의 시계가 멈췄다.

그날 아침의 공기는 여느 겨울날처럼 차갑고 습했지만, 도시를 감싸고 있는 긴장감은 이전과는 질적으로 달랐다. 중국 최대 명절인 춘제를 목전에 둔 시점이었다. 예년 같았으면 고향으로 돌아가려는 귀성객들과 선물 꾸러미를 든 인파로 한커우(漢口) 기차역 광장이 발 디딜 틈 없이 붐볐을 것이다.

그러나 이날 오전 10시를 기점으로 모든 소음이 거짓말처럼 소거되었다. 중국 당국이 전격적으로 단행한 '도시 봉쇄' 명령이 발효된 순간이었다.

한커우 역의 육중한 철제 셔터가 내려갔고, 역 광장으로 진입하는 모든 도로에는 푸른색 철제 펜스와 임시 차단물이 이중 삼중으로 세워졌다. 공항 활주로는 텅 비었고, 고속도로 톨게이트에는 경찰 병력과 대형 차량들이 도로를 가로막았다. 도시 안으로 들어올 수도, 밖으로 나갈 수도 없는 거의 완전한 고립. 현대 도시를 대상으로 한 전례 없는 대규모 물리적 봉쇄이자, 거대한 사회적 실험이 시작된 것이다.

우한 시민들은 창문 밖을 내다보며 전율했다. 거리를 메우던 수많은 차량이 사라진 텅 빈 대로 위에는 오직 스산한 바람만이 불었다. 도시는 마치 전원 코드가 뽑힌 기계처럼 침묵에 잠겼다. 사람들은 본능적으로 문을 걸어 잠갔다. 보이지 않는 바이러스에 대한 공포와 이 감금 상태가 언제 끝날지 알 수 없다는 막막함이 도시를 짓눌렀다.

2. 붉은 완장과 종이 장부: 아날로그 통제의 한계

초기의 우한 봉쇄는 지극히 원시적이고 아날로그적이었다.

1,100만 명의 도시를 통제하기 위해 당국이 가장 먼저 동원한 것은 첨단 기술이 아니라 '사람'과 '물리력'이었다. 우한의 많은 아파트 단지와 주거 구역(小區)은 작은 요새로 변했다. 단지의 정문과 후문은 줄줄이 통제됐고, 틈이 보이면 임시 펜스나 판자로 막아 버렸다.

시민들의 생존권은 이제 아파트 입구를 지키는 '문지기'들의 손에 쥐어졌다. 그 문지기들은 '붉은 완장'을 찬 지역 주민위원회 관리자, 경비원, 그리고 급하게 동원된 자원봉사자들이었다. 그들은 입구에 책상을 놓고 24시간 보초를 섰다. 그들의 손에 들린 것은 스마트폰 앱이 아니라 붉은색 플라스틱 체온계와 '종이 장부'였다.

식료품을 사러 나가려면 주민위원회가 손으로 써준 '종이 동행증'이 필요했다. 주민들은 외출하기 위해 경비원 앞에서 사정해야 했고, 경비원은 그들의 이마에 체온계를 들이대며 심문했다.

"어디 가는 거요? 열은 없소? 어제는 안 나갔소?"

수천 명이 사는 대단지 아파트에서 종이 장부 하나로 출입자를 관리하는 것은 사실상 불가능에 가까웠다. 아침마다 채소를 구하러 나온 주민들이 문 앞에서 길게 줄을 섰고, 볼펜 하나를 여러 사람이 돌려가며 이름과 연락처를 적었다. 그 과정 자체가 밀집과 접촉을 유발해 바이러스 전파 위험을 키웠다.

무엇보다 가장 큰 문제는 '정보의 부재'였다. 경비원은 눈앞에 있는 주민의 체온이 36.5도라는 사실만 알 뿐, 그가 어제 확진자가 발생한 시장을 다녀왔는지, 숨겨진 감염자와 접촉했는지는 알 길이 없었다. 주민이 "나는 집에만 있었다."고 말해도, 이를 검증할 수단이 없었다.

공포는 눈에 보이지 않는 바이러스에서 비롯됐지만, 통제는 오직 눈에 보이는 물리력과 낡은 종이 서류에만 의존하고 있었다. 도시는 거대한 감옥이 되었지만, 정작 바이러스는 그 감옥의 창살 사이를 비웃듯 넘나들고 있었다.

3. 딜레마: 가둘 것인가, 흐르게 할 것인가

시간이 흐를수록 아날로그 통제의 한계는 명확해졌다. 2020년 1월이 지나고 2월이 되자, 중국 지도부를 짓누르는 압박감은 극에 달했다.

첫째, 바이러스의 전파 속도는 인간 관리자의 판단 속도보다 훨씬 빨랐다. 역학 조사관이 확진자의 기억에 의존해 동선을 파악하고 종이·전화 보고를 올리는 동안, 바이러스는 이미 n차 감염을 일으키며 더 멀리 퍼져나갔다.

둘째, 경제 붕괴의 공포였다. 우한뿐 아니라 중국 전역의 주요 도시들이 봉쇄 또는 준(準) 봉쇄 상태에 들어가면서, 공장 가동이 멈추고 물류가 끊겼다. 인민들을 무기한 집에 가둘 수는 없었다. 먹고사는 문제가 해결되지 않으면, 병보다 굶주림이 먼저 사회 불안을 일으킬 것이라는 위기감이 고조되었다.

중국 정부는 딜레마에 빠졌다. 봉쇄를 풀면 바이러스가 창궐할 것이고, 봉쇄를 지속하면 국가 경제가 무너진다. "사람을 다시 일터로, 거리로 움직이게 해야 한다. 하지만 바이러스는 차단해야 한다." 이 모순적인 두 가지 목표를 동시에 달성할 수 있는 방법은 무엇인가.

낡은 종이 통행증과 경비원의 눈대중으로는 불가능했다. 더 빠르고, 더 정확하고, 더 광범위하게 인구를 식별하고 분류할 수 있는 새로운 도구가 필요했다. 중국 정부는 그 해답을 과거가 아닌 미래에서, 그리고 베이징이 아닌 항저우에서 찾기로 했다. 그들이 호출한 것은 군대가 아니라, 14억 인민의 주머니 속에 있는 스마트폰, 그리고 그 안에서 24시간 돌아가는 알리바바와 텐센트의 '데이터'였다.

4. 항저우의 불 꺼지지 않는 밤: 디지털 맨해튼 프로젝트

우한이 물리적 봉쇄에 갇혀 힘들어하던 2020년 2월 초, 중국 저장성 항저우(杭州)의 밤은 다른 의미로 뜨거웠다. 항지우 는 중국 최대 전자상거래 기업 알리바바(Alibaba)의 본사가 위치한, 중국 디지털 경세의 상징적인 심장이었다.

시시각각 조여 오는 바이러스의 공포 속에서, 알리바바의 핀테크 자회사 앤트그룹(Ant Group)과 항저우시가 함께 '전시 동원령'에 가까운 프로젝트를 시작했다. "사람들의 이동을 통제하되, 경제 활동은 재개하게 할 것. 그리고 이 모든 것을 스마트폰 안에서 구현할 것."

수십 명의 개발자와 공무원, 빅데이터 전문가들이 회의실에 모였다. 그들에게 주어진 시간은 극도로 짧았다. 목표는 명확했다. 개개인의 바이러스 감염 위험도를 판단해, 이동과 출근, 상점 출입의 기준이 되는 '디지털 통행증'을 만들자는 것이었다.

이것은 단순한 앱 개발이 아니었다. 알리바바·통신사들이 가진 결제·쇼핑·위치 정보와 정부가 가진 신분·행정 데이터 등을 하나의 인터페이스에 엮는, 전례 없는 '데이터 결합' 작업이었다는 점이 여러 연구에서 지적된다.

화이트보드에는 복잡한 알고리즘 스케치가 그려졌다 지워졌다. 핵심은 '판단의 자동화'였다. 지금까지는 경비원이 체온을 재고 눈대중으로 사람을 들여보냈다. 그러나 새로운 시스템에서는 알고리즘이 사실상의 판관이 되어야 했다.

"A라는 사람이 확진자와 같은 기차를 탔는가?"

"B라는 사람이 위험 지역인 우한에 2주 내 방문했는가?"

이 질문들에 대한 답을 인간의 기억이 아닌, 통신 기지국 정보와 교통·결제 기록 등에서 실시간으로 끌어와야 했다. 개발자들은 밤을 새우며 대규모 데이터를 처리할 수 있는 코드를 짰고, 이것은 훗날 전 세계가 목격하게 될 '건강코드(Health Code, 젠캉마)'의 산실이 되었다.

5. 2월 11일, 신호등이 켜지다

2020년 2월 11일, 항저우시는 세계 최초 수준의 QR 코드 기반 방역 통제 시스템인 '건강 QR 코드'를 공식 가동했다. 시민들의 반응은 기대와 불안이 섞여 있었다. 밖으로 나가려면 이 코드가 필요하다는 공지가 도시 전역에 뿌려졌다.

시민들은 스마트폰을 꺼내 중국인들의 필수 앱인 알리페이나 위챗의 건강코드 서비스를 켰다. 화면에는 낯선 인터페이스가 떠 있었다. 이름, 신분증 번호, 전화번호를 입력하고, 최근 여행 이력과 발열·기침 여부 등을 묻는 질문에 답해야 했다.

'확인' 버튼을 누르는 순간, 화면 중앙에서 로딩 아이콘이 돌아갔다. 그 짧은 몇 초 동안, 서버는 이 신청자의 정보와 신고 내용을 토대로 위험도를 산정했다. 그리고 즉결 심판에 가까운 판결을 내렸다.

화면 중앙에 커다란 사각형 QR 코드가 생성됐다. 색깔은 세 가지였다. 초록색, 노란색(혹은 주황색), 빨간색.

항저우시의 공식 설명에 따르면, 초록색은 상대적으로 감염 위험이 낮은 상태로 자유로운 이동이 가능함을 의미했고, 노란색과 빨간색은 각각 수일에서 최대 14일에 이르는 격리·이동 제한을 뜻했다. 도시와 시기마다 세부 규칙은 차이가 있었지만, 이 세 가지 색깔은 순식간에 인민을 나누는 새로운 계급장이 되었다.

초록색은 '안전'을 의미하는 프리패스였다. 이 코드를 가진 자는 검문소를 통과하고, 마트에 가고, 출근할 수 있는 '이동 시민권'을 획득했다.

노란색은 경고였다. 일정 기간의 자가 격리 혹은 이동 제한을 뜻했다.

빨간색은 '고위험 인물'이라는 낙인이었다. 14일 정도의 격리가 부과되는 경우가 많았고, 사실상 일정 기간 사회적 활동에서 배제된다는 의미였다.

항저우 시민들은 안도하거나 절망했다. "나는 초록색이다!"라고 외치며 집 밖으로 뛰쳐나가는 사람이 있는가 하면, "왜 내가 빨간색이지? 나는 아픈 곳도 없는데!"라며 억울해하는 사람도 있었다. 하지만 항의할 곳은 마땅치 않았다. 판관은 사람이 아니라 알고리즘이었고, 알고리즘은 이유를 상세히 설명해 주지 않았다.

6. 슈퍼 앱의 참전과 전국적 확산

항저우의 실험은 놀라운 속도로, 그리고 무서운 효율성으로 확산됐다.

알리바바의 시스템을 본 텐센트(Tencent)가 곧바로 합류했고, 중국인들의 국민 메신저 위챗(WeChat)에 건강코드 기능이 탑재되면서 이 시스템은 날개를 달았다.

2월 중순 이후 저장성 전역, 이어 다른 성·시들이 연달아 자체 혹은 연계된 건강코드를 도입했고, 3월 말에는 중국 대부분의 지역이 QR 기반 건강코드를 사용하게 되었다.

몇 주 만에 항저우에서만 600만 명 이상이 코드를 발급받았다는 지방정부 발표가 나왔다. '인구의 90%가 일주일 만에 발급'과 같은 표현은 과장에 가깝지만, 최소한 대도시에서 대부분의 주민이 짧은 기간 내에 코드에 편입된 것은 분명했다. 이는 강제적인 행정 명령 때문만이 아니었다. 코드가 없으면 버스를 타기도, 직장과 상점을 이용하기도 어려운 현실적인 필요 때문이었다.

생존을 위해 시민들은 자발적으로 자신의 위치와 건강 정보를 기업과 국가에 제출했다.

4월 무렵, 건강코드 시스템은 중국 전역으로 확산되었다는 평가가 나온다. 베이징의 자금성 앞에서도, 상하이의 와이탄에서도, 쓰촨성의 산골 마을에 이르기까지 QR 코드는 새로운 통행증이 되었다.

거리는 다시 활기를 되찾는 듯 보였지만, 그 풍경은 이전과 완전히 달라졌다. 물리적인 바리케이드는 줄어들었지만, 그 자리에 보이지 않는 '디지털 바리케이드'가 촘촘하게 들어섰기 때문이다.

상하이의 번화가 난징동루를 걷는 사람들을 보라. 그들은 걷다가 멈춰서서 스마트폰을 꺼낸다. 건물 입구, 지하철 개찰구, 택시 뒷좌석, 심지어 동네 슈퍼마켓 앞에도 QR 코드가 인쇄된 종이가 붙어 있다.

스캔하고, 폰을 보여 주고, "삐" 소리를 듣고 통과하는 일련의 과정. 이것은 새로운 도시의 율법이자 의식이 되었다. 사람들은 이제 서로의 얼굴을 보지 않고 스마트폰 화면을 먼저 보았다.

"너 무슨 색이야?"

이 질문은 농담이 아니었다. 상대방이 나의 안전을 위협할 존재인지 아닌지를 가르는, 생존을 위한 확인 절차였다. 바이러스가 만든 공포는, 데이터가 만든 질서 속으로 빠르게 흡수되고 있었다.

7. "딩동, 당신은 거부되었습니다"

2020년 3월의 어느 아침, 상하이 지하철 2호선 난징동루역 개찰구. 출근길을 서두르던 직장인 A씨가 멈춰 섰다. 평소라면 "삐빅" 하는 경쾌한 소리와 함께 열려야 할 플랩 게이트가 요지부동이었다.

스마트폰 화면을 내려다본 A씨의 동공이 흔들렸다. 어제 잠들 때까지만 해도 분명 안전을 뜻하던 '초록색' 코드가, 하룻밤 사이에 샛노린 '황색'으로 바뀌어 있었던 것이다.

역무원이 다가와 그를 제지했다. "황색 코드입니다. 물러서십시오." A

씨는 억울함을 호소했다. "저는 열도 없고, 기침도 안 해요. 확진자를 만난 적도 없어요. 시스템 오류일 겁니다." 하지만 역무원은 고개를 저으며 차갑게 말했다. "제가 판단할 수 있는 문제가 아닙니다. 시스템이 당신을 위험군으로 분류했습니다. 규정에 따라 즉시 귀가해서 격리하십시오."

그날 A씨는 회사에 가지 못했다. 그는 집에 돌아와서야 자신이 왜 '위험 인물'이 되었는지 필사적으로 추적했다. 며칠 전 자신이 탔던 버스에 확진자가 동승했을지도 모른다는 추측, 혹은 자신이 들렀던 약국에서 감기약을 샀다는 기록 때문일지도 모른다는 막연한 의심만 남았다.

이것이 바로 '알고리즘 통치'의 본질 중 하나였다. 과거의 독재는 눈에 보이는 곤봉과 총칼로 사람을 억압했지만, 디지털 통제는 설명되지 않는 코드 변경과 불투명한 결정으로 사람을 무력화시켰다. 판결은 내려졌지만, 정확한 죄목을 알 수 없는 상황이 수억 인구의 일상이 된 것이다.

8. 코드 속에 숨겨진 비밀: "경찰에 보고하라"

시민들은 이 앱이 순수하게 '방역'을 위한 것이라 믿고 싶어 했다. 하지만 기술의 이면에는 더 어두운 진실이 숨어 있었다.

뉴욕타임스(NYT)의 탐사 보도팀은 당시 알리페이 건강코드의 안드로이드 버전을 분석했다. 그 결과, 겉으로는 보건 당국의 방역 앱으로 보이지만, 실제로는 사용자가 앱을 사용할 때 위치 정보와 개인 식별 정보가 공안(경찰) 시스템과 실시간으로 공유되도록 설계된 정황을 포착했다.

겉에서 보이는 화면만으로는 알 수 없었지만, 앱이 기지국 접속 정보와 전자 결제 내역, 행정 정보 등을 다양한 서버와 주고받는 구조가 코드 수준에서 드러났다. 건강코드는 사용자가 앱을 켜는 순간, 그 위치 정보를 보건부가 아니라 공안 서버로도 전송하도록 설계되어 있었던 것이다.

방역은 명분이었고, 실체는 그와 동시에 작동하는 치안 감시 인프라였다. 다만 여기서 "경찰에 보고하라."라는 문장이 코드에 노골적으로 박혀 있었다기보다는, 데이터 흐름과 인터페이스가 그 역할을 수행하도록 짜여 있었다는 데 의미가 있다.

9. 자유의 조건부화: 데이터가 없으면 인간도 없다

이 시스템 안에서 '자유'의 개념은 근본적으로 재설계되었다. 이동의 자유는 천부 인권이 아니라, 데이터를 제공하고 시스템의 검증을 통과한 자에게만 주어지는 '조건부 면허'가 되었다.

건강코드는 '해방의 티켓'이자 '생존의 족쇄'였다. 코드가 있어야만 아파트 단지 밖으로 나가 신선한 채소를 살 수 있었고, 코드가 있어야만 직장으로 돌아가 월급을 받을 수 있었다. 사람들은 이 불공정한 거래를 받아들였다. 아니, 받아들일 수밖에 없었다. 디지털 바리케이드 밖으로 밀려나는 것은 곧 사회적 배제에 가까운 상황을 의미했기 때문이다.

가장 큰 피해자는 디지털 소외 계층이었다. 스마트폰을 다루지 못하는 노인들은 QR 코드가 필요한 교통수단·시설 이용이 어려워져, 더 많이 걸어 다니거나 가족·이웃에 의존해야 했다. 휴대폰이 없거나 배터리가 방전된 사람은 집 앞에 도착하고도 단지 입구에서 발이 묶이는 사례가 보고됐다.

"데이터가 없으면 존재하지 않는 것과 같다." 이것이 2020년대 초 중국 도시들에서 나타난 새로운 룰에 가까웠다. 스마트폰의 화면이 꺼지는 순간, 최소한 도시 생활의 주요한 관문들은 함께 닫혔다.

10. 효율성의 함정: 기억보다 정확한 감시

이 시스템의 가장 무서운 점은 소름 돋는 '효율성'이었다. 확진자가 발생하면 당국은 더 이상 역학조사관을 파견해 일일이 탐문 수사를 할 필요가 없었다. 대신 서버의 로그를 조회했다.

확진자 B씨가 3일 전 오후 2시에 상하이의 한 카페에 입장했다는 QR 로그가 확인되는 순간, 시스템은 같은 시간대 전후로 그곳에 QR을 스캔하고 들어온 사람들의 목록을 추출해 '밀접 접촉자'로 분류할 수 있었다.

"당신은 밀접 접촉자입니다."

이 통보는 인간의 기억력보다 정확했다. 내가 누구와 밥을 먹었는지, 몇 시에 편의점에 갔는지, 나조차 잊어버린 사실을 알고리즘은 분 단위로 기록하고 있었다. 사람들은 점점 자신의 기억보다 스마트폰 화면을 더 신뢰하게 되었다.

2020년 이후 중국 국무원과 각 성 정부는 건강코드 데이터를 표준화·연계하고, 지역 간 상호 인증을 추진하는 지침을 내놓았다. 각 성(省)마다 제각각이던 데이터베이스를 중앙 차원의 플랫폼과 연동하여, 국가가 전국 단위의 이동·접촉 데이터를 보다 체계적으로 관리하는 방향으로 나아간다는 선언이었다.

이 과정에서 텐센트와 알리바바 같은 플랫폼 기업들은 단순한 민간 기업을 넘어, 공공 권력의 하청업체이자 파트너로 자리매김했다는 평가가 나온다. 기업은 대규모 오프라인 동선 데이터를 합법적으로 수집·처리할 수 있는 기회를 얻었고, 국가는 별도의 독자 인프라를 구축하지 않고도 민간 플랫폼을 활용해 전 국민을 관리할 수 있는 효율적인 도구를 손에 넣었다. 이것은 학자들이 말하는 '알고리즘적 거버넌스'의 서막이었다.

저항이 없었던 것은 아니다. 웨이보와 위챗 단체방에서는 "나는 건강한데 왜 빨간색인가?", "시스템 오류로 내 인생이 망가졌다."는 호소가 이어졌다. 어떤 이는 지방 정부 청사 앞에서 무릎을 꿇고 읍소하기도 했다.

하지만 그들이 마주한 것은 책임자가 아닌 "시스템이 그렇게 결정했다."는 차가운 대답뿐이었다. 알고리즘의 결정 과정은 블랙박스 속에 있었고, 시민에게는 그 내부를 들여다보거나 정정을 요구할 법적 권한이 거의 없었다는 점이 후속 연구에서 반복적으로 지적된다. 기술적 오류는 곧 인권 침해로 이어졌지만, '방역 전쟁'이라는 비상사태의 명분 아래 개인의 비명은 쉽게 묵살되었다.

11. 국경을 넘은 기술: 전 세계가 QR을 들다

이 거대한 실험은 중국의 국경 안에만 머물지 않았다. 바이러스가 비행기를 타고 전 세계로 퍼져 나갔듯, '통제의 기술' 또한 바이러스의 뒤를 쫓아 국경을 넘었다.

2020년 4월, 세계는 두려움에 떨고 있었다. 이탈리아의 병원은 시신과 중환자를 감당하지 못했고, 뉴욕의 타임스퀘어는 유령 도시가 되었다. 절박해진 각국 정부의 눈에 들어온 것은 중국의 방식이었다.

서구의 자유민주주의 국가들은 중국식 강제 조치를 공개적으로 비판하면서도, QR·앱 기반 접촉자 추적과 건강상태 확인의 '효율성' 앞에서는 고민했다. "우리는 중국과 다르다."고 선을 긋는 한편, 접촉자 추적을 디지털화하는 방안이 잇따라 검토됐다.

가장 먼저, 그리고 가장 거대하게 움직인 곳 가운데 하나는 인도였다.

13억 인구의 인도 정부는 '아로기아 세투(Aarogya Setu)'라는 앱을 출시했다. 모디 총리는 "이 앱은 당신의 경호원"이라며 설치를 독려했지만, 실상은 공무원·민간직원·철도 이용자 등에게 사실상 의무에 가까운 형태로 적용되면서, 설치하지 않으면 출근·이동이 제한되는 상황이 벌어졌다. 스마트폰이 없는 빈민층 수억 명이 제도적·현실적 측면에서 이동권·고용기회를 빼앗길 수 있다는 우려가 거세게 제기됐다.

아시아의 기술 허브 싱가포르는 조금 더 세련된 방식을 택했다.

스마트폰 앱 '트레이스투게더(TraceTogether)'와 목에 거는 단말기 '토큰'을 배포했다. 정부는 초기에는 "오직 방역에만 쓰겠다."고 약속했지만, 1년 뒤 경찰이 살인 사건 수사에 데이터를 사용했고, 장관이 이를 의회에서 인정하면서, 수사·치안 목적으로의 활용이 공식화되었다.

한 번 수집된 데이터는 결코 한 가지 목적에만 머물지 않는다는, 이른바 '기능 전용(Function Creep)'의 법칙이 눈앞에서 증명된 셈이다.

12. 서구의 딜레마와 '백신 패스'의 등장

프라이버시를 신성시하던 유럽과 미국은 딜레마에 빠졌다.

그들은 중국식 중앙집중형 감시 시스템을 정치적으로는 거부했고, 애플과 구글은 정부가 개인의 동선을 직접 수집·열람하지 못하도록 하는 '분산형' 노출알림 기술을 제안하며 중앙집중형 접촉자 추적에 제동을 걸었다. 그러나 기술적 프라이버시는 어느 정도 지켰을지 몰라도, 방역의 효율성과 추적의 정밀성은 중국식 건강코드보다 떨어졌다는 평가도 나왔다.

결국 2021년, 백신이 보급되면서 서구 사회도 새로운 카드에 의존하게 된다. 바이러스의 공포가 다소 줄어들자, 국가는 '안전'을 담보로 더 직접적인 수단을 꺼내 들었다. 바로 '백신 패스(Vaccine Pass)'였다.

이전까지의 QR 코드는 "당신은 위험한 곳에 다녀왔는가?"를 묻는 동선 추적기였다면, 백신 패스는 "당신은 사회적으로 안전한 존재로 인증받았는가?"를 묻는 생체학적 신분증이었다.

프랑스의 카페 테라스에서, 이탈리아의 박물관 앞에서, 뉴욕의 브로드웨이 극장 앞에서 사람들은 스마트폰을 꺼내 QR 코드를 보여 주어야 했다. 접종 완료를 증명하는 '초록색' 혹은 '유효' 상태가 뜨지 않으면 문은 열리지 않았다.

우리나라 역시 예외는 아니었다. 2021년 말, 식당 입구마다 울려 퍼지던 소리를 기억하는가. "딩동댕." 이 소리는 유효한 접종 이력·음성 결과를 의미하는 통과 신호였고, "딩동."은 미접종·유효기간 초과에 따른 출입 거부의 신호였다.

사람들은 이 소리에 길들여졌다. QR을 찍는 행위는 더 이상 단순한 방역 협조가 아니라, 자신이 이 사회의 '정상적인 구성원임'을 증명하는 의식이 되었다.

13. 래칫 효과, 닫히지 않는 문

2023년 5월, WHO는 마침내 코로나19 국제 공중보건 비상사태 종료를 선언했다. 거리의 바리케이드는 치워졌고, 식당 앞의 QR 리더기도 대부분 사라졌다. 사람들은 "이제 끝났다."고 환호하며 마스크를 벗어 던졌다.

하지만 정말 끝났을까? 정치학에는 '래칫 효과(Ratchet Effect)'라는 용어가 있다. 한 번 조여진 톱니바퀴가 역회전하지 않듯, 위기 상황에서 확장된 국가의 감시 권한과 통제 기술은 위기가 사라져도 이전 단계로 완전히 돌아가지 않는 경향이 있다는 법칙이다.

물리적 기계는 사라졌지만, 시스템과 경험은 남았다.

중국의 건강코드는 일부 지역에서 중단되거나 축소되었지만, 다른 곳에서는 '도시 서비스 코드'나 '공공 서비스 코드' 등으로 전환·통합하는 방안이 논의·추진되고 있다. 사람들은 이제 바이러스가 아니라 신용, 거주, 행정 서비스를 증명하기 위해 각종 코드를 찍는다.

우리나라에서도 방역 관련 데이터는 법 규정에 따라 상당 부분 파기되거나 비식별화되었지만, 전 국민의 출입 기록을 디지털로 수집·연계했던 그 거대한 시스템의 설계·운영 경험은 고스란히 정부와 기업의 '노하우'로 축적되었다는 평가가 나온다.

무엇보다 가장 큰 변화는 우리 '마음' 속에 남았다. 3년의 시간 동안 우리는 "안전을 위해서라면 내 위치와 신체 정보를 국가·플랫폼에 넘겨줄 수 있다."는 사실에, 어느 정도까지는 합의해 버렸다. 이 심리적 저지선이 무너진 것이야말로 팬데믹이 남긴 가장 큰 유산이다.

2020년 1월 우한의 텅 빈 거리에서 시작된 QR 코드는 이제 단순한 흑백의 격자무늬가 아니다. 그것은 우리가 '데이터 국가'로 진입하기 위해 반드시 통과해야 하는 접속 코드이자, 21세기 새로운 사회 계약의 도장이 되었다.

봉쇄는 풀렸지만, 문은 완전히 닫히지 않았다. 우리는 이제 점점 더 투명해지는 몸으로, 데이터가 지배하는 세상 속을 걸어가고 있다.

[Off the Record: 기사 밖의 진실] 만리장성은 이제 벽돌로 쌓지 않는다

2020년 1월, 베이징의 겨울바람은 유난히 차가웠다. 하지만 나를 진짜로 얼어붙게 만든 것은 영하의 기온이 아니라, 하루아침에 도시의 풍경을 바꿔 버린 작은 사각형, 바로 QR코드였다.

특파원 시절, 나는 중국이라는 거대한 대륙이 어떻게 14억 인구를 통제하는지 늘 가까이서 지켜봤다. 과거의 통제는 '물리적'이었다. 천안문 광장의 공안, 아파트 단지 입구를 지키는 붉은 완장의 경비원, 그리고 거대한 물리적 장벽인 만리장성까지. 그것은 눈에 보였고, 위압적이었으며, 그래서 피할 구멍도 있었다. 경비원이 졸 때 몰래 지나가거나, 친분을 이용해 문을 열어 달라고 할 수 있었으니까.

하지만 코로나19와 함께 등장한 '건강코드(Health Code)'는 차원이 달랐다. 알리바바와 텐센트가 밤을 새워 만든 이 코드는 경비원에게 사정할 틈을 주지 않았다. 스마트폰 화면에 '초록색'이 뜨지 않으면, 아무리 급한 사정이 있어도 슈퍼마켓에서 물 한 병을 살 수 없었다.

당시 내가 느낀 가장 큰 공포는 바이러스가 아니라, '나의 생존권이 알고리즘의 판단에 맡겨졌다'는 무력감이었다. 내가 어디를 갔는지, 누구를 만났는지 기억조차 나지 않는 데이터를 근거로, 기계는 나를 '위험인물(빨간색)'이나 '격리 대상(노란색)'으로 분류했다. 그 판정에 대해 해명을 요구할 담당자는 어디에도 없었다.

더 놀라운 것은 사람들의 적응 속도였다. 처음에는 불평하던 베이징 시민들도 불과 몇 주 만에 스마트폰을 내미는 행위에 익숙해졌다. "안전을 위해서"라는 명분, 그리고 "QR을 찍어야만 밥을 먹을 수 있다."는 생존의 조건이 결합하자, 프라이버시에 대한 고민은 사치스러운 것이 되었다.

우리는 흔히 중국의 만리장성을 인류 최대의 토목 공사라고 부른다. 하지만 내가 목격한 2020년의 중국은 '디지털 만리장성'을 쌓고 있었다. 벽돌 대신 데이터로, 시멘트 대신 코드로 쌓아 올린 이 성벽은 눈에 보이지 않지만, 그 어떤 물리적 성벽보다 견고하고 빈틈이 없었다.

1장의 이야기를 통해 독자들에게 꼭 전하고 싶은 메시지는 이것이다. 팬데믹은 끝났지만, 그때 구축된 '데이터 통제의 문법'은 사라지지 않았다는 사실이다. 우리는 그때 알게 모르게 국가와 빅테크 기업에게 우리의 위치와 신체를 추적할 권한을 이양했다. 그 서늘한 거래는 지금도 유효하다.

기자로서, 그리고 한 명의 인간으로서 나는 묻는다. 우리는 안전을 대가로 자유를 어디까지 내어줄 준비가 되어 있을까? 우한과 항저우에서 시작된 이 거대한 실험은, 어쩌면 우리 인류가 맞이할 '데이터 국가'의 예고편이었는지도 모른다.

2장

이동의 면허화

— 내 발걸음은 왜 국가의 허락을 받아야 하는가

1. 2019년의 기억: 익명으로 걸을 권리

우리가 무엇을 잃어버렸는지 깨닫는 데는 그리 오랜 시간이 걸리지 않았지만, 그 상실이 정확히 언제 시작되었는지를 기억하는 사람은 드물다. 시계를 잠시 2019년의 어느 늦가을 저녁으로 돌려보자.

퇴근길 지하철 2호선 강남역의 개찰구 앞. 수만 명의 인파가 물밀듯이 밀려들어 온다. '삑.' 하는 단조로운 비프음과 함께 사람들은 게이트를 통과한다. 그 순간 기계가 확인하는 것은 단 하나, 교통카드 잔액이 충분한가였다.

당신이 누구인지, 어제 누구를 만났는지, 열이 있는지, 지난주에 위험한 장소에 다녀왔는지는 묻지 않았다. 당신은 군중 속에 섞여 있었고, 그 익명성은 도시가 개인에게 허락한 가장 기본적이고도 강력한 자유였다.

아무도 나를 모르고, 나 역시 누구에게도 설명할 의무 없이 원하는 곳으로 갈 수 있는 권리. 근대 국가가 헌법에 명시한 '거주 이전의 자유'는 거창한 법전 속에만 있는 것이 아니라, 바로 이 무관심한 지하철 개찰구와 누구의 제지도 받지 않는 거리 위에서 매일 실천되고 있었다. 이동은 마치 공기처럼 당연한 것이어서, 그것이 권리라는 사실조차 잊고 살 정도였다.

그러나 2020년 봄, 이 당연했던 세계는 조용히 구조를 바꾸기 시작했다. 총성이 울린 것도, 계엄령이 선포되어 탱크가 도로를 점거한 것도 아니었다. 눈에 보이지 않는 바이러스가 공기 중에 퍼졌을 뿐인데, 많은 나라에서 이동의 성격은 근본적으로 재정의되었다. 문을 나서기 위해서는, 적어도 특정 시설·공간에 들어가기 위해서는, 더 이상 '당연한 권리'만으로는 충분하지 않았다.

집 밖의 상당수 공간은 잠재적인 위험 구역으로 간주되었고, 그 공간에 진입하기 위해서는 내가 '상대적으로 안전한 사람'임을 증명해야 하는 상황이 광범위하게 출현했다. 인류 역사에서 전염병을 이유로 이동이 제한된 적은 많았지만, 디지털 기술과 결합한 이 정도 규모의 실시간 이동 심사가 일상 전반에 스며든 것은 처음에 가까운 경험이었다.

2. 잘게 부서진 국경: 일상의 검문소화

이 대전환은 매우 미시적인 변화에서 시작되었다.

사람들의 손에는 지갑 대신 스마트폰이 들려 있었고, 건물 입구마다 낯선 기계가 세워졌다. 이전에는 경비원이 "어떻게 오셨습니까?"라고 물었다면 이제는 기계가 "코드를 보여 주세요."라고 요구했다.

당신의 스마트폰 화면에 뜬 QR 코드를 리더기가 읽어 들이는 0.5초 동안, 당신의 이동·출입 가능성에 대한 심사가 이루어졌다. '삐빅, 인증되었습니다.' 이 기계적인 음성이 들려야만 비로소 문이 열렸다. 만약 화면이 켜지지 않거나, 네트워크 오류가 발생하거나, 혹은 시스템이 당신의 접종 이력·검사 결과를 기준에 맞지 않는 것으로 분류했다면 문은 요지부동이었다. 당신이 아무리 급한 용무가 있어도 소용없었다. 판관은 사람이 아닌 알고리즘이었고, 알고리즘에는 호소할 귀가 없었기 때문이다.

이 변화가 충격적이었던 이유는 '국경'의 개념이 사실상 재구성되었기 때문이다. 과거에 이동의 자유가 제한되는 공간은 공항의 출입국 심사대나 군사 통제 구역 같은 특수한 장소가 대표적이었다. 그러나 팬데믹 시기 많은 나라에서 국경은 잘게 부수어져 일상의 문턱으로 이동했다. 단골 카페, 동네 도서관, 회사 로비, 심지어 편의점 입구까지가 작은 국경처럼 기능했다. 우리는 하루에도 수십 번씩, 다양한 형식의 '입국 심사'를 받는 여행자가 되었다.

"당신은 들어갈 자격이 있습니까?" 이 질문이 도시의 상당수 공간을 채우기 시작했다.

3. 공포와의 거래: 21세기형 사회 계약

대다수 시민에게 이 철학적·법적 전환을 차분히 성찰할 여유는 없었다. 공포가 이성을 압도하고 있었기 때문이다. 뉴스를 틀면 하루에도 수백 명씩 사망자가 늘어나는 해외의 참상이 보도되었고, '방역 실패'는 곧 '국가적 재난'과 동의어로 여겨졌다. 생존이 위협받는 상황에서 자유는 사치스러운 논쟁거리처럼 느껴졌다.

여론조사와 연구 데이터는 당시의 분위기를 보여 준다. 여러 국가 비교 조사에서 다수의 응답자는 "감염 확산을 막기 위해 정부가 확진자의 위치

정보나 접촉 정보를 추적하는 것에 동의한다."고 답했다. 사생활·개인정보 보호를 중시하던 사회들조차, 일정 기간 동안은 예외를 허용했다.

우리는 스스로의 자유를 저당 잡히는 계약서에 서명했다. 그 계약서의 핵심 조항은 단순했다. "나를 감시해도 좋습니다. 대신 나와 내 가족을 안전하게 지켜 주십시오." 이것은 감염병 위기라는 특수한 맥락 속에서 체결된 21세기형 홉스적 사회 계약에 가까웠다. '만인에 대한 바이러스의 투쟁' 상태에서 사람들은 국가와 보건 당국에 강력한 권한을 위임했다. 그 위임의 가장 눈에 띄는 징표가 바로 스마트폰 속의 QR 코드와 방역 앱들이었다.

4. 딩동, 당신은 거부되었습니다

중국의 '건강코드'는 이 새로운 질서의 선봉장이었다. 녹색, 황색, 적색이라는 세 가지 색깔은 단순한 신호등이 아니라, 사실상의 통행 등급을 나타냈다. 녹색 코드를 가진 사람은 대중교통·공공장소를 비교적 자유롭게 이용했지만, 적색 코드를 가진 사람은 일정 기간 자가격리·이동 제한 대상이 되었다.

유럽은 조금 다른 언어를 선택했다. 그들은 'EU 디지털 코로나 인증서(EU Digital COVID Certificate)'라는 이름을 붙이고, 이를 "팬데믹 동안 EU 내부에서 안전한 자유 이동을 촉진하기 위한 수단"이라고 설명했다. 공식적으로 이 인증서는 여행의 '법적 전제조건'이 아니라고 강조되었지만, 실제로는 이 인증서를 가진 이들이 대부분의 여행 제한에서 면제되고, 여러 국가에서 식당·문화시설·장거리 교통 이용에 사실상 필수 문서로 기능했다. 프랑스 카페 테라스와 이탈리아 박물관 앞의 줄은 빵이 아니라 '입장 허가'를 기다리는 줄에 가까웠다.

우리나라의 풍경은 청각적 기억으로 남아 있다.

2021년 말, '방역패스'가 식당·카페 등으로 전면 확대되면서 점심시간 식당 입구마다 "딩동." 혹은 "딩동댕." 소리가 반복되었다. 접종 완료 및 유효기간 내임을 알리는 "딩동댕." 소리는 해당 공간에 들어갈 수 있다는 일종의 디지털 시민권 확인처럼 들렸다. 반면 유효기간이 지났거나 미접종자임을 알리는 "딩동." 소리는 경고음이 되었다.

사람들은 무의식중에 이 소리에 위축되었다. "딩동." 소리가 울릴 때 주변 사람들의 시선이 쏟아지고, 식당 주인은 난처한 표정으로 나가 달라고 손짓했다. 그 순간 개인은 사회로부터 분리된 섬이 되었다. 물리적으로는 같은 공간에 서 있지만, 디지털적으로는 일시적인 추방 상태가 된 것이다. 데이터 기반 통제의 잔인한 효율성이 가장 일상적인 문 앞에서 구현되고 있었다.

5. 공간의 데이터화: 로그아웃 없는 도시

이 모든 과정에서 가장 근본적인 변화 중 하나는 '공간의 성격'이 바뀌었다는 점이다. 감염병 이전의 도시는, 최소한 표면적으로는, '열린 공간'들의 집합이었다. 도로는 누구에게나 열려 있었고, 광장은 불특정 다수가 섞이는 곳이었다.

그러나 팬데믹 이후의 도시는 점점 더 '통제된 구획'의 집합으로 재편되었다. 많은 건물, 상점, 대중교통 수단이 각각 독립적인 데이터 수집 장치가 되었고, 출입 자체가 데이터베이스에의 '로그인' 행위가 되었다. 당신이 A지점에서 B지점으로 이동한다는 것은, A라는 데이터베이스에서 로

그아웃하고 B라는 데이터베이스에 로그인하는 과정을 의미하게 되었다. 이동은 곧 기록이 되었고, 우리가 남기는 발자국은 흙바닥이 아니라 서버의 하드디스크에 새겨졌다.

이 거대한 감시·기록 체계가 가능했던 것은 역설적으로 그것이 너무나 '편리했기' 때문이다. 종이 명부에 이름과 연락처를 적는 번거로움 대신, 스마트폰을 꺼내 QR을 찍는 행위는 세련되고 현대적인 매너로 포장되었다. 3초면 끝나는 그 간단한 동작 속에 내 위치 정보와 신원 정보, 건강 상태의 단서가 통째로 넘어간다는 사실은 편의성의 그림자 속에 숨었다.

"어쩔 수 없잖아."라는 체념과 "빨리 들어가자."는 조급함이 결합해, 우리는 스스로 디지털 감옥의 문을 열고 들어갔다. 감시는 강압적으로만 온 것이 아니라, 유혹적으로 다가왔다.

6. 보는 국가에서 계산하는 국가로

이 과정에서 국가의 통치 방식도 변했다. 프랑스 철학자 미셸 푸코가 묘사한 근대의 국가는 높은 망루에서 죄수들을 내려다보는 '보는 국가(Panopticon)'였다면, 포스트 코로나 시대의 국가는 보이지 않는 서버에서 데이터를 연산하는 '계산하는 국가'로 한 걸음 더 나아갔다고 할 수 있다.

과거의 경찰국가는 검문소에 제복 입은 경찰을 세워두고 지나가는 사람을 노려보았다. 그것은 위압적이었지만 동시에 한계가 명확했다. 경찰이 없는 골목은 상대적으로 자유로웠고, 경찰이 눈을 감고 있는 시간은 작은 해방구였다.

그러나 디지털 국가는 잠들지 않는다. 통신사 기지국, 각종 서버, 알고리즘은 24시간 깨어 있다. 이제 국가는 시민을 직접 쳐다보지 않는다. 대신 시민이 남긴 데이터의 궤적을 끊임없이 계산한다. 이동은 더 이상 단순한 발걸음이 아니라 수학적인 '벡터'로 치환된다. 집에서 직장으로, 식당으로, 다시 집으로 돌아오는 모든 과정은 좌표와 시간값의 연속적인 시퀀스로 변환된다.

'계산하는 국가'는 이 데이터를 바탕으로 위험 확률을 산출한다. 예컨대, "A라는 사람이 확진자가 다녀간 B 장소에 일정 시간 이상 머물렀을 가능성이 높다."는 판단이 내려지면, 자가격리 통보나 검사 권고, 또는 앱 상의 상태 변경이 자동으로 이루어진다. 이 연산 과정에 개개인의 사정을 세밀하게 고려하는 인간적 여유는 개입할 틈이 거의 없다. 시스템은 0과 1, 위험과 안전, 기준 충족과 기준 미충족이라는 이분법적 논리로 세상을 재단한다.

7. 래칫 효과: 되돌아갈 수 없는 세계

비상사태는 권력에게 달콤한 마약과 같다.

정치학에서 말하는 '래칫 효과'는 위기 상황에서 국가나 국제기구가 획득한 비상한 권한이, 위기가 끝난 뒤에도 완전히 이전 수준으로 돌아가지 않는 경향을 가리킨다. 팬데믹은 이 래칫을 강하게 돌려놓은 사건이었다. 많은 정부 당국자는 "이것은 한시적 조치이며, 전염병이 사라지면 폐기될 것"이라고 약속했다.

실제로 우리나라를 비롯한 여러 나라에서 QR 기반 출입명부와 방역패스는 2022년 이후 단계적으로 중단되거나 유예되었다. 하지만 그 약속이 의미하는 '정상화'는 단순히 체크인 앱이 사라지는 것과는 달랐다. 이미 인프라는 깔렸고, 관련 법제와 행정 관행은 구축되었으며, 무엇보다 사람

들은 국가가 위기 시 개인 데이터를 넓게 활용할 수 있다는 사실에 익숙
해졌다.

우리는 2~3년에 걸쳐 학습했다. "국가가 정한 기준을 충족하지 못하면
내 발이 묶일 수 있구나." 이 학습된 무기력과 체념은 팬데믹 이후에도 사
회 저변에 남아, 새로운 형태의 통제·인증 시스템이 도입될 때 저항을 약
화시키는 심리적 기제로 작동하고 있다. 데이터 인프라와 위험 관리 논
리가 계속되는 한, 래칫은 완전히 제자리를 향해 돌아가려 하지 않는다.

8. 안면 인식, 그리고 통제의 새로운 단계

그리고 이제, 일부 국가에서 QR 코드가 물러난 자리에는 더 강력하고
마찰이 적은 기술이 자리 잡고 있다. 바로 '안면 인식'이다.

QR 코드는 어쨌든 사용자가 스마트폰을 꺼내 화면을 켜고, 앱을 띄우
는 수동적 행위를 요구했다. 그러나 안면 인식은 그런 마찰조차 없앤 '비
접촉의 시대'를 연다. 중국의 여러 도시 지하철과 역, 일부 아파트와 학
교, 심지어 공원 화장실과 편의점, 무인 약국에서는 이미 얼굴이 통행증
이자 결제 수단이 되고 있다. 멈춰 서서 검사받는 것이 아니라 그냥 걸어
가면, 카메라는 알아서 인증하고, 필요하면 결제하며, 때로는 차단한다.

편리함은 극대화되었지만, 그 대가로 우리는 '거부하기 어려운 접속' 상
태에 가까워지고 있다. 휴대전화는 끌 수 있지만, 얼굴은 끌 수 없다. 중
국에서는 안면 인식을 통해 아파트 출입을 통제하고, 열차 탑승 시 필수
절차로 삼는 사례가 확산되자, 2023년 무분별한 안면 인식 활용에 제동
을 걸기 위한 규정 초안이 논의될 정도였다. 우리는 존재 자체로 시스템
에 로그인된 상태가 된다. 이동은 이제 의지만이 아니라, 생체 정보에 종

속된 자동 반응으로 재구성되고 있다.

우리나라에서는 방역용 QR 체크인이 2022년 이후 잠정 중단되었고, 이를 바로 대체하는 전국 단위 안면 인식 방역 시스템이 도입된 것은 아니다. 그러나 공항·건물 출입·금융·치안 분야에서 안면 인식 도입 논의와 시범 도입이 계속되고 있고, 세계 여러 도시에서 '얼굴이 곧 신분증이자 티켓'인 인프라가 별도의 궤도로 빠르게 확산되고 있다. 통제의 기술적 토대는 팬데믹의 유산을 넘어 다른 이름으로 성장하는 중이다.

9. 권리에서 면허로

결국 이동은 '권리'의 영역에서 '조건부 서비스'의 영역으로, 더 나아가 '사실상의 면허'의 영역으로 밀려나는 방향으로 재구성되고 있다. 법적으로 이동의 자유가 여전히 기본권으로 보장되는 나라가 대부분이지만, 현실 속에서는 일정한 건강·백신·신원 조건을 충족한 사람들만이 특정 교통수단·시설·행사를 이용할 수 있는 구조가 반복 등장했다.

도로와 광장은 여전히 공공장소처럼 보이지만, 그곳을 지나가기 위해 수많은 디지털 관문을 통과해야 한다면, 그 공간은 더 이상 순수한 의미의 공공장소만은 아니다. 알고리즘이 접종 이력·검사 결과·접촉 기록·위험 점수 등을 관리하는 거대한 '멤버십 구역'에 가까워진다.

우리는 다시 질문해야 한다. 우리는 왜 문을 나서는가? 그 문을 나서기 위해 무엇을 내주었는가? 감염병이라는 전대미문의 위기 속에서 우리는 생존을 위해 이동의 자유를 잠시 맡겨 두었다고 믿었다. 그러나 위기가 지나간 자리에 남은 청구서는 예상보다 훨씬 두꺼웠다.

위치 정보가 통행증의 핵심 요소가 되고, 얼굴이 여러 곳에서 신분증과 결제 수단을 겸하는 사회에서, '아무도 모르게 어디론가 사라질 수 있는 자유'는 점점 더 실천하기 어려운, 고비용의 자유가 되어가고 있다. 자유롭게 이동하되, 투명하게 감시당하라. 이것이 '데이터 국가'가 우리에게 제시하는 새로운 자유의 정의 중 하나일지 모른다. 그리고 우리는, 좋든 싫든, 이미 그 거래의 한복판을 통과해 왔다.

[Off the Record: 기사 밖의 진실] 우리는 언제부터 '보행 면허'를 발급받았나

불과 몇 년 전까지만 해도 우리에게는 공기처럼 당연하게 여겼던 권리가 하나 있었다. 바로 '익명으로 존재할 권리'다. 2019년의 나는 광화문 교보문고에 들어가며 내가 누구인지 증명할 필요가 없었다. 지하철을 탈 때도 교통카드 잔액만 있으면 되었지, 내 체온이 몇 도인지, 어제 누구를 만났는지 보고할 의무는 없었다.

하지만 팬데믹은 이 불문율을 소리 없이, 그러나 영구적으로 깨뜨렸다.

특파원 시절, 베이징의 한 쇼핑몰 입구에서 목격한 장면은 아직도 뇌리에 선명하다. 스마트폰을 다루지 못해 QR코드를 띄우지 못한 한 노인을 보안 요원이 단호하게 막아섰다. "코드가 없으면 못 들어갑니다." 그 노인의 절망적인 표정 뒤에서 나는 섬뜩한 진실을 마주했다. 이제 이동은 인간이 태어날 때부터 가지는 천부 인권이 아니라, 시스템이 자격을 갖춘 자에게만 선별적으로 발급하는 '면허(License)'가 되었다는 사실을.

우리는 이제 건물의 문을 통과할 때마다 "삐빅" 소리와 함께 0.5초짜리 입국 심사를 받는다. 이 기계음은 표면적으로 "당신은 안전한 사람인가?"

를 묻는 것이지만, 그 이면에서는 "당신은 추적 가능한 데이터인가?"를 묻고 있다 . 우리는 안전을 보장받는 대가로, 나의 위치와 신원을 실시간으로 국가와 기업 서버에 전송하는 새로운 사회 계약에 서명했다.

가장 무서운 것은 기술의 발전이 아니라 인간의 '습관'이다. 도입 초기에는 "내 동선을 왜 감시하냐."며 불쾌해하던 사람들도, 어느새 기계 앞에 서면 반사적으로 스마트폰을 꺼내고 얼굴을 들이민다. "감시당한다."는 거부감은 "귀찮다."는 불평으로, 마침내 "어쩔 수 없다."는 체념으로 바뀌었다. 이것이 2장에서 다룬 '이동의 면허화'가 남긴 가장 치명적인 후유증이다.

기술은 언제나 편리함이라는 사탕을 들고 다가와 그 대가로 우리의 '투명성'을 요구한다. 이제 우리는 내가 어디에 있는지 국가가 모르면 오히려 불안해하는 단계로 진입하고 있는지도 모른다. 익명으로 거리를 걷는 것이 마치 범죄를 저지르는 예비 동작처럼 여겨지는 사회.

우리는 과연 다시 '증명하지 않고도 존재할 수 있는 시대'로 돌아갈 수 있을까? 아니면 영원히 데이터라는 통행료를 내야만 문을 열 수 있는, 거대한 '멤버십 구역'에 갇히게 된 것일까. 이것은 방역의 문제가 아니라, 우리가 지키고 싶은 인간다움의 마지노선에 대한 질문이다.

3장

투명인간의 비극

— K-방역, 동선 공개, 그리고 사회적 낙인

1. "다시는 숨기지 않겠다": 메르스가 남긴 유산

2020년 2월, 코로나19가 우리나라를 강타했을 때 전 세계는 우리나라의 대응 속도에 놀랐다. 확진자가 발생하면 불과 몇 시간, 길어도 하루 안에 그의 지난 2주간 행적이 분 단위에 가까운 수준으로 재구성됐다. 서구 언론은 이를 '기적'이라 불렀고, 우리 정부는 'K-방역'이라는 이름을 붙이며 자부심을 드러냈다.

하지만 한국인들에게 그것은 기적이라기보다 5년 전부터 축적된 '공포의 학습 효과'였다. 2015년 중동호흡기증후군(MERS·메르스) 사태 당시 정부는 병원 이름 등 핵심 정보를 비공개로 유지했고, 그 사이 바이러스는 '비밀의 장막' 뒤에서 확산되며 186명 감염, 38명 사망이라는 참혹한 결과를 남겼다. 이 과정에서 정부에 대한 신뢰는 크게 무너졌고, "숨기면 더 큰 피해가 난다."는 집단 기억이 형성됐다.

이 트라우마는 우리 사회에 하나의 강력한 명제를 남겼다. "프라이버시

보다 안전이 우선이다.", "공개만이 살길이다." 이 분위기 속에서 국회는 '감염병의 예방 및 관리에 관한 법률(감염병예방법)'을 대폭 손질했다. 개정된 법은 감염병 위기 시 보건 당국이 영장 없이도 확진자·의심자의 위치정보(GPS·기지국 접속 기록), 신용카드 결제 내역, CCTV 영상, 출입국 기록, 교통카드 사용 내역 등을 역학조사에 필요한 범위에서 신속히 수집할 수 있도록 허용했다.

민주주의 국가에서, 전시가 아닌 평시에 비범죄자인 일반 시민을 대상으로 이 정도 수준의 정보에 접근할 수 있는 방역 법제는 국제적으로도 상당히 강한 편에 속한다는 평가가 나온다. 다만 법에는 '역학조사에 필요한 범위'라는 목적 제한과 활용·보관·파기 절차가 명시되어 있어, 형식상으로는 무제한적 감시가 아니라 긴급한 공중보건 목적의 예외 조항으로 설계되었다. 당시 대다수 대중은 이를 환영했다. 그 법이 몇 년 후 자신들의 프라이버시를 깊이 관통하는 칼날이 될 수 있다는 점은 충분히 논의되지 못했다.

2. 10분 만의 재구성: 역학조사 지원 시스템(EISS)

2020년 3월, 신천지 집단감염으로 대구·경북이 혼란에 빠지자 정부는 준비해 둔 디지털 무기를 꺼내 들었다. 국토교통부·과학기술정보통신부·질병관리본부(당시)가 합작한 '역학조사 지원 시스템(EISS)'이었다. 이 시스템은 본래 국토부가 '스마트 시티(Smart City)'를 위해 개발하던 도시 데이터 허브 기술을 응용해 만든 것으로, 도시 관리용 데이터 분석 플랫폼이 위기 상황에서는 감염자 추적 도구로 전환된 대표적 사례다.

과거 역학조사는 확진자의 기억력에 의존해 "어제 어디 가셨습니까?"

를 반복해서 묻는 구술 조사 방식이 중심이었다. EISS 도입 후에는 확진 자를 시스템에 등록하는 순간, 통신사·카드사·경찰청 등 28개 기관과 기업의 보유 데이터가 한 플랫폼으로 연계 조회되면서 위치·결제·교통 기록이 자동으로 모이고, 이를 지도 위에 시각화하는 과정까지 평균 24시간에서 10분 내로 단축됐다. 기지국 접속 기록은 그가 어느 지역에 머물렀는지, 신용카드 결제 내역은 몇 시 몇 분에 어느 편의점·식당을 이용했는지를 알려 줬고, 그 정보는 지도 위 동선으로 재구성됐다.

서구의 역학 조사관들이 며칠씩 전화를 돌려 접촉자를 찾는 동안, 우리나라 공무원들은 모니터 앞에서 몇 번의 클릭으로 한 개인의 과거 이동을 상당한 정밀도로 복원해 냈다. 외신들은 이를 "타임머신을 타고 과거를 들여다보는 것 같다."고 묘사했고, 국제기구 보고서들도 '디지털 도구 기반 신속 추적'의 대표 사례로 우리나라를 언급했다. 동시에, 스마트시티 데이터 허브처럼 원래는 도시 효율성을 높이려던 기술이 어떻게 위기 상황에서 시민 통제·감시에 가까운 기능으로 전이될 수 있는지 보여 주는 선명한 장면이기도 했다.

3. "삐—" 소리의 공포: 정보인가, 관음인가

2020년 우리 사회의 일상적 공기를 지배한 것은 스마트폰에서 울리는 날카로운 경고음이었다. "삐— 삐—" 긴급재난문자가 도착했음을 알리는 이 소리는 전 국민의 조건반사를 일으켰다.

"[○○구청] 확진자 1명 발생(○○동 거주). 상세 동선은 구청 홈페이지 및 블로그 참조."

이 짧은 문자는 일종의 신호탄이었다. 사람들은 즉시 구청 홈페이지·블로그로 몰렸고, 서버는 자주 과부하에 걸렸다. 페이지에는 한 사람의 지난 2주간 일상이 "1월 24일 12:30 ○○식당, 14:00 ○○카페, 18:00 ○○노래방…"처럼 시·분 단위에 근접한 형태로 게시되곤 했다.

초기의 동선 공개는 감염 경로 파악과 접촉자 경고라는 방역 목적을 넘어, 일종의 '전 국민적 관음 엔터테인먼트'로 변질되었다는 비판이 뒤따랐다. 온라인 커뮤니티와 SNS에서는 "이 시국에 노래방을 갔어?", "평일 낮에 왜 모텔에 있었지?", "유부남 동선이 수상하다."와 같은 댓글이 쏟아졌고, 확진자를 번호로 호명하며 그들의 사생활을 퍼즐 맞추듯 추적하는 문화가 형성됐다. 특정 종교·직업·연애·불륜 의혹에 이르는 내밀한 정보들이 '역학적 연관성'이라는 이름으로 포장되어 사실상 대중에게 소비되는 일이 반복됐다.

국가인권위원회와 국제 인권단체들은 이런 동선 공개 방식이 디지털 시대의 조리돌림, 현대판 '주홍글씨'에 가깝다고 비판했다. 일부 확진자는 바이러스의 피해자라기보다 공동체 규칙을 어긴 '가해자'·'부도덕한 자'로 낙인찍혔고, 실제로 재확인·추적 보도가 이어진 지역에서는 해당 업소들이 손님을 잃고 피해를 호소하기도 했다. 사람들은 바이러스에 걸려 아픈 것보다, 자신의 동선과 사생활이 온라인에 박제되어 사회적으로 매장되는 일을 더 두려워하기 시작했다. "죽는 건 안 무서운데, 쪽팔려 죽는 건 무섭다."는 자조 섞인 농담이 그 심리를 요약했다.

4. 소수자를 겨냥한 칼날: 이태원 클럽 사태

이러한 '정보 공개의 폭력성'이 가장 극적으로 폭발한 사건이 2020년 5월 이태원 클럽발 집단감염 사태였다. 성소수자들이 주로 찾는 클럽에서 확진자가 나오자, 방역 당국은 접촉자 추적에 비상이 걸렸다. 일부 방문자들이 성적 지향 노출을 우려해 연락을 회피하거나, 허위 인적 사항을 남기고 숨어 버린 탓이었다.

이에 정부와 지자체는 기지국 접속 정보를 활용해 해당 시간대 이태원 일대에 있었던 1만여 명의 명단을 추려 문자 발송·검사 안내를 했다. 서울시와 중앙방역대책본부는 필요할 경우 경찰·통신사·카드사와 협조해 연락이 닿지 않는 사람들의 소재를 확인하겠다고 거듭 강조했다. 방역 당국 입장에서는 "숨은 감염자 찾기"였지만, 성소수자들에게는 "검사 과정이나 확진 시 동선 공개를 통해 본인의 성적 지향이 가족·직장·사회에 강제로 드러날 수 있다."는, 곧 '아웃팅' 위험으로 받아들여졌다.

국내 인권단체와 국제 인권 NGO, 그리고 국가인권위원회는 이 과정에서 LGBT 커뮤니티가 희생양이 되고, 프라이버시·신체정보·위치정보가 과도하게 활용·공개되었다고 비판했다. "질병은 치료하면 나을 수 있지만, 공개된 사생활과 성적 정체성으로 인한 사회적 낙인은 평생 이어질 수 있다."는 지적도 제기됐다. 그러나 당시 여론에서는 "공동체 안전을 위해 숨은 감염자를 찾아야 한다."는 논리가 압도적이었고, 소수자 인권이나 프라이버시를 우려하는 목소리는 "방역 방해 세력"으로 몰리기 쉬운 분위기가 형성되었다. 이 사건은 효율성을 위해 국가가 민감한 정보를 깊숙이 들여다볼 권한을 가졌을 때, 그 힘이 사회적 약자에게 얼마나 비대칭적으로 작용할 수 있는지를 보여 준 한국식 데이터 방역 모델의 약점이었다.

5. 상호 감시의 지옥: "네가 우리를 망칠 거야"

이 시기 한국 사회의 심리 구조는 기묘하게 재편됐다. 국가는 일일이 감시탑에 올라서 있지 않아도 됐다. 시민들 스스로가 서로를 감시하고 신고하는 '자발적 감시 요원'이 되었기 때문이다.

직장에서는 동료에게 "주말에 어디 다녀왔냐."는 질문이 일상이 되었고, 아파트에서는 마스크를 제대로 쓰지 않은 이웃을 촬영해 신고하거나, 자가격리 위반 의심자를 지자체에 제보하는 사례가 급증했다. 표면적으로는 방역 협조였지만, 그 안에는 "너 때문에 우리 회사가 문 닫거나, 우리 아이 학교가 폐쇄되면 안 된다."는 생존 본능과 집단적 이기심이 깔려 있었다.

사람들은 자신의 이동이 통신기록·카드 결제·출입 시스템을 통해 촘촘히 기록되고 있다는 사실을 의식하며 스스로 행동을 검열하기 시작했다. "거기 가면 기록 남는데 괜찮을까?", "현금으로 내면 기록이 덜 남지 않을까?" 같은 질문이 일상 대화에 등장했고, 이동은 더 이상 순수한 자유 행동이 아니라 디지털 흔적을 관리하는 전략적 선택이 되었다. 감시자가 직접 보지 않아도 피감시자가 스스로 규율을 내면화하는 구조, 미셸 푸코가 말한 판옵티콘(원형감옥)의 원리가 데이터·공개·자발적 신고를 매개로 21세기 한국에서 구현된 셈이라는 해석이 학계에서도 등장했다.

6. 방역이 끝난 자리: 무엇이 남았나

2023년을 전후해 마스크 의무가 대부분 해제되고, 확신사 동선 공개 웹페이지와 블로그도 차례로 문을 닫았다. 긴급재난문자 발송 빈도도 줄어들었고, QR 체크인 등 일부 방역 시스템은 종료되거나 축소되었다. 겉으로 보기에는 한국 사회가 '코로나 이전'으로 돌아간 듯한 인상을 준다.

그러나 감염병이 물러난 자리에서, 감염병이 무너뜨린 '프라이버시의 제방'까지 복구되었는지는 별개의 문제다. 코로나19 이전에는 "국가가 평시에 국민의 위치·행적을 어느 수준까지 추적할 수 있나.", "공공의 안전을 위해 어디까지 사생활을 공개해도 되는가."가 격렬한 논쟁거리였다. 하지만 팬데믹을 거치며 "감염병 위기 때라면 영장 없이 위치를 추적할 수 있다.", "공익을 위해 일정 수준의 사생활 공개는 불가피하다."는 인식이 사회의 '현실적인 상식'으로 자리 잡았다는 평가가 나온다.

국가인권위원회와 유엔 특별보고관 등은 한국이 감염병 상황에서 취한 개인정보 수집·공개 조치가 법적 근거와 공익성을 갖추고 있음에도, 필요 최소한 원칙과 사후 삭제·비식별화, 데이터 축적 기간 등에서 보다 엄격한 기준을 세워야 한다고 권고했다. 그럼에도 감염병예방법의 핵심 구조—위기 시 위치·결제·CCTV 등 민감 정보를 신속하게 수집·연계할 수 있는 틀—는 유지되고 있고, 많은 시민에게는 이것이 "이미 경험해 본 것"이자 "어쩔 수 없는 현실"로 받아들여지고 있다.

7. 데이터의 유혹: 상업적 범람

더 큰 문제는, 한 번 낮아진 제방을 통해 유입된 데이터가 공공 영역을 넘어 상업적 영역으로 확산될 수 있는 구조적 유혹이다. 코로나 시기와 그 전후로 축적된 유동 인구 데이터·소비 데이터·교통 데이터는 통신사와 IT 기업들의 핵심 자산이 되었고, 상권 분석·관광 수요 예측·도시 마케팅 등 다양한 서비스에 활용되었다. 스마트시티 데이터 허브, 통신 빅데이터 플랫폼, 민간의 위치 기반 광고 시스템은 방역과는 별도의 경로로 발전해 왔지만, 팬데믹을 계기로 데이터 수집·분석 인프라가 크게 고도화된 것도 사실이다.

직접적으로 "방역용 데이터가 곧바로 마케팅에 전용됐다."고 단정하기는 어렵지만, 방역을 명분으로 구축된 인프라와 기술, 그리고 시민의 수용성이 이후 상업적 데이터 활용과 결합하는 토대가 되었다는 지적이 나온다. 한편 시민들 사이에서는 "어차피 내 정보는 다 털려 있다.", "국가는 이미 다 알고 있다."는 체념 섞인 인식이 확산되었다는 조사·연구도 있다. 이른바 '프라이버시 피로감'이다.

이 학습된 무기력은 향후 안면 인식·음성·생체정보 수집 등 더 침해적인 기술이 도입될 때 사회적 저항을 약화시키는 토양이 될 수 있다. K-방역은 분명 수많은 생명을 구했고, 전면 봉쇄 없이 경제 활동을 유지한 성공 사례로 평가받는다. 그러나 그 성공의 대가로, 한국 사회는 자신을 훨씬 더 투명한 존재로 만드는 거래를 맺었다. 데이터의 빛 아래 속이 훤히 들여다보이는 '투명 인간'에 가까운 상태로 서 있게 된 것이다.

우리는 안전을 얻는 대가로 비밀을 상당 부분 내주었고, 그 과정에서 공공선과 프라이버시 사이의 기준선이 눈에 보이지 않게 이동했다. 이 이동이 완전히 되돌릴 수 없는 것인지, 아니면 다시 기준선을 그리려는 정지·사회적 노력에 따라 조정될 수 있는 것인지는 이제 한국 사회가 스스로 답해야 할 다음 질문으로 남아 있다.

[Off the Record: 기사 밖의 진실] 디지털 주홍글씨, 서로 감시하는 간수가 되었다

2020년 한국 사회를 지배한 것은 두 가지 소리였다. 하나는 구급차의 사이렌 소리였고, 다른 하나는 스마트폰에서 시도 때도 없이 울리던 "삐— 삐—" 하는 재난 문자 알림음이었다.

세계는 확진자의 동선을 분 단위로 파악해 내는 한국의 역학조사 시스템을 '기적'이라 불렀다. 하지만 그 시스템 안에서 살아가는 우리에게 그것은 기적이 아니라 발가벗겨지는 공포였다. "○○구 24번 확진자, 14:00 ○○모텔 방문." 이 짧은 문자 한 통은 바이러스보다 더 치명적인 독을 품고 있었다. 사람들은 확진자의 건강을 걱정하기보다, 그가 왜 평일 낮에 거기에 있었는지를 캐내고 비난했다. 동선은 방역 정보가 아니라, 한 인간의 도덕성을 난도질하는 '디지털 주홍글씨'가 되었다 .

당시 취재 현장에서 느낀 가장 기이한 현상은 '공포의 전이'였다. 사람들은 아파서 죽는 것보다, 동선이 털려 '사회적으로 매장당하는 것'을 더 두려워했다 . "죽는 건 괜찮지만, 쪽팔려서 죽는 건 싫다."는 자조 섞인 농담은 당시 한국인들의 솔직한 심정이었다.

특히 이태원 클럽 발 감염 사태는 데이터가 어떻게 약자를 겨누는 흉기가 될 수 있는지 적나라하게 보여 주었다. 성소수자들에게 '기지국 접속 정보 추적'은 단순한 방역 조치가 아니라, 자신의 존재가 강제로 알려지는 '아웃팅(Outing)'의 공포였다. 공익을 위해서라면 개인의 가장 내밀한 비밀조차 국가가 들여다보고 공개해도 된다는 암묵적 합의. 그것은 민주주의 국가에서 좀처럼 넘지 말아야 할 선이었다.

더 뼈아픈 것은 국가가 강요하지 않았음에도, 우리 스스로가 서로를 감

시하는 '자발적 간수'가 되었다는 점이다. 마스크를 턱에 걸친 사람을 보면 눈을 흘기고, 옆자리 동료가 주말에 어디를 다녀왔는지 캐물으며 안심했다 . 미셸 푸코가 말한 '판옵티콘(원형 감옥)'은 감시탑에 있는 간수만이 죄수를 보는 구조였지만, 코로나 시대의 한국은 죄수들이 서로를 감시하고 신고하는 더 완벽하고 잔인한 감옥이었다.

이제 재난 문자는 멈췄고 동선 공개 사이트는 문을 닫았다. 하지만 우리는 잃어버린 것을 되찾지 못했다. 바로 '프라이버시에 대한 감각'이다. 우리는 3년 동안 "국가가 필요하다면 내 위치와 카드 내역을 봐도 된다."는 것에 길들여졌다. 무너진 제방 틈으로 물이 새듯, 한번 낮아진 인권의 역치는 되돌아오지 않는다.

K-방역은 성공했다. 하지만 그 성공의 대가로 우리는 '투명 인간'이 되는 길을 택했다. 속이 훤히 들여다보이는 투명한 몸으로 살아가는 것. 그것이 우리가 안전을 얻기 위해 지불한, 영수증 없는 청구서의 값비싼 대가다.

4장

공포의 알고리즘: 허난성 적색 코드 사태

— 2022년 6월 13일, 정저우 기차역의 비명

1. 디지털 기습: "어? 왜 갑자기 빨간색이지?"

2022년 6월 13일 이른 아침, 중국 허난성(河南省)의 성도 정저우(鄭州) 기차역. 초여름의 후텁지근한 공기가 승강장을 가득 메우고 있었다. 밤새 기차를 타고 전국 각지에서 모여든 수백, 많게는 수천 명의 사람들이 피곤한 기색으로 개찰구를 향해 걸어갔다.

그들은 관광객도, 비즈니스맨도 아니었다. 허난성의 여러 마을은행에 평생 모은 돈을 예금했다가, 은행 측의 인출 중단과 사기 의혹으로 전 재산을 날릴 위기에 처한 예금주들이었다. "내 돈을 돌려달라."고 지방정부와 금융당국에 항의하기 위해, 마지막 희망을 안고 정저우로 집결하고 있었다.

개찰구 앞에는 방역 요원들이 서 있었다. 예금주들은 익숙하게 스마트폰을 꺼내 '건강코드' 앱을 실행했다. 출발할 때만 해도 그들의 코드는 분명 안전을 뜻하는 '초록색'이었다. 48시간 내 PCR 음성 확인도 갖추고 있었다. 아무런 문제가 없어 보였다. 적어도 그들이 QR 코드를 리더기에 갖다 대기 전까지는 말이다.

"삐—" 경고음과 함께 스마트폰 화면이 붉게 물들었다. '적색 코드'. 그것은 확진자나 밀접 접촉자, 혹은 고위험 지역 방문자에게만 부여되는 사실상의 '이동 금지 명령'이자 '가택 연금' 선고였다. "이게 무슨 일이야? 난 아픈 데가 없는데!", "출발할 땐 초록색이었어! 기계가 고장 난 거 아니야?" 여기저기서 탄식과 비명이 터져 나왔다.

역무원과 방역 요원들은 차갑게 그들을 가로막았다. 이미 역 광장에는 경찰과 사복 차림의 보안 인력이 배치되어 있었다. 예금주들은 항변했다. "나는 코로나 환자가 아니오. 내 돈을 찾으러 왔을 뿐이오!" 하지만 돌아오는 답은 한결같았다. "시스템이 당신을 위험군으로 분류했습니다. 규정에 따라 격리 시설로 이동해야 합니다."

이 기이한 현상은 기차역에서만 벌어진 일이 아니었다.

고속도로 톨게이트를 지나려던 운전자들, 이미 정저우 시내 호텔에 투숙해 있던 예금주들, 심지어 집으로 돌아간 뒤 가족 전체의 코드가 붉게 바뀌어 자택 격리에 들어갔다는 사례까지 동시에 터져 나왔다. 호텔 방에 있던 한 예금주는 "경찰과 방역 인력이 들이닥쳐 '당신의 코드가 빨간 색이니 당장 짐을 싸서 나가라'고 했다."고 증언했다.

수백~수천 명으로 추산되는 사람들에게, 아무런 의학적 근거 없이 거의 동시에 적색 코드가 부여된 것이다. 그들의 공통점은 바이러스 보균자가 아니라 '부실 마을은행 피해자 시위대'라는 사실뿐이었다.

2. 바이러스는 몸이 아닌 서버에 있었다

이 사건은 단순한 시스템 오류가 아니었다. 이후 보도와 조사에서 드러난 것은, 지방 당국이 예금주들의 결집과 시위를 막기 위해 방역 시스템을 의도적으로 남용했다는 사실이었다. 현장에 있던 한 예금주는 SNS에 절규하듯 글을 남겼다. "바이러스는 내 몸에 있는 것이 아니라, 저들의 서버 속에 있었다."

중앙부 통제조와 국가감찰위원회 조사 결과, 정저우시 방역지휘부 소속 간부 등 최소 다섯 명의 관리가 "허가 없이, 규정에 어긋나게" 예금주들을 대상으로 건강코드를 적색으로 전환한 책임을 물어 처벌을 받았다. 중국 관영 매체조차 "건강코드 권한의 남용"이라 비판했고, 일부 평론은 이를 법치와 인권의 중대한 침해 사례로 지목했다.

방법은 간단했다. 지방 당국이 은행·공안 등으로부터 확보한 예금주 명단과 신분증 번호를 방역 데이터베이스와 연동한 뒤, 방역 위험이 아닌 '정치·치안상 위험인물'이라는 이유로 코드 전환 권한을 행사한 것으로 조사됐다. 방역을 위해 구축된 시스템이 사회적 불만을 표출하려는 집단의 결집을 막기 위한 '정치적 무기'로 돌변한 순간이었다.

QR 코드는 단순한 백신 패스가 아니었다.

그것은 권력이 마음만 먹으면 언제든 특정 개인이나 집단을 '사회적 감염원'으로 분류하고, 물리적 폭력을 직접 쓰지 않고도 그들의 발을 묶을 수 있는 '원격 조종 족쇄'가 될 수 있음을 보여 주는 사건이었다. 허난 사태는 조지 오웰의 소설 《1984》가 21세기 중국에서 어떻게 기술적으로 구현될 수 있는지를 보여 주는 대표적 사례로, 여러 국제 연구·인권 보고서에서 인용되기 시작했다.

3.기능의 전용: 열려버린 판도라의 상자

허난 사건은 전 세계에 큰 충격을 던졌다. 그러나 중국 내부의 맥락을 들여다보면, 이것은 우발적인 일탈이라기보다 방역 시스템이 진화하는 과정에서 필연적으로 나타날 수 있었던 '예고된 참사'에 더 가깝다.

기술사회학에서는 이를 '기능의 전용(Function Creep)'이라 부른다. 감염병 방역이라는 특정 목적을 위해 도입된 감시·데이터 시스템이, 별도의 사회적 합의나 엄격한 법적 통제 없이 슬그머니 원래 목적을 벗어나 치안·통치·정치적 통제로 용도가 확장되는 현상이다.

중국의 건강코드는 이 '기능 전용'의 가장 교과서적이면서도 극단적인 사례로 회자된다. 항저우에서 처음 도입된 뒤 전국으로 확산된 건강코드는, 초기에는 이동·접촉 이력을 기반으로 감염 위험을 산출해 색깔로 표시하는 방역 도구였다. 그러나 시간이 흐르며 일부 지방정부는 이 시스템을 청원인·예금주·불만 세력의 이동을 제한하는 수단으로 사용했고, 안면 인식·그리드 관리·치안 플랫폼과 결합하면서 방역을 넘어 "인구 관리 인프라"로 변모했다는 비판이 제기됐다.

물론 모든 건강코드가 정치적 통제에 동원된 것은 아니다. 그러나 허난 사례 이후 학자·인권단체는 "코드를 바꿀 권한이 불투명한 채 행정에 집중된 구조 자체가, 언제든 다른 목적을 위해 재시용될 수 있는 위험한 설계"라는 점을 반복해서 경고하고 있다.

4. 약국: 감시의 최전선이 되다

이 변화는 극적인 법 개정보다 일상의 작은 규칙 속으로 조용히 스며들며 진행됐다.

그 시작점 가운데 하나가 '약국'이었다. 2020년 하반기부터 중국의 여러 도시에서는 약국에서 해열제나 기침약을 사려면 반드시 신분증을 제시하고 실명으로 등록하도록 의무화했다.

표면적인 명분은 타당해 보였다. 증상을 숨기고 자가 치료를 하려는 '숨은 감염자'를 조기에 찾아내기 위해서라는 설명이었다. 그러나 이 데이터가 중앙 혹은 지방의 방역 플랫폼으로 흘러 들어가는 순간, 의미는 달라졌다. 한 시민이 해열제를 구매하면 그 정보는 곧바로 해당 지역 그리드 관리원의 단말기에 알림으로 전달되고, 방역 인력이나 경찰이 "건강 이상 징후가 있는 잠재적 위험인물"을 확인한다는 명목으로 가정 방문을 하는 구조가 여러 도시에서 보고됐다.

이제 단순한 소비 행위 자체가 감시의 트리거가 된 것이다. 국가는 개인의 신체 상태뿐만 아니라, 어떤 약을 언제 사는지 같은 사적인 건강·소비 패턴까지 실시간으로 들여다보고 개입할 명분을 얻었다.

5. 디지털 상소 금지령: 베이징으로 가는 길

이러한 데이터 기반 감시는 곧 '이동의 목적'을 선별·검열하는 단계로 나아갔다. 중국에는 오랫동안 '신방(信訪)'이라고 불리는 청원 제도가 있어, 지방에서 억울한 일을 당한 사람들이 베이징 중앙정부에 상소하러 올라가는 관행이 존재해 왔다. 지방정부 입장에서 이들은 자신의 치부를 중앙에 드러내는 골칫거리였고, 과거에는 물리적 검문소, 감시, 심지어 사실상의 납치·강제 송환까지 동원해 상경을 막아 왔다.

코로나 이후 이런 거친 방식은 더 이상 필수가 아니게 되었다. 일부 청원인들은 베이징행 기차표를 예매하자마자, 혹은 베이징 시 경계에 들어서는 시점에 건강코드가 갑자기 적색이나 황색으로 바뀌어 이동이 원천 차단됐다고 증언했다. 이동이 제한되면 자연스럽게 상소도 막힌다. 건강 코드는 이렇게 '디지털 상소 금지령'이라는 별칭을 얻었다.

물론 이런 남용은 전체 시스템의 공식 설계 목적이 아니라, 특정 지역·사안에서 나타난 정치적 오·남용이라는 점을 중국 당국도 인정하고 일부 관련자를 처벌했다. 그러나 한 번 열려버린 판도라의 상자는 되돌리기 어렵다. 건강코드가 "단순한 방역 도구를 넘어, 불편한 존재의 이동을 원격에서 제어하는 수단"으로 사용될 수 있다는 사실이 드러난 이상, 그 잠재력은 다른 영역으로도 확장될 수 있다.

6. 그리드 관리와 얼굴 없는 관료주의

이 빈틈없는 통제 시스템을 떠받치는 하부 구조는 디지털 기술과 인간 조직의 결합, 즉 '그리드 관리(Grid Management, 망격화 관리)'다. 중국의 도시들은 일정 면적 단위의 격자(Grid)로 잘게 나뉘어 있고, 각 격자마다 전담 관리원이 배치되어 주민·건물·상점·시설을 '책임 구역' 형태로 관리한다.

그리드 관리원은 태블릿 PC나 모바일 단말기로 건강코드, 출입기록, 방역·치안 이슈를 실시간으로 보고·입력하며, 상위 시스템과 통신한다. 정보는 위로 올라가고 지시는 아래로 내려온다. 허난 사건처럼 건강코드가 적색으로 바뀐 주민이 나타나면, 이유를 모르는 관리원조차 "시스템이 그렇게 판정했습니다."라는 한마디로 방문·격리·제한 조치를 정당화할 수 있다.

더욱 절망적인 것은, 시민이 마주치는 통치의 얼굴이 더 이상 '구체적인 공무원'이 아니라 '블랙박스 속 알고리즘'이라는 점이다.

건강코드를 누가, 어떤 기준으로, 어떻게 바꿨는지에 대한 정보는 거의 공개되지 않는다. 예금주나 청원인이 부당한 코드 전환에 항의하더라도, "상급 기관의 시스템 문제"라는 말로 책임은 흩어지고, 실질적인 구제에 이르기까지는 매우 높은 장벽이 존재한다.

7. 백지 시위: 데이터 통제에 대한 저항

2022년 11월 말, 신장 우루무치의 한 아파트 화재와 장기간 봉쇄에 대한 분노를 계기로 중국 전역에서 이른바 '백지 시위(White Paper Protest)'가 일어났다. 참가자들은 아무것도 쓰여 있지 않은 A4용지를 들고 "제로 코로나 반대", "건강코드는 이제 그만", "자유를 달라"는 구호를 외쳤다.

시위대는 스마트폰의 위치 추적과 건강코드 연동을 피하기 위해 유심 칩을 빼거나, 버너폰을 사용하고, 디지털 결제 대신 현금을 쓰는 등 나름의 '감시 회피 기술'을 동원했다. 이는 역설적으로 많은 시민이 이미 이 시스템의 본질이 단순한 방역이 아니라 "포괄적인 감시·통제 인프라"임을 체감하고 있었음을 보여 준다. "건강코드가 없었으면 이런 봉쇄는 불가능했을 것"이라는 인식이 시위 구호·인터뷰 곳곳에 등장했다.

당국은 시위 이후 제로 코로나 정책을 전격 폐기하며 봉쇄·대규모 PCR 검사를 빠르게 철수시켰다. 그러나 시위 참가자들을 추적·제재하는 과정에서는 다시금 방역 기간에 구축된 디지털 인프라가 활용되었다. CCTV와 안면 인식 시스템은 마스크와 모자를 쓴 시위자의 신원을 역으로 식별하는 데 동원됐고, 기지국·메신저 기록·소셜미디어 데이터는 시위 조직망을 추적하는 근거가 되었다는 인권 단체·언론의 보고가 잇따랐다.

8. 방역은 끝났지만 시스템은 남았다

2023년, 거리의 바리케이드는 치워졌고 PCR 검사소 줄도 대부분 사라졌다. 그렇다면 건강코드는 어떻게 되었을까. 건강코드 앱 자체는 일부 지역에서 축소·폐지되거나 사용 빈도가 크게 줄었지만, 그 기반이 된 데이터와 플랫폼, 인프라는 사라지지 않았다.

중국 정부는 팬데믹 이후 '디지털 중국'·'스마트 시티' 전략을 가속화하며, 건강코드를 포함한 방역 데이터를 도시 운영의 핵심 데이터베이스로 편입하려는 움직임을 보이고 있다. 일부 지방정부는 건강코드 앱을 '시민코드'나 '도시 생활 앱'으로 리브랜딩하면서, 교통·행정 서비스·의료·공공요금·일상 결제를 하나의 통합 ID 아래 묶는 실험을 진행 중이다.

그 종착지 가운데 하나로 제시되는 것이 바로 '시티 브레인(City Brain)'이다.

알리바바·화웨이 등 대형 IT 기업이 지방정부와 함께 구축하는 이 시스템은, 교통 흐름과 공공시설 이용률부터 환경·에너지·안전까지 도시 데이터를 통합 분석해 "실시간으로 도시를 최적화"하겠다는 비전을 내세운다. 최근 연구는 일부 시티 브레인·치안 플랫폼이 군중 밀집, 온라인 여론, 민원·신방 데이터를 결합해 '사회 안정 리스크'를 예측·관리하는 기능을 시험하고 있다고 지적한다. 시위나 집단 항의 발생 가능성이 높은 구역을 미리 파악하고, "잠재적 위험인물"을 표시하는 방향으로의 확장을 우려하는 목소리도 커지고 있다.

허난성 정저우역 그날 아침, 빨간색 코드 앞에 망연자실 서 있던 예금주들의 모습은 데이터 국가에 포획된 현대인의 초상화였다. 그들은 바이러스에 감염된 것이 아니라, 시스템에 의해 '불온한 데이터'로 분류되었을 뿐이다. 그리고 그 분류 하나로, 그들의 이동 권리와 사실상의 시민권 행사는 즉각 정지됐다.

이것이 중국이 전 세계에 보여 준 '포스트 코로나 통치'의 서막이다. 물리적 폭력 없이도, 혹은 최소한의 물리력만으로도, 피를 많이 흘리지 않고도, 알고리즘과 데이터만으로 광범위한 통제가 가능한 사회. 팬데믹 기간의 건강코드 시스템은 그 거대한 실험을 위한 가장 완벽한 리허설이었다. 이제 방역이라는 무대는 막을 내렸지만, 그때 깔아 놓은 조명과 카메라, 그리고 데이터 인프라는 여전히 켜져 있고, 오히려 더 정교해지고 있다.

[Off the Record: 기사 밖의 진실] 바이러스는 몸이 아닌 서버에 있었다

2022년 6월, 중국 허난성 정저우 기차역에서 벌어진 일은 디스토피아 소설의 한 장면이 아니었다. 내 돈을 돌려달라고 외치러 온 예금주들의 스마트폰이 일제히 붉게 물들었다. 그들은 열이 나지도, 기침을 하지도 않았다. 그들이 가진 유일한 질병은 '정부에 항의하려는 의지'뿐이었다.

이 사건은 전 세계에 충격을 주었지만, 기술 저널리즘을 다루는 내게는 예고된 비극의 실현이었다. 우리는 이것을 '기능의 전용'이라 부른다. 사람을 살리기 위해 도입된 기술(방역)이, 슬그머니 원래의 목적을 벗어나 사람을 통제하는 기술(치안)로 변질되는 현상이다.

허난성 사태가 보여 준 공포의 본질은 '효율성'에 있다. 과거 독재 정권이 시위대를 막으려면 경찰차로 벽을 세우고, 물대포를 쏘고, 몸싸움을 벌여야 했다. 그 과정은 시끄럽고, 피를 흘리며, 언론의 주목을 받는다.

하지만 디지털 독재는 너무나 조용하고 깨끗하다. 당국자는 에어컨이 나오는 사무실에 앉아 키보드 엔터 버튼을 한 번 누르면 끝이다.

순식간에 수천 명의 시민은 '보건상 위험인물'로 분류되어 법적 저항도 못 한 채 격리 시설로 끌려간다. "시스템이 당신을 빨간색으로 분류했습니다."라는 말 한마디면 모든 항변이 무력화된다. 곤봉보다 무서운 것은 설명해 주지 않는 알고리즘이었다.

중국에는 억울한 지방 사람들이 베이징으로 올라와 호소하는 '신방(상소)' 제도가 있다. 과거에는 이들을 막기 위해 물리적인 감금이 동원됐지만, 이제는 건강코드가 '디지털 상소 금지령'이 되었다. 베이징행 표를 끊는 순간 코드가 변한다. 기술은 권력자에게 국민의 입을 막을 수 있는 전지전능한 리모컨을 쥐어 주었다.

우리는 흔히 "나는 죄지은 게 없으니 감시당해도 상관없다."고 말한다. 하지만 허난성의 예금주들도 죄인이 아니었다. 그들은 피해자였다. 권력이 '누가 위험한가'의 기준을 자의적으로 바꾸는 순간, 평범한 시민인 당신도 언제든 시스템상의 바이러스 취급을 받을 수 있다.

허난성 사태는 우리에게 묻는다. 위기의 순간에 국가에게 쥐어 준 그 강력한 칼자루를, 위기가 끝난 뒤에 어떻게 회수할 것인가? 한번 깔린 인프라는 절대 스스로 사라지지 않는다. 바이러스는 떠났지만, 우리를 노려보는 서버의 눈은 여전히 시퍼렇게 켜져 있다.

5장

안면 인식의 보편화

— 마스크를 써도 당신을 안다

1. 2020년, 얼굴 없는 인류의 탄생

2020년 봄, 인류는 역사상 처음으로 집단적으로 얼굴을 지웠다. 마스크는 생존을 위한 필수품이 되었고, 거리는 눈만 내놓은 사람들로 가득 찼으며, 스마트폰의 얼굴 인식 잠금 해제(Face ID)는 잦은 실패를 반복했다.

보안 전문가들과 프라이버시 옹호론자들은 내심 기대했다. "마스크가 감시 사회의 속도를 늦출 것이다." 얼굴의 절반을 가리면 AI가 사람을 식별할 수 없을 것이라는, 기술적 한계에 대한 믿음이었다.

실제로 팬데믹 초기, 미국 국립표준기술연구소(NIST)의 FRVT(얼굴인식 벤더 테스트)에서 기존 안면 인식 알고리즘 상당수는 마스크 착용 조건에서 오류율이 크게 뛰어 일부는 5~50%까지 급등했다. "마스크가 기존 알고리즘에 큰 타격을 줬다."는 판단은 정당했지만, AI가 적응을 멈추리라는 기대는 오래가지 않았다.

2. 눈만 봐도 안다: 페리오큘러 기술의 진화

바이러스가 인간의 폐를 공격하는 동안, 중국과 미국의 AI 기업들은 '눈(Eye)'에 주목했다. 중국의 AI 유니콘 센스타임(SenseTime), 메그비(Megvii), 한왕(Hanwang) 등은 마스크 착용자의 신원을 식별하는 기술 개발에 사활을 걸고, 수백만 장의 '마스크 쓴 얼굴 데이터'를 AI에 학습시켰다.

AI는 얼굴 전체의 윤곽 대신 눈썹의 모양, 눈매, 미간 거리, 콧대의 굴곡, 눈 주변 주름 같은 미세한 특징점을 집중적으로 분석하기 시작했다. 이를 '페리오큘러(Periocular, 눈 주변) 인식 기술'이라 부르며, 얼굴 일부가 가려진 상황에서도 눈 근처 정보만으로 사람을 구분하려는 시도가 본격화되었다.

2020년 초, 베이징의 한왕기술은 "마스크를 쓴 상태에서도 95% 수준의 정확도로 특정인을 인식할 수 있다."고 주장했고, 각 지방 공안은 이러한 솔루션을 실제 치안·방역 현장에 도입했다. 이는 '정부가 공식적으로 95%를 선언했다'기보다, 기업들의 공격적인 성능 주장과 공안의 조기 도입이 맞물린 결과에 가깝다.

마스크는 바이러스를 막는 방패였을지는 몰라도, 감시를 막는 방패는 되지 못했다. 오히려 AI는 악조건 속에서도 대상을 식별하는 혹독한 훈련을 거치며, 팬데믹 이전보다 훨씬 더 예리하고 강력한 '세3의 눈'을 갖게 되었다. 이제 선글라스와 마스크를 동시에 써도, 눈 주변과 보행 패턴, 체형·동선 데이터까지 결합하면 당신이 누구인지 숨기기 어려운 시대가 열리고 있다.

3. 30억 장의 얼굴: 클리어뷰 AI 스캔들

중국이 국가·공공 부문 중심의 감시망을 촘촘히 엮어 갔다면, 미국에서는 민간 기업이 '익명성의 종말'을 앞당겼다. 2020년 1월, 뉴욕타임스는 베일에 싸인 스타트업 '클리어뷰 AI(Clearview AI)'를 폭로했다.

호주 출신 개발자 호안 톤 댓이 만든 이 회사는 페이스북, 인스타그램, 링크드인, 유튜브 등 공개된 웹사이트에서 무려 30억 장이 넘는 얼굴 사진을 동의 없이 긁어모아, 누구나 사진 한 장을 업로드하면 해당 인물이 인터넷에 남긴 여러 사진과 링크를 찾아주는 '얼굴 검색 엔진'을 만들었다. 이 기능은 일반인이 길거리에서 마주친 낯선 사람의 얼굴을 몰래 찍어 올리면, 그의 이름과 SNS 계정, 과거 활동 사진을 짐작할 수 있을 정도로 강력했다.

이것은 구글조차 프라이버시 위험 때문에 공개적으로 제공하지 않던 유형의 서비스였다. NYT는 전문가 인터뷰를 인용해, "구글도 만들 수 있었지만 너무 위험하다고 보고 포기했던 '공개 얼굴 검색 엔진'을 스타트업이 구현했다."는 취지로 보도했다.

4. 경찰의 비밀 무기: "범인을 잡았으니 된 거 아닌가?"

문제는 이 위험한 도구를 누가, 어떻게 썼느냐다. 보도에 따르면 FBI, 국토안보부 산하 이민세관단속국(ICE)을 포함해 미국 내·외 600개 이상의 법 집행 기관이, 명확한 법적 근거·영장 없이 클리어뷰 서비스를 시험·사용한 것으로 드러났다.

경찰들은 환호했다. 미제 사건 용의자의 흐릿한 CCTV 사진을 넣으면, 그가 수년 전 지인 결혼식에서 찍힌 고화질 프로필 사진이 검색되기도 했기 때문이다.

하지만 이는 '공공장소에서의 익명성'이라는 민주주의의 기본 전제를 뒤흔드는 행위였다. 우리가 길거리를 자유롭게 걸을 수 있는 이유는, 타인이 나를 보더라도 '내가 누구인지'는 모른다는 전제가 있기 때문이다.

클리어뷰 AI는 세상 모든 사람의 이마에 이름표를 붙여 버린 것과 같았다. 공공장소는 더 이상 '우연한 스침의 공간'이 아니라, 거대한 '신원 확인의 장'이 되어 버렸다.

5. 스마일 투 페이(Smile to Pay): 지갑 없는 사회

감시는 대부분 무서운 얼굴로 다가오지 않는다. 언제나 '편리함'이라는 달콤한 사탕을 들고 온다.

중국의 편의점이나 식당 키오스크 앞에는 카메라가 달려 있다. 알리페이(Alipay)의 '스마일 투 페이(Smile to Pay)' 시스템이다.

스마트폰을 꺼낼 필요도, QR 코드를 찍을 필요도 없다. 카메라 앞에 서서 얼굴을 비추면 단 몇 초 안에 본인 여부가 확인되고, 휴대폰 번호 등 최소한의 추가 정보를 입력하면 계좌에서 돈이 빠져나간다.

2017년 항저우의 KFC KPRO 매장을 시작으로, 이런 '얼굴 결제' 시스템은 중국 전역의 마트·패스트푸드·지하철·무인매장으로 퍼져 나갔고, 다른 핀테크·유통 사업자들도 비슷한 서비스를 앞다퉈 도입했다.

"빈손으로 와도 물건을 살 수 있다." 이 마법 같은 편의성 앞에서 사람들은 경계심을 허물었다. 나의 생체 정보가 사업자의 서버와 제3자 시스템에 장기간 저장·분석될 수 있다는 사실보다, 당장 지갑과 휴대폰을 꺼내지 않아도 된다는 귀찮음 해소가 더 크게 다가왔기 때문이다.

6. 스마트 패스: 공항의 하이패스

우리나라의 인천공항도 예외는 아니다. '스마트패스(Smart Pass)' 서비스가 도입되면서, 이용자는 사전 등록을 통해 여권 정보와 얼굴 정보를 연동해 두면 여권과 탑승권을 꺼내지 않고도 출국장·보안검색·탑승 게이트를 얼굴 인식만으로 통과할 수 있게 되었다.

"줄 서지 말고 빠르게 통과하세요." 이 문구는 강력한 유인책이다. 스마트패스를 등록한 승객은 별도 전용 게이트를 통해 마치 하이패스처럼 일반 줄을 우회해 진입할 수 있어, 실제로 시간 단축과 '우선 통과'에 가까운 경험을 한다.

하지만 이 과정에서 우리는 국가와 공항공사, 시스템 공급 기업에게 우리의 가장 민감한 정보를 자발적으로 제공하고 있다. 얼굴 정보는 비밀번호와 다르다. 비밀번호는 해킹당하면 바꿀 수 있지만, 얼굴은 바꿀 수 없다.

한 번 유출되면 평생, 아니 죽어서도 도용될 수 있는 '변경 불가능한 아이디(ID)'를 우리는 편의점의 간편 결제, 공항에서의 빠른 보안검색과 맞바꾸고 있는 셈이다. 한국뿐 아니라 각국의 공항·항만·지하철·무인점포·은행 창구에서도 안면 인식 기반 '스마트 패스' 서비스가 확산되는 흐름을 보면, 이 선택은 점점 더 구조화된 사회 인프라의 일부가 되어 가고 있다.

7. 바꾸지 못하는 비밀번호: 생체 정보의 비극

안면 인식 기술의 확산이 가져올 미래는 디스토피아 소설보다 더 암울할 수 있다. 러시아 모스크바의 지하철은 '페이스 페이(Face Pay)'라는 얼굴 인식 결제 시스템을 전역에 도입해, 승객이 카메라 앞에 서면 자동으로 요금을 결제할 수 있게 했다.

표면적으로는 기존 교통카드·QR·현금 등과 함께 제공되는 '선택적' 서비스지만, 같은 카메라·안면 인식 인프라가 시 전역의 감시망과 연결되면서, 인권단체와 언론은 이를 "징집 대상자를 색출하고 동원령을 피하는 남성을 추적하는 데 활용되는 통제 수단"이라고 경고한다.

실제로 여러 보도에서는 동원령에 항의하거나 회피하려는 남성들이 지하철·거리에서 얼굴 인식 시스템을 통해 식별·체포됐다는 사례가 반복적으로 보고되고 있다.

이란에서는 히잡을 쓰지 않은 여성을 단속하기 위해, 거리와 상점의 CCTV, 도로의 스마트 카메라, 심지어 드론과 모바일 앱까지 동원한 디지털 감시 체계가 빠르게 확장되고 있다.

정부는 사업자에게 CCTV를 경찰 시스템에 연동하도록 요구하고, AI 기반 이미지 분석으로 히잡 법 위반자를 식별해 문자 경고·벌금·영업정지 등의 조치를 취하는 '스마트 단속'을 추진하고 있다. 이는 안면 인식과 유사한 영상 분석 기술을 결합해, "경찰이 직접 쫓아가는 대신 집으로 경고·벌금 고지서가 날아오는" 시스템을 구현하려는 시도다.

기술은 가치중립적이지 않다. 권력자의 손에 들어가면 안면 인식은 그 어떤 무기보다 강력한 통제 수단이 된다. 군중 속에 숨어 있을 권리, 집회에 나갈 권리, 익명으로 존재할 권리가 '얼굴' 하나로 박탈될 수 있다.

8. 우리는 걸어 다니는 바코드다

팬데믹은 끝났지만, 마스크 뒤에서 진화한 AI의 눈은 이제 마스크를 벗은 우리의 맨얼굴을 정조준하고 있다.

우리는 이제 '걸어 다니는 바코드'가 되어 가고 있다. CCTV, 스마트폰, 상점의 키오스크, 공항의 스마트 게이트, 지하철의 페이스 페이, 자율주행차의 센서까지, 도시의 모든 눈들이 나를 보고, 나를 식별하고, 나를 기록한다.

영국과 유럽의 시민단체들은 라이브 안면 인식이 "사람들을 바코드처럼 스캔한다.", "보행자를 걷는 신분증으로 만든다."고 비판해 왔고, 미국에서도 상원의원들은 "우리 얼굴은 정부가 마음대로 스캔할 바코드가 아니다."라고 경고한다.

"죄지은 게 없으면 떳떳하지 않느냐."는 말은 함정이다. 프라이버시는 죄를 숨기기 위한 것이 아니라, 내가 누구인지·어떻게 보일지를 스스로 결정할 권리이기 때문이다.

하지만 얼굴이 공공재처럼 취급되는 세상에서, 그 권리는 시시각각 소멸하고 있다. 안면 인식은 더 이상 공상과학이 아니라, 편의와 안전, 방역과 효율이라는 이름으로 사회 인프라 깊숙이 스며든 일상 기술이다.

마스크를 벗어 던진 우리는 과연 자유를 되찾은 것일까, 아니면 더 정교하게 구축된 감시의 감옥으로 걸어 들어간 것일까. 이 질문에 답하는 방식이, 앞으로의 규제와 기술 설계를 좌우하게 될 것이다.

[Off the Record: 기사 밖의 진실] 마스크는 방패가 아니라 AI의 훈련 도구였다

2020년 봄, 인류가 집단적으로 마스크를 쓰기 시작했을 때 보안 전문가들은 내심 쾌재를 불렀다. "이제 빅브라더의 눈도 멀겠구나." 얼굴의 절반을 가리면 아무리 뛰어난 인공지능이라도 무용지물이 될 것이라는, 기술적 한계에 대한 순진한 믿음이었다.

하지만 그 기대가 산산조각 나는 데는 채 1년이 걸리지 않았다. 중국과 미국의 AI 기업들은 포기하는 대신 눈을 가늘게 떴다. 그들은 얼굴 전체 윤곽 대신 눈썹의 모양, 미간의 거리, 눈매의 미세한 주름에 집중했다. 이른바 '페리오큘러(Periocular)' 기술이다. 마스크는 감시를 막는 방패가 아니라, AI를 더 예리하게 단련시키는 훌륭한 훈련 도구였다. 이제 AI는 마스크를 쓰고 선글라스까지 껴도 당신이 누구인지 95% 이상의 확률로 맞춰 낸다.

더 섬뜩한 것은 우리가 이 기술을 공포가 아닌 '편리함'으로 받아들이고 있다는 점이다. 인천공항 출국장에서 여권을 꺼내는 대신 얼굴을 들이미는 '스마트 패스'를 쓸 때, 편의점에서 지갑 없이 얼굴만 비추고 물건을 살 때, 우리는 일종의 특권 의식마저 느낀다. "나는 줄을 서지 않는 사람"이라는 우월감에 취해, 우리는 기꺼이 국가와 기업에게 우리의 가장 내밀한 생체 정보를 헌납한다.

하지만 우리는 간과하고 있다. 비밀번호는 해킹당하면 바꿀 수 있지만, 얼굴은 바꿀 수 없다는 사실을. 한 번 유출된 생체 정보는 죽을 때까지, 아니 죽어서도 도용될 수 있는 '변경 불가능한 아이디'다. 우리는 지금 샌드위치를 빨리 사 먹기 위해, 평생 바꿀 수 없는 비밀번호를 키오스크에 입력하고 있는 셈이다.

클리어뷰 AI 같은 기업이 인터넷상의 사진 30억 장을 긁어모아 만든 세상에서, '공공장소에서의 익명성'은 멸종했다. 과거에는 군중 속에 섞이면 '아무나'가 될 수 있는 자유가 있었다. 하지만 이제 우리는 길을 걷는 것만으로도 신원 조회를 당하는 존재가 되었다.

우리는 이제 '걸어 다니는 바코드'다. 도시의 모든 카메라가 계산대가 되어 우리를 스캔한다. 마스크를 벗어 던진 해방감 뒤에는, 맨얼굴이 고스란히 데이터로 박제되는 서늘한 현실이 기다리고 있다. 편리함의 청구서는, 우리가 가장 취약한 순간에 날아올 것이다.

래칫 효과

— 위기가 끝나도 감시는 사라지지 않는다

1. 2023년 5월, 엔데믹의 착각

2023년 5월 5일, 세계보건기구(WHO)는 COVID-19가 더 이상 '국제적 공중보건 비상사태(PHEIC)'에 해당하지 않는다고 선언했다. 2020년 1월 30일 비상사태 선포 이후 약 3년 3개월 만이었다. 거리의 바리케이드는 철거되었고, 식당 입구를 지키던 QR 리더기는 창고로 들어갔다. 사람들은 마스크를 벗어 던지며 "지긋지긋한 통제는 끝났다."고 느꼈다.

하지만 안보 전문가들과 데이터 거버넌스 연구자들의 표정은 밝지 않았다. 눈에 보이는 기계는 지워졌지만, 그 기계를 움직이던 데이터 인프라와 알고리즘, 그리고 그 위에 구축된 규범·조직은 쉽게 사라지지 않는다는 사실을 알고 있었기 때문이다. 비상사태는 종료됐지만, 비상사태를 명분으로 확장된 디지털 통치는 여전히 다른 이름으로 작동하고 있있다.

2. 래칫 효과: 역회전은 어렵다

경제학자 로버트 힉스는『위기와 레비아탄』에서, 전쟁·공황·전염병 같은 위기 때마다 국가 권력이 급팽창하고, 위기 종료 후에도 완전히 예전 규모로는 돌아가지 않는 '래칫 효과'를 설명했다. 래칫(Ratchet)은 한쪽 방향으로만 돌아가고 반대 방향으로는 거의 돌아가지 않는 톱니바퀴를 뜻하는데, 그는 위기가 국가 권력의 톱니바퀴를 한 단계씩 '위쪽'으로 밀어 올린다고 보았다.

위기 동안 국가는 국민의 자유를 제한하고, 세금을 늘리고, 감시를 강화하며 새로운 조직·예산·기술을 들여온다. 위기가 끝난 뒤에는 일부 조치가 축소되지만, 조직·예산·데이터 인프라와 같은 '제도적 잔여물'은 남아 장기적으로 국가 권력의 기준선을 끌어올린다는 것이 힉스의 핵심 논지다. 팬데믹은 이 래칫을 21세기 들어 가장 강하게 돌려놓은 위기 중 하나였고, 공중보건을 명분으로 동원된 디지털 감시·데이터 거버넌스는 그 대표적인 사례로 거론되고 있다.

3. 마음의 래칫: 우리가 변해 버렸다

팬데믹 동안 우리는 국가와 플랫폼에 전례 없이 광범위한 권한을 위임했다.

"내 위치를 추적해도 좋다.", "내 접촉 정보를 수집해도 좋다.", "내 이동을 제한해도 좋다."는 암묵적 동의가 QR 체크인·접촉자 추적 앱·건강 코드 시스템 형태로 일상화됐다. 많은 나라에서 이런 조치는 '일시적 비상조치'로 설명되었지만, 시민들의 프라이버시 감수성은 그 과정에서 눈에 띄게 낮아졌다는 연구와 설문이 보고되고 있다.

2019년까지만 해도 "정부가 내 위치를 상시 추적한다."는 말은 디스토피아 소설의 상상처럼 들렸지만, 팬데믹을 거치며 사람들은 각종 앱에서 위치 정보 제공·접촉 추적·건강 정보 입력에 쉽게 동의하는 방식으로 스스로 일상의 투명성을 높여 왔다. "어차피 다 털린 거, 편하기나 하자."라는 냉소와 "국가·플랫폼은 이미 다 알고 있다."는 체념, 이른바 '프라이버시 피로감'이 여러 사회에서 관찰되고 있다는 지적도 나온다. 이런 심리적 저지선의 약화는, 이후 안면 인식·생체 결제·AI 신용평가·중앙은행 디지털화폐(CBDC) 등 더 침투적인 기술이 도입될 때 저항을 약화시키는 토양이 될 수 있다는 경고와 함께 논의되고 있다.

4. 안전 중독: 자유보다 보호를 원하다

팬데믹 동안 많은 시민들은 "국가가 나를 24시간 지켜보고 관리해 줄 때 느끼는 특유의 안정감"을 경험했다는 분석이 있다. 감염 위험·불확실성이 극대화된 상황에서, 건강 코드·QR 패스·실시간 경보 시스템은 통제의 상징이면서 동시에 심리적 안전장치로 기능했고, 그 결과 일부 국가에서는 CCTV 확대·위치 추적 강화·범죄자 동선 공개를 요구하는 여론이 강해지기도 했다.

이런 '안전 중독'은 전통적 의미의 강압적 독재가 아니라, 시민 스스로가 더 많은 감시와 데이터를 요구하는 형태의 통제 모델을 가능하게 만든다. 공중보건과 치안 명분 아래 디지털 감시 인프라가 유지·확장되는 흐름은 2020년대 여러 국가에서 관찰되고 있으며, 이를 팬데믹 래칫의 심리적·문화적 측면으로 분석하는 연구도 등장하고 있다.

5. 기능 전용: 방역에서 통제로

래칫 효과의 물리적 증거는 기술 인프라의 '기능 전용'에서 선명하게 드러난다. 방역을 위해 깔아 두었던 시스템이 위기 이후 다른 목적을 위해 재가동되는 과정이다.

중국: 건강코드 시스템은 팬데믹 이후에도 완전히 폐기되기보다는, 일부 지역·상황에서 통합 행정·도시 관리·서비스 제공과 결합해 '정상화·제도화' 방향으로 논의되고 있다. 연구자들은 건강코드가 향후 공공 서비스 접근·사회 관리·위험 평가 등에 활용될 경우, 이동·생활에 대한 장기적인 데이터 통치 도구가 될 수 있다는 우려를 제기한다. 이 과정에서 건강코드·사회 신용·공공안전 데이터가 연결되면, 특정 집단이나 '위험인물'로 분류된 사람들의 이동·서비스 접근이 제한될 위험이 있다는 점도 논쟁의 대상이다.

싱가포르: 정부는 초기에는 TraceTogether 데이터를 방역 목적에 한정해 사용할 것처럼 설명했지만, 이후 형사소송법(CPC)에 따라 경찰이 중대 범죄 수사에 이 데이터를 사용할 수 있다는 점이 알려지며 논란이 일었다. 여론 반발 후 2021년 별도 법 개정으로, TraceTogether·SafeEntry 데이터는 원칙적으로 접촉 추적에 사용하되, 살인·강간·테러·중대한 마약 범죄 등 일부 '매우 중대한 범죄' 수사에 한해 예외적으로 경찰이 사용할 수 있도록 하는 제한 규정이 도입되었다. 이는 "오직 방역에만 쓰이리라는 초기 인식"에서 실제 법적 구조가 후퇴했다는 점에서, 방역 데이터의 기능 전용을 둘러싼 대표적 논쟁 사례로 거론된다.

한국: 감염병예방법 개정에 근거한 역학조사 지원시스템(EISS)은 통신사 위치 정보·신용카드 사용 내역·CCTV·출입국 기록을 연계해 고도의

디지털 역학조사를 가능하게 했고, 이 시스템의 설계·운영 경험은 이후 스마트시티 통합관제, 교통·치안 데이터 분석, 상권 분석·행정 의사결정 지원 등으로 이어지고 있다는 평가가 나온다. 방역 관련 데이터 자체는 법에 따라 상당 부분 파기·비식별화되었지만, "전 국민 이동·접촉 데이터를 실시간에 가깝게 다뤄 본 경험"과 그를 위한 데이터 파이프라인·분석 역량은 한국 행정·지자체·민간의 '데이터 활용 DNA'를 바꾸어 놓았다는 지적이 있다.

6. 데이터 댐의 수문을 여는 사람들

팬데믹이라는 명분이 약해지자, 그 자리는 곧 "디지털 전환·AI 산업 육성"이라는 새로운 명분이 채우고 있다. 여러 나라에서 정부·기업은 공공·의료·이동·소비 데이터를 "국가 경쟁력을 위한 핵심 자원"으로 규정하며, 적절한 보호 장치를 전제한 활용·개방을 추진하고 있다.

우리나라의 마이데이터 정책처럼 팬데믹 이전부터 추진되던 데이터 경제 전략이 방역을 계기로 구축된 인프라·연계 경험과 결합하면서, 개인의 건강 정보·이동 패턴·소비 성향 등이 다양한 산업에서 맞춤 서비스·신용평가·위험 관리에 활용되는 구조가 빠르게 자리 잡고 있다. 이 과정에서 방역 과정에서 쌓인 데이터 파이프라인·클라우드 인프라·분석 능력이 AI·핀테크·스마트시티 사업으로 흡수·확장되고 있다는 분석이 다수 제기된다.

우리는 바이러스를 막기 위해 거대한 댐을 쌓았다고 생각했지만, 그 과정에서 우리의 일상·신체·이동을 미세하게 기록하는 거대한 저수지도 함께 만들었다. 그리고 그 물길은 이제 공중보건을 넘어, 산업·치안·행정 효율이라는 이름으로 기업과 국가의 새로운 자원으로 흘러가고 있다는 점이 팬데믹 이후 데이터 거버넌스 논쟁의 핵심 쟁점이다.

7. 새로운 사회 계약: 투명한 시민, 불투명한 국가

우한의 봉쇄에서 시작된 건강코드, 중국·한국·싱가포르의 QR·접촉 추적, 스마트시티 관제, 마스크 뒤 안면 인식, 그리고 팬데믹 이후에도 되돌려지지 않는 래칫 효과까지. 지난 몇 년간 인류는 "데이터를 조건으로 한 일상"을 빠르게 학습해 왔다.

전통적인 사회계약이 "세금을 내면 보호해 주겠다."였다면, 포스트 코로나 시대의 계약은 "데이터를 내놓으면 이동·일상을 허락하겠다."는 형태로 변해 가고 있다는 분석이 제기된다. 시민은 점점 더 투명해진다. 국가는 개인의 위치, 접촉 기록, 건강 상태, 소비 내역을 여러 데이터베이스를 통해 들여다볼 수 있지만, 그 데이터가 어떤 알고리즘을 거쳐 어떤 기준으로 분류·판정에 사용되는지는 충분히 공개되지 않는 경우가 많다.

이 비대칭성 속에서 "누가 데이터를 소유하고, 누가 알고리즘을 설계하며, 누가 해저케이블과 반도체·클라우드를 통제하는가."는 21세기 권력 구조를 가르는 핵심 질문이 되었다. 데이터가 흐르려면 바다 밑의 케이블과 거대한 데이터센터가 필요하고, 알고리즘이 작동하려면 실리콘 위의 칩이 필요하다.

누가 케이블을 끊을 수 있는지, 누가 칩의 공급을 조절하는지는 이제 보건·치안·금융을 넘어 민주주의와 인권의 향배까지 좌우하는 문제로 떠오르고 있다.

팬데믹은 끝났지만, 래칫은 한 번 더 올라갔다. 이제 질문은 남는다. 이 새로운 사회 계약에서, 우리는 어디까지를 감수성의 한계선으로 삼을 것인가.

[Off the Record: 기사 밖의 진실] 비상조치는 어떻게 영구 집권하는가

경제학에는 '래칫 효과'라는 용어가 있다. 한번 올라간 소비 수준이나 소득은 경기가 나빠져도 톱니바퀴에 걸린 것처럼 좀처럼 내려가지 않는 현상을 뜻한다. 나는 지난 몇 년간의 취재를 통해 이 법칙이 경제보다 '감시 기술'에 더 잔혹하게 적용된다는 사실을 확인했다.

역사는 반복된다. 2001년 9.11 테러 직후, 미국인은 테러리스트에 대한 공포 때문에 '애국법(Patriot Act)'을 용인했다. 영장 없는 도청과 이메일 감시가 허용됐다. 당시 정부는 "비상시국을 위한 한시적 조치"라고 강조했다. 하지만 20년이 지난 지금, 그 감시 시스템은 사라지기는커녕 전 세계 정보기관의 표준 매뉴얼이 되었다. 위기는 잊혔지만, 위기가 만든 법과 시스템은 살아남아 괴물이 되었다.

코로나는 21세기의 9.11이었다. 바이러스라는 보이지 않는 적과 싸우기 위해 우리는 동선 추적, QR코드, 안면 인식이라는 강력한 무기를 정부의 손에 쥐여 주었다. "방역을 위해서라면." 그 한마디면 헌법이 보장한 기본권도 잠시 유보할 수 있었다.

이제 마스크를 벗었고 팬데믹 종료가 선언되었다. 그렇다면 우리를 감시하던 그 수많은 카메라와 서버는 철거되었을까? 정반대다. 그들은 이제 '방역'이라는 명찰을 떼고 '치안', '범죄 예방', '행정 편의'라는 새로운 이름표를 달았다. 중국의 건강코드는 시민 등급제로 진화하려 하고, 한국의

CCTV는 AI를 탑재해 이상 행동을 예측하는 단계로 고도화되었다.

정부와 기업 입장에서 데이터 통제는 한 번 맛보면 끊을 수 없는 마약과 같다. 국민의 일거수일투족을 들여다보는 것이 행정적으로 얼마나 효율적인지, 그 데이터가 얼마나 큰돈이 되는지 알아 버렸기 때문이다. 어떤 권력도 스스로 자신의 권한을 축소하지 않는다. 톱니바퀴는 이미 돌아갔고, 역회전 기어는 고장 났다.

더 무서운 것은 우리의 무감각이다. 우리는 이제 CCTV가 없는 골목을 불안해하고, 내 정보가 털려도 "어차피 공공재인데"라며 체념한다. 우리는 스스로 '프라이버시'보다 '보호받는 사육'을 원하게 되었다. 이것이 래칫 효과의 진짜 무서움이다. 제도가 굳어지는 것을 넘어, 우리의 의식마저 통제에 순응하도록 개조되기 때문이다.

2019년의 세상은 다시 오지 않는다. 우리는 '돌아갈 수 없는 다리'를 건넜다. 이제 우리가 해야 할 질문은 "언제 예전으로 돌아갈까?"가 아니다. "이 거대한 유리 감옥 안에서, 나는 어떻게 나 자신을 지킬 것인가?"여야 한다. 바이러스와의 전쟁은 끝났지만, 데이터와의 전쟁은 이제 막 개전했다.

2부

하드웨어 전쟁: 21세기의 영토

7장

반도체 방패

— TSMC와 대만해협의 위태로운 평화

1. 2022년 8월 3일, 타이베이의 긴장과 오찬

2022년 8월 초, 낸시 펠로시 당시 미 하원의장은 한국·일본·싱가포르·말레이시아를 도는 아시아 순방 중 대만을 전격 방문했다. 중국은 즉각 반발하며 대만을 둘러싼 해역·공역 6곳에서 대규모 실사격 훈련을 예고했고, 탄도미사일 다수가 대만 상공을 지나 일본 EEZ 인근 해역에 떨어졌다. 대만 방공식별구역과 해협 중간선을 넘는 중국 군용기 출격이 급증하면서, 섬 전체에 '전쟁 리스크'가 체감되던 시기였다.

이 와중에 전 세계 안보·산업 전문가들이 특히 주목한 장면은 차이잉원 총통과의 회담에 이어 열린 오찬이었다. 차이는 펠로시를 위해 정·재계 인사를 초청한 오찬을 주재했고, 이 자리에 모리스 창 TSMC 창업자와 리우더인(마크 리우) TSMC 회장이 함께했다. 펠로시는 이들과 미국의 CHIPS and Science Act, 미국 내 반도체 생산 확대, 공급망 재편 문제를 집중 논의한 것으로 알려졌다. 겉으로는 "민주주의 연대"를 강조하는 일정이었지만, 사실상 미국 권력 서열 3위가 대만까지 와서 확인하고자 한 것은 미국 경제·군사력의 핵심 인프라가 된 'TSMC라는 생명줄'이었다고 볼 수 있다.

2. 실리콘 방패의 역설

대만에는 이른바 '실리콘 방패(Silicon Shield)'라는 안보 논리가 있다. 세계가 TSMC 등 대만 반도체 공급에 크게 의존하고 있기 때문에, 중국은 함부로 대만을 침공했다가 자신도 치명적 경제 타격을 입을 수 있고, 미국과 동맹국은 대만 반도체 없이 자국 경제·군사력 운용이 어렵기 때문에 대만 방위를 외면하기 힘들다는 발상이다.

실리콘 방패는 지난 수십 년간 대만 전략 담론에서 중요한 위치를 차지해 왔지만, 펠로시 방한 직전과 직후에 모리스 창은 인터뷰와 연설에서 미국 내 반도체 제조 회귀에 회의적인 견해를 잇달아 밝혔다. 그는 "TSMC 수준의 대규모·선단 공정을 미국에서 경제적으로 운영하는 것은 매우 비효율적이며, 세계화와 자유무역의 기반이 붕괴되고 있다."고 지적했다. 미국 입장에서는 '실리콘 방패'를 가능한 한 자국 영토 안으로 옮겨오려 하고, 대만 내부에서는 그 방패가 분산되거나 옮겨가는 순간 자신들의 전략적 가치가 줄어드는 것 아니냐는 불안이 커지는 구조다.

3. 대체 불가능한 심장, 다소 과장된 92% 수치

전 세계에서 7nm 이하(통상 10nm 이하 선단 공정) 로직 칩을 대량 생산할 수 있는 파운드리는 사실상 TSMC와 삼성전자 두 곳뿐이라는 평가는 업계·연구 보고서에서 널리 공유된다. TSMC는 전체 파운드리 시장에서 60%를 훌쩍 넘는 점유율을 차지하며, 7nm 이하 초미세 공정에서는 추정치 기준 80~90% 이상을 공급하는 것으로 분석된다.

애플의 아이폰·맥에 들어가는 A·M 시리즈 AP, 엔비디아의 주요 AI GPU, 상업·군사용 고성능 칩 상당수가 TSMC 선단 공정에서 제조된다는 점은 다양한 자료로 확인된다. 이 때문에 미국 정보·안보 당국은 "중국의 대만 침공으로 TSMC 생산이 중단될 경우, 첫 몇 년간 연간 6천억~1조 달러 규모의 글로벌 경제 손실이 발생할 것"이라고 경고한다.

다만 F-35 전투기와 같은 특정 무기 체계의 '핵심 칩이 모두 TSMC에서 나온다'는 식의 단정은 공개 정보로 완전히 입증되지는 않았고, 보다 정확하게는 "F-35 등 미국 첨단 무기 시스템에 사용되는 많은 로직 칩이 TSMC 생산 능력에 크게 의존한다는 우려가 제기된다."는 표현이 적합해 보인다.

4. 단일 실패 지점과 CHIPS Act의 탄생

TSMC가 대만 해협 위기나 군사 충돌 등으로 장기간 멈출 경우, 전 세계 전자·자동차·통신·방산 산업이 연쇄적으로 타격을 입고, 글로벌 GDP에서 1조 달러 이상이 날아갈 수 있다는 분석이 미국 정보당국과 민간 연구기관에서 반복적으로 제기된다. 미국 국방부·의회·싱크탱크는 이를 미국 경제와 군사력의 '단일 실패 지점'로 인식하고, TSMC·대만에 대한 과도한 의존을 줄여야 한다는 공감대를 형성해 왔다.

지나 러몬도 미국 상무장관은 의회와 각종 연설에서 "미국은 세계 최첨단 로직 칩 생산 비중이 사실상 0%이며, 사용 중인 이런 칩의 약 90%를 대만에서 수입한다는 점이 국가안보 비상사태"라고 경고했다. 여기서

0%·90%라는 표현은 전체 반도체가 아니라 7nm 이하급 선단 공정 로직 칩을 지칭하는 맥락으로 쓰인다. 이 같은 위기 인식 속에서 2022년 'CHIPS and Science Act'가 통과했고, 약 520억~530억 달러 규모의 보조금·세액공제를 통해 미국 내 첨단 반도체 생산과 R&D를 육성하는 법적 기반이 마련됐다.

5. 2022년 12월, 애리조나 사막의 장비 반입식

펠로시 방대만 4개월 뒤인 2022년 12월 6일, 미국 애리조나주 피닉스 인근 사막 지대의 TSMC 애리조나 공장(Fab 21)에서 장비 반입 및 투자 확대를 알리는 행사가 열렸다. 조 바이든 당시 미국 대통령과 애플 CEO 팀 쿡, 엔비디아 CEO 젠슨 황, AMD CEO 리사 수 등 미국 빅테크 수장들이 대거 참석해, 미국 땅에서 첨단 4nm·3nm 칩을 생산하게 될 것이라는 기대를 표했다. 바이든은 "미국 제조업이 돌아왔다."고 강조하며, 애리조나 공장을 미국 제조 주권 회복의 상징으로 내세웠다.

이 자리에서 91세의 모리스 창은 연설을 통해 "세계화는 거의 죽었고, 자유무역도 거의 죽었다."고 말해 큰 반향을 일으켰다. 그는 지난 30년간 반도체 산업이 대만·한국·동아시아 등 가장 효율적인 곳에 공장을 짓고 전 세계로 칩을 수출하는 방식으로 성장해 왔지만, 미·중 전략 경쟁과 안보 논리가 이 효율성을 무너뜨리고 있다고 탄식했다.

6. 효율의 시대에서 안보의 시대로, 애리조나 공장 비용 논쟁

TSMC가 애리조나에 선단 공정을 들여오는 결정은 순전히 경제 논리만으로 설명되기 어렵다. 미국의 보조금이 상당하다 해도, 현지 인건비·인허가·노사문화·공급망 구축 비용을 감안하면 대만 대비 비용이 크게 오르다는 것이 모리스 창과 TSMC 경영진의 일관된 문제의식이다.

실제로 TSMC는 애리조나 공장에서 숙련 인력 부족, 안전 규정·노동 관행 차이, 12시간 교대·주말 근무 문화에 대한 현지 반발 등으로 공정 진행에 어려움을 겪었고, 양산 일정이 2025년 이후로 미뤄지기도 했다.

다만 2025년 TechInsights 분석에 따르면, 미국에서의 높은 인건비와 건설비에도 불구하고 고도의 자동화 덕분에 웨이퍼 1장당 공정 비용은 대만 대비 "10% 미만" 정도만 더 드는 것으로 추정된다. 즉, 공장 건설비·초기 투자비는 대만보다 훨씬 크지만, 장기 운전 단계에서의 직접 공정 단가를 '4배'나 '50% 이상'로 단정하기는 어렵고, 실제 격차는 10~수십 퍼센트 수준일 수 있다는 반론도 존재한다. 그럼에도 TSMC가 미국·일본 등으로 설비를 분산하는 핵심 이유는 '평상시 효율'보다 '위기 시 공급망 생존 가능성'이라는 안보 논리에 가깝다는 점에는 큰 이견이 없다.

7. 대만 내부의 불안과 실리콘 방패의 약화 우려

TSMC의 미국·일본·독일 등 해외 투자 확대는 대만 내부에서 "미국이 TSMC를 빼간다.", "실리콘 방패가 분산되면 대만의 전략적 가치는 떨어지는 것 아니냐."는 불안을 낳고 있다.

일부 대만 학자와 전직 관료는 미국이 자국 내에 충분한 선단 공정 생산 능력을 확보한 뒤에는 중국이 대만을 무력 침공하더라도 지금만큼 대만 방위를 절실하게 느끼지 않을 위험이 있다고 경고한다. 동시에 다른 전문가들은 TSMC의 R&D 핵심 인력과 생태계가 여전히 대만에 집중되어 있는 한, 대만의 전략적 중요성은 쉽게 사라지지 않을 것이라는 반론도 제기한다.

이처럼 TSMC의 글로벌 분산 투자는 "위기 시 대만 리스크를 줄여 미국·동맹 안보를 강화한다."는 논리와, "대만이 가진 '인질 가치'를 약화시켜 장기적으로는 방위 의지를 약화시킬 수 있다."는 논리가 충돌하는 복잡한 정치경제적 문제다.

8. 초토화 전략과 '킬 스위치' 시나리오

미 육군참모대학 학술지 Parameters에 실린 2021년 논문 「Broken Nest: Deterring China from Invading Taiwan」은 중국이 대만을 침공할 기미가 보일 경우 대만과 미국이 TSMC 등 반도체 시설을 스스로 파괴하거나 기능을 상실하게 만들어 중국이 얻을 실익을 극도로 떨어뜨리는 '표적 초토화' 전략을 제안했다.

논문은 TSMC 공장뿐 아니라 반도체 인력을 서둘러 해외로 대피시키는 방안, 필요시 SMIC 등 중국 내 파운드리를 타격하는 옵션까지 언급하며, 중국 지도부가 침공을 "도움이 아니라 짐이 되는 승리"로 인식하게 만드는 것을 목표로 한다.

이와 별도로, 2024년 보도에 따르면 ASML과 TSMC는 중국이 대만을 침공할 경우 EUV 노광 장비를 원격으로 비활성화할 수 있는 일종의 '킬 스위치'를 갖고 있다는 익명 소식통의 증언이 나왔다. 이는 블룸버그 등에서 "원격 셧다운 기능"으로 보도됐으나, ASML은 국가안보와 고객 보안 문제를 이유로 구체적인 기술 구현 방식은 공개하지 않고 있다.

다만 미 군사·안보 전문가들이 "중국이 대만을 점령하더라도 선단 공정 장비와 공장을 온전히 활용하지 못하도록 기술적·물리적 장치를 준비해야 한다.”는 주장을 공개적으로 내놓고 있는 것은 사실이다.

9. 칩은 영토, 안보 비용으로서의 반도체

반도체는 오랫동안 '산업의 쌀'로 불렸지만, TSMC와 대만해협을 둘러싼 위기가 보여 주듯 이제 사실상 21세기 지정학에서 '핵심 영토'와 비슷한 지위를 차지한다는 인식이 확산되고 있다.

미국은 CHIPS Act와 연이은 대중 수출 통제를 통해 첨단 GPU·AI 칩, EUV 및 고급 DUV 노광 장비, 첨단 공정용 소재·부품·EDA 소프트웨어에 대해 중국의 접근을 제한하는, 냉전 이후 가장 강도 높은 기술 수출 통제 체제를 구축했다. 그 결과, 세계는 비용·효율성을 최우선하던 '세계화의 반도체 시대'에서, 공급망 재편과 블록화·안보를 우선하는 '신냉전형 반도체 질서'로 이동하고 있다.

이 과정에서 TSMC의 공장과 기술은 미국·일본·독일 등 여러 민주국가에 분산되고, 대만해협의 지정학적 긴장은 더 복잡한 양상으로 변하고 있다.

실리콘 방패는 균열을 드러내고 있지만, 동시에 세계는 더 높아진 '안보 비용'—더 비싼 아이폰, 더 비싼 AI, 더 많은 재정 지원과 규제—을 치르며 새로운 반도체 질서를 구축해 가는 중이다.

[Off the Record: 기사 밖의 진실] 지구상에서 가장 비싼 인질극

지도를 펼쳐놓고 보면 대만은 중국 대륙 옆에 붙은 작은 섬에 불과하다. 하지만 반도체 회로도를 펼쳐놓고 보면, 대만은 전 세계 데이터가 흐

르는 심장이다. 나는 이 기이한 불균형을 '지구상에서 가장 비싼 인질극'이라고 부른다.

특파원 시절, 베이징의 관료들과 만날 때마다 "대만 수복은 역사적 사명"이라는 말을 귀에 못이 박히도록 들었다. 하지만 그 비장한 구호 뒤에는 묘한 초조함이 숨어 있었다. 그들은 알고 있었다. 중국이 항공모함을 띄워 대만을 포위할 수는 있어도, TSMC의 공장이 멈추는 순간 중국의 최첨단 산업도 그날로 심정지 상태에 빠진다는 사실을. 화웨이의 최신 스마트폰도, 알리바바의 클라우드 서버도, 심지어 인민해방군의 미사일 유도 장치조차 대만산 칩 없이는 작동하지 않는다.

이것이 바로 '실리콘 방패'의 본질이다. TSMC는 대만을 지키기 위해 핵무기를 개발하는 대신, 전 세계를 자신들의 고객이자 볼모로 만들었다. 미국 대통령이 대만 방어를 공언하는 이유는 민주주의 수호라는 거창한 명분 때문만이 아니다. TSMC가 멈추면 월스트리트가 무너지고, 실리콘밸리가 셧다운 되기 때문이다.

하지만 이 방패는 너무나 위태롭다. 반도체 공장은 먼지 한 톨, 진동 한 번에도 멈추는 유리 공예품과 같다. 미사일이 떨어질 필요도 없다. 해상 봉쇄로 전력 공급이 끊기거나 특수 화학 가스 수입이 막히기만 해도, 세계 경제의 40%를 담당하는 연산 능력은 증발한다.

미국 워게임(War Game) 시나리오에는 중국의 짐공이 임박하면 미국이 TSMC 공장을 먼저 폭파한다는 '초토화 전략'까지 포함되어 있다고 한다. 중국이 껍데기만 가져가게 하겠다는 것이다. 상상해보라. 우리 손에 들린 스마트폰, 거실의 TV, 도로 위를 달리는 전기차의 운명이 저 좁은 대만해협의 파도 높이에 달려 있다는 사실을.

과거의 전쟁은 석유(에너지)를 뺏기 위해 일어났다. 하지만 21세기의 전쟁은 모래(실리콘)를 지키기 위해 억제되고 있다. 아이러니하게도 현대 문명은 가장 깨지기 쉬운 나노미터 단위의 반도체 위에, 가장 위태로운 평화를 쌓아 올렸다. 우리는 지금 그 살얼음판 위를 걷고 있다.

8장

공급망의 무기화

— 미국의 수출 통제와 '참수 작전'

1. 워싱턴의 기류 변화: "앞서가는 것만으로는 부족하다"

2022년 9월, 백악관 국가안보보좌관 제이크 설리번은 워싱턴의 한 싱크탱크 연설에서 미국의 첨단 기술·반도체 전략이 "몇 세대 앞서 있으면 된다."는 상대적 우위에서, 가능한 한 가장 큰 격차를 유지하는 절대적 우위 전략으로 전환됐다고 천명했다. 과거에는 중국보다 두세 세대 앞선 수준을 유지하는 '슬라이딩 스케일(sliding scale)' 접근이었지만, 그는 "중요한 기술에서는 가능한 한 큰 리드를 유지해야 한다."고 강조하며 기존 프레임의 종식을 선언했다.

이는 단지 중국을 한두 세대 뒤에 머물게 하는 수준이 아니라, 중국의 첨단 반도체·AI·슈퍼컴퓨팅 역량을 구조적으로 제한하는 방향으로 미국 정책이 바뀌었음을 의미했다. 그리고 한 달 뒤, 이 기조는 10월 7일자 대중(對中) 수출 통제 패키지라는 구체적 규칙으로 현실화됐다.

2. 10월의 기습: 전방위 수출 통제

2022년 10월 7일 미국 상무부 산업안보국(BIS)은 연방관보 기준 100쪽이 넘는 새로운 수출 통제 규칙을 발표해, 중국의 첨단 컴퓨팅 칩과 반도체 제조 장비에 대한 포괄적 규제를 도입했다. 이 조치는 중국 내에서 첨단 노드 반도체를 설계·제조·사용하는 능력 자체를 제한하는 것을 목표로 했으며, 업계에서는 "냉전 이후 가장 광범위한 수출 통제"로 평가되었다.

규칙은 특히 세 가지 공정에 대해 중국 내 '개발·생산' 관련 장비와 기술 이전을 강하게 조였다. 대표적으로,

- 로직: 16/14나노 이하 FinFET 또는 동급 이상의 선단 공정
- D램: 18나노 반피치 이하 공정
- 낸드플래시: 128단 이상 적층 공정

을 지원하는 제조 장비·기술에 대해 중국 수출 시 원칙적 허가제·불허 추정을 적용했다. BIS는 동시에 AI·슈퍼컴퓨터용 고성능 칩(advanced computing IC)과 이를 탑재한 시스템에 대해서도 별도의 성능 기준과 슈퍼컴퓨터 정의를 두고 수출·재수출·국내 이전을 통제했다.

이 조치의 경계선은 명확했다. 냉장고·자동차·완구 등에 들어가는 비교적 단순한 '레거시 칩'의 생산은 어느 정도 허용하되, AI·슈퍼컴퓨터·군사용 첨단 무기에 쓰이는 선단 칩과 해당 공정을 중국이 확보하지 못하도록 하는 것이 정책 목표였다. 화웨이 등 일부 기업에 대한 '핀셋 제재'가 우회로와 풍선효과로 한계를 드러내자, 미국은 중국 전체 반도체

생태계를 겨냥하는 그물망식 규제로 단계가 올라간 셈이다.

3. 가장 치명적인 한 줄: "미국인은 손을 떼라"

10월 7일 조치에서 업계가 가장 민감하게 받아들인 부분은 장비 리스트보다도 '미국인 통제' 조항이었다.

규칙은 미국 시민권자·영주권자·미국 거주자 등 '미국인'이 중국 내 특정 선단 공정(16/14nm 로직, 18nm DRAM, 128단 이상 낸드 등)을 생산·개발하는 팹을 지원·서비스·기술 제공 등을 하는 행위를 별도 허가 없이는 금지한다고 규정했다.

이 조항 발효(10월 12일) 직후, 중국 내에서 일하던 미국 국적·영주권 엔지니어 상당수가 업무를 즉시 중단하거나 사직·철수하는 상황이 발생했고, ASML·Lam Research·KLA 등 글로벌 장비업체의 미국인 직원들도 중국 현장에서 빠져나갔다는 보도가 잇따랐다.

중국 반도체 굴기를 이끌었던 '해귀파(해외 유학·경력 후 귀국 인재)' 중 상당수가 미국 시민권·영주권을 보유하고 있었던 만큼, 이들에게는 사실상 "현재 직무를 포기하든지, 미국인 신분을 유지하면서 중국 선단 공정과 거리를 두든지"라는 선택지가 던져진 셈이었다.

미 전략국제문제연구소(CSIS) 등은 이 조치를 두고 "중국 반도체 산업에 대한 사실상의 '참수 작전'"이라는 표현을 썼다. 장비는 제3국을 통해 우회 조달될 여지가 있지만, 공정을 설계·운영하고 문제를 해결하는 '머리' 역할을 하는 인력과 노하우가 차단되면 산업 성장 속도는 급격히 둔화될 수밖에 없다는 점에서였다.

4. 해외직접생산품규칙(FDPR): 지구 끝까지 쫓아간다

미국은 자국 기업뿐 아니라 네덜란드·일본·한국 기업까지 어떻게 규율할 수 있었을까.

그 핵심 도구가 바로 해외직접생산품규칙(FDPR, Foreign Direct Product Rule)이다. FDPR의 논리는 요약하면 다음과 같다.

"미국의 특정 원천 기술·소프트웨어를 직접 사용해 생산된 반도체·장비·컴퓨터가, 지정된 성능·용도 기준을 충족하고 중국 등 특정 대상에 향하는 경우, 미국 밖에서 생산된 것이어도 미국 수출 규제(EAR)의 관할권 아래 둔다."

현대 반도체 공정에서 미국산 EDA 소프트웨어, 공정 기술, 특허를 전혀 쓰지 않고 칩을 설계·제조하는 것은 사실상 불가능하며, 네덜란드의 ASML이나 일본 도쿄일렉트론(TEL) 역시 핵심 기술에서 미국 원천 기술·소프트웨어에 상당 부분 의존하고 있다. 그 결과, FDPR은 미국이 지정한 성능·용도에 해당하는 한, 세계 어디에서 만든 제품이라도 미국이 허가 여부를 좌우할 수 있는 긴 팔 관할권으로 작동하게 되었다.

다만 "미국 기술이 0.1%라도 들어가면 모두 미국 관할"이라는 식의 절대적 표현은 규정보다 과장된 비유에 가깝다. 실제로는 특정 ECCN·성능 기준을 충족하는 품목과 지정된 최종 사용자·최종 용도에 한해 적용되는 조건부 규칙이다.

5. 칩4 동맹과 네덜란드·일본의 합류

미국은 FDPR과 안보 논리를 앞세워 동맹국들을 압박했고, 2022년 말부터 2023년 초 사이 네덜란드·일본과 대중국 반도체 장비 수출 제한에 대한 비공개 합의를 이끌어냈다.

이로 인해 원래부터 중국 수출이 허용되지 않던 ASML의 EUV(극자외선) 노광 장비뿐 아니라, 그보다 한 단계 아래인 고급 DUV(ArF 이머전 등) 장비 일부도 중국 수출이 제한 대상에 포함되었다.

처음에는 막대한 매출 비중과 중국 시장 의존도를 고려해 네덜란드·일본 정부와 기업이 난색을 보였지만, 미국의 안보·동맹 논리와 FDPR의 압박 속에서 결국 미국과 보조를 맞추는 쪽으로 기울었다는 평가가 많다. 이렇게 되면서, 중국은 선단 공정에서 필요한 서방산 장비·부품·서비스를 확보하기가 이전보다 훨씬 어려워졌고, 서방 동맹과의 기술·장비 협력에서도 고립된 상태에 가까워졌다.

다만 중국이 이미 도입한 DUV 장비·기술자와 국산화 시도를 바탕으로 7나노급 칩 생산을 시도하고 있고, 러시아·글로벌 사우스 일부와의 우회적 기술·장비 네트워크를 모색하고 있다는 점에서 장비도, 기술자도, 동맹도 전혀 없는 상황은 아닌 것으로 보인다.

6. CHIPS법: 당근에 숨겨진 독

수출 통제라는 '채찍'과 함께 미국은 자국 내 투자를 유도하는 '당근'도 제시했다.

2022년 8월 발효된 반도체 지원법(CHIPS and Science Act)은 미국 내 반도체 공장 건설·연구개발에 총 527억 달러 규모의 보조금·세액공제를 제공하는 내용을 담고 있다. 삼성전자·SK하이닉스·TSMC를 비롯한 글로벌 기업들이 이 인센티브를 받기 위해 미국 투자 계획을 앞다퉈 발표한 것도 사실이다.

그러나 이 법에는 이른바 '가드레일(Guardrail)' 조항이 숨어 있다. CHIPS 보조금을 받는 기업은, 자금 수령 이후 10년 동안 중국 등 '우려국'에서 선단·첨단 공정 반도체 공장의 생산 능력을 5% 이상 확대하는 '유의미한 확장' 투자를 하지 않겠다는 조건을 수용해야 한다.

미국 상무부는 규정에서 '유의미한 확장'을 생산능력 5% 이상 증가, '중요한 거래'를 10만 달러 이상으로 정의하고, 레거시(28nm급) 공정에는 최대 10%까지 예외를 허용하는 등 세부 기준을 제시했다.

중국 시안·우시에 대규모 메모리 공장을 두고 있는 삼성전자·SK하이닉스는 이 규정이 중국 내에서의 선단 공정 업그레이드와 신규 투자에 중대한 제약이 될 수 있다는 점에서 강하게 우려를 표시해 왔다.

한국 기업들은 미국·한국 정부를 상대로 끈질긴 협의를 통해 중국 공장에 대한 장비 반입·유지 보수를 일정 부분 허용받고, '우려국 내 공장에 대한 유예·예외 적용'을 확보했지만, 해당 공장을 최첨단 공정으로 끌어올리는 업그레이드는 여전히 상당한 제약 아래 놓여 있다.

7. 기술적 디커플링의 완성

10월 7일 조치는 많은 분석가들에게 '세계화 시대 반도체 체제의 분기점'으로 받아들여졌다.

이제 세계는 "미국 기술·장비·EDA·GPU를 쓰는 블록"과 이를 직접적으로 쓰지 못하거나 우회로를 찾는 블록으로 점점 갈라지고 있다. 미국의 수출 통제와 CHIPS 가드레일, 동맹국 장비 통제가 겹치면서, 반도체 공급망은 효율성과 저비용을 최우선하던 글로벌 분업 구조에서 안보·동맹·블록화를 중심으로 재편되는 구조로 이동 중이다.

중국은 화웨이의 최신 스마트폰에 7나노급으로 추정되는 자체 설계 칩을 탑재하며 '자력갱생'을 과시했지만, 외부 분석에 따르면 수율과 생산 규모, 장기적 경제성 측면에서 서방의 선단 공정과는 여전히 큰 격차가 존재한다.

미국은 2023년·2024년 추가 규정과 성능 기준 조정으로 우회 경로를 더욱 조이고 있으며, 첨단 GPU·가속기뿐 아니라 "성능 밀도" 기준까지 도입해 미래 세대 칩까지 선제적으로 규제하는 방향으로 움직이고 있다.

그 결과 공급망은 더 이상 단순한 효율성의 선이 아니라, 동맹과 경쟁 상대를 가르는 하나의 전선이 되었고, 손톱만 한 반도체 칩이 21세기 기술 냉전의 '철의 장막'에 비유될 정도로 지정학의 중심에 서게 되었다.

이런 맥락에서 2022년 10월 7일은, "중국의 AI와 반도체를 겨냥한 미국의 기술 봉쇄 전략이 본격적으로 궤도에 오른 날"로 기록될 것이다.

[Off the Record: 기사 밖의 진실] 사다리는 걷어차였다

2022년 10월 7일, 워싱턴의 펜을 든 관료들이 베이징의 엔지니어들에게 사실상의 선전포고를 날렸다. 미국 상무부가 발표한 대중국 반도체 수출 통제 조치는 단순한 무역 제재가 아니었다. 그것은 경쟁자의 성장을 억제하는 수준을 넘어, 아예 뇌(AI)와 심상(슈퍼컴퓨터)을 도려내겠다는 '참수 작전(Decapitation Strategy)'이었다.

경제부 기자 시절, 나는 자유무역이 물과 공기 같은 것이라고 배웠다. "좋은 물건을 싸게 만들어 팔면 모두가 이득이다." 데이비드 리카도의 비교우위론은 지난 30년간 세계화를 지탱한 종교였다. 하지만 바이든 행정부는 그 교과서를 무력화했다. 그들은 이렇게 선언한 셈이다. "너희가 우리보다 싸게 만들 수는 있어도, 우리보다 똑똑해질 수는 없다."

미국의 전략은 잔인할 정도로 정교하다. 그들은 중국이 냉장고나 세탁기에 들어가는 저사양 반도체(Legacy Chip)를 만드는 것은 허용했다. 중국이 세계의 공장으로서 싼 물건을 계속 공급해 주길 원하기 때문이다. 하지만 인공지능과 미사일 유도에 쓰이는 첨단 반도체(High-end Chip)로 가는 길목은 철저히 봉쇄했다. 이것은 마라톤을 하는데 2등이 따라오지 못하게 다리를 걸어 버리는 것이 아니라, 아예 2등이 숨 쉬는 공기의 농도를 낮춰 버리는 것과 같다.

우리는 이것을 '사다리 걷어차기'라고 부른다. 선진국이 된 나라들이 후발 주자가 올라오지 못하게 기술과 제도의 사다리를 치워버리는 것이다. 21세기 버전의 사다리 걷어차기는 관세가 아니라 '공급망 단절'이라는 형태로 나타났다.

반도체 장비 하나에는 수천 개의 부품이 들어간다. 그중 나사 하나만 미국산 기술이 섞여 있어도 수출을 막을 수 있는 '해외직접생산품규칙(FDPR)'은 현대판 제국주의의 위력을 보여 준다. 국경을 넘나드는 공급망은 과거에는 효율성의 상징이었지만, 이제는 미국이 언제든 조일 수 있는 '목줄'이 되었다.

이제 기업의 CEO들은 재무제표보다 지정학 지도를 먼저 펼쳐야 한다. "어디서 가장 싸게 만들까."라는 질문은 폐기되었다. 대신 "누구와 손잡아야 내가 인질이 되지 않을까."를 고민해야 한다. 효율성의 시대는 갔다. 안보라는 이름의 비효율과 배제의 시대가 도래했다. 세계는 이제 하나의 시장이 아니다. 기술 장벽으로 나뉜 두 개의 진영이다. 당신은 어느 쪽 사다리에 서 있는가?

9장

5G와 화웨이

― 통신망은 왜 디지털 핵무기가 되었나

1. 2018년 12월 1일, 밴쿠버 공항의 검은 정장들

2018년 12월 1일, 캐나다 밴쿠버 국제공항. 홍콩에서 멕시코로 향하던 캐세이퍼시픽 항공기가 환승을 위해 계류장에 멈춰 섰다. 비즈니스석에서 내린 한 중년 여성이 탑승교를 걸어 나오자마자, 대기하고 있던 캐나다 연방경찰(RCMP) 요원들이 그녀를 조용히 둘러쌌다.

그녀의 이름은 멍완저우. 중국 최대 통신 장비 기업 화웨이의 부회장이자 최고재무책임자(CFO)였고, 무엇보다 '화웨이 제국'의 창업자 런정페이 회장의 딸이었다. 혐의는 미국의 대이란 제재 위반과 관련된 은행 사기 및 공모. 하지만 국제사회는 곧바로 이 사건을 단순한 형사사건이 아니라, 미국이 중국 기술 굴기의 심장부를 겨냥해 쏜 상징적 '저격탄'으로 받아들이기 시작했다.

공교롭게도 같은 날, 지구 반대편 아르헨티나 부에노스아이레스에서는 도널드 트럼프 당시 미국 대통령과 시진핑 중국 국가주석이 미·중 무역 갈등 완화와 휴전을 논의하며 만찬을 함께하고 있었다. 트럼프와 시진핑이 웃으며 악수하던 바로 그날, 미국 법무부의 요청에 따라 캐나다 연방경찰은 중국 '통신 공주'의 손목에 수갑을 채우는 절차를 시작한 것이다.

2. 기술 전쟁(Tech War)의 서막

이 사건은 전 세계에 하나의 신호를 던졌다. "이제 갈등의 무대는 관세가 아니라 기술과 네트워크 인프라다." 그 뒤를 이은 미국의 조치는 수입 관세가 아니라 수출통제, 거래제한 명단, 핵심 부품·소프트웨어 차단에 집중돼 있었고, 이는 점차 '기술·안보 전쟁'이라는 이름으로 불리게 됐다.

중국은 즉각 격분했다. 베이징은 멍완저우의 체포를 '정치적 사건'이자 '부당한 억류'로 규정했고, 곧바로 캐나다에 대한 보복 조치에 나섰다. 중국에 있던 전직 캐나다 외교관 마이클 코브릭과 사업가 마이클 스페이버가 간첩 혐의로 체포·구금됐고, 캐나다산 농축산물과 일부 농산물 수입에 각종 제약이 가해졌다. 한 기업인의 체포는 곧 양국 간 '인질 외교'로까지 불리는 정치·외교 갈등으로 비화했다.

미국이 동맹국인 캐나다까지 끌어들여가며 이처럼 고강도의 조치를 감수하면서까지 화웨이를 겨냥한 이유는 무엇일까. 그 답은 멍완저우의 여행 가방 속이 아니라, 화웨이가 전 세계에 이미 깔아두고 있던 '5G 통신망'이라는 보이지 않는 인프라 속에 있었다.

3. 5G: 단순한 속도가 아니다

대중에게 5G는 오랫동안 "영화 한 편이 몇 초 만에 다운로드되는 기술" 정도로 이해되었다. 그러나 워싱턴과 브뤼셀, 도쿄의 안보 전략가들에게

5G는 차원이 전혀 다른 문제였다. 4G가 주로 스마트폰과 스마트폰을 연결해 모바일 인터넷과 앱 경제를 폭발시켰다면, 5G는 공장, 발전소, 자율주행차, 원격 수술 로봇, 물류창고 로봇, 군사 드론과 같은 사물을 서로 연결하는 '21세기의 신경망'으로 간주됐기 때문이다.

이 신경망을 누가 설계하고 구축하느냐는 곧, 미래 사회의 데이터 흐름과 시스템 통제권을 누가 쥐느냐의 문제였다.

2018~2019년 당시 화웨이는 5G 통신 장비(RAN 기준) 분야에서 세계 1위 공급업체였고, 에릭슨이나 노키아 등 경쟁사보다 상용화 속도와 기능 면에서 앞서 있다는 평가를 많이 받았다. 무엇보다 기지국·장비 가격이 경쟁사보다 통상 20~30% 저렴해, 아프리카의 외곽지대부터 유럽의 대도시까지 화웨이 장비가 빠르게 점유율을 넓히고 있었다.

4. 백도어(Backdoor)와 킬 스위치(Kill Switch)

미국과 일부 동맹국이 느낀 공포는 매우 구체적이었다.

"만약 화웨이 장비 안에, 중국 당국이 비상시 사용할 수 있는 보이지 않는 통로(백도어)가 있다면 어떻게 될 것인가?" 최악의 시나리오에서, 유사시 베이징의 지시 한 번으로 런던의 전력망이 마비되고, 뉴욕의 자율주행 택시가 한꺼번에 멈춰 서며, 나토(NATO)의 군사 통신망이 감청·혼선에 노출될 수 있다는 가정이 안보 커뮤니티에서 논의되기 시작했다.

이것은 단순한 도청의 문제가 아니었다.

특정 국가가 타국의 통신 인프라 깊숙한 곳에 '원격 정지 스위치(Kill Switch)'를 심어 두었을 수도 있다는, 극단적이지만 무시하기 어려운 가능성에 대한 두려움이었다. 실제로 화웨이 장비에서 의도적 백도어가 발견되어 공개적으로 입증된 사례는 없었지만, 정보기관과 규제당국은 "위험이 입증되어야 막는 것이 아니라, 치명상을 줄 수 있는 위험은 의심만으로도 차단해야 한다."는 예방 원칙을 내세우기 시작했다.

화웨이는 강하게 반발했다. 회사는 "우리는 민간 기업이며, 어느 나라 정부를 위한 스파이 활동도 하지 않는다."고 주장했고, 런정페이 회장은 "고객의 이익을 해치느니 회사를 닫겠다."고까지 말했다. 그러나 중국의 '국가정보법' 제7조에는 "모든 조직과 시민은 국가 정보 활동을 지지, 지원, 협조해야 한다."는 취지가 명시돼 있고, 이 조항은 서방 안보기관들이 "중국 기업의 정부로부터의 독립성"을 신뢰하기 어렵다고 판단하는 핵심 근거가 되었다.

결국 미국과 일부 동맹국의 시각에서 5G 기지국은 통신 장비를 넘어, 적국의 영토 한복판에 세워지는 '디지털 핵미사일 발사대'가 될 수 있는 전략 자산으로 간주되기 시작했다. 과장된 비유일 수 있지만 그만큼 5G 장비 선택을 안보 의사결정의 최전선으로 끌어올린 인식 변화를 상징적으로 요약한다.

5. 미국의 총공세: "우리 편에 설 것인가?"

2019~2020년, 미국은 전 세계를 상대로 '클린 네트워크(Clean Network)' 캠페인을 가동했다. 마이크 폼페이오 국무장관은 유럽과 아시아를 순방하며 동맹국들에게 "신뢰할 수 없는 공급자의 장비를 5G 핵심망에서 배제하지 않으면, 민감한 정보 공유와 군사 협력에 제약이 불가피하다."는 취지의 강경 메시지를 반복했다.

특히 영국은 곤혹스러운 진퇴양난에 빠졌다. 이미 영국 통신망 곳곳에 화웨이 장비가 깊이 들어와 있었고, 이를 모두 걷어내고 교체하는 데는 막대한 비용과 시간이 필요했기 때문이다.

보리스 존슨 정부는 당초 "비핵심 영역에서의 제한적 사용"을 허용하는 절충안을 택했지만, 미국의 대중 수출통제 강화와 영국 국가사이버안보센터(NCSC)의 재평가 이후 입장을 급선회해 2020년 7월, 5G 네트워크에서 화웨이 장비를 2027년까지 전면 제거하고 2021년 이후 신규 5G 장비 구매를 금지하겠다고 공식 선언했다.

우리나라도 예외는 아니었다. 미국은 외교 채널과 고위급 면담 등을 통해 국내 통신사들에 화웨이 장비 도입의 안보 리스크를 거듭 경고하며, 파트너로서 신뢰할 수 있는 공급사를 선택하라고 공개·비공개 메시지를 보냈다. 이 과정에서 각 국가는 '안보냐, 경제냐' 혹은 '미국과의 동맹이냐, 중국과의 경제 협력이냐'라는 난감한 선택지 앞에 서게 됐다.

파이브 아이즈(Five Eyes) 정보동맹 국가들 가운데 미국·영국·호주·뉴질랜드는 5G 핵심망에서 화웨이를 배제하는 방향으로 비교적 일찍 움직였고, 캐나다 역시 논쟁 끝에 2022년 공식적으로 화웨이·ZTE의 5G 장비 사용을 금지했다. 반면 독일, 일부 동남아 및 아프리카 국가들은 비용·기술 요인을 이유로 화웨이를 전면 배제하지 못하고, '부분 허용' 혹은 '엄격한 보안 심사 후 일부 도입' 같은 중간지대를 택했다. 데이터와 네트워크 안보가 외교·동맹 구조를 재편하는 최우선 의제가 된 순간이었다.

6. 스마트폰의 추락, 그러나…

미국의 제재는 화웨이 스마트폰 사업에 치명상을 입혔다.

화웨이는 2019년 엔티티 리스트에 오르면서 구글 모바일 서비스(GMS)

를 포함한 구글 안드로이드 생태계에 접근할 수 없게 되었고, 이는 해외 시장 경쟁력에 직격탄이 됐다. 2020년 5월 미국 상무부는 미국 기술이 포함된 반도체를 화웨이에 공급하려면 미국의 허가를 받도록 규정을 강화했고, 이에 따라 TSMC는 2020년 9월 이후 화웨이용 첨단 칩 생산을 중단했다.

한때 세계 스마트폰 시장 1위를 넘보던 화웨이폰의 글로벌 점유율은 빠르게 추락했다.

회사는 유동성과 공급망 리스크를 줄이기 위해 중저가 스마트폰 브랜드 '아너(Honor)'를 2020년 말 별도 컨소시엄에 매각했고, AI·클라우드 기술을 활용해 돼지 농장과 광산, 항만 등 전통산업의 생산성을 높이는 '스마트 양돈·스마트 광산' 같은 사업으로 포트폴리오를 다각화하기 시작했다. 이는 '하이엔드 스마트폰에서 밀려난 화웨이가 첨단 기술을 전통산업에 이식하는 길을 택했다'는 상징적인 전환으로 받아들여졌다.

그러나 화웨이는 여기서 끝나지 않았다. 미국의 압박은 화웨이를 오히려 '국산 설계·국산 생산'이라는 방향으로 내몰았고, 회사와 중국 반도체 생태계는 완전하지는 않지만 부분적인 기술 자립을 향한 질주를 시작했다.

7. 메이트 60 프로와 7나노의 귀환

2023년 화웨이는 세간의 예상을 뒤엎는 스마트폰 '메이트 60 프로(Mate 60 Pro)'를 조용히 내놓았다. 분해 분석 결과, 이 스마트폰에는 화웨이 계열 하이실리콘이 설계하고 중국 파운드리 SMIC가 7나노(N+2)급 공정으로 생산한 것으로 추정되는 '기린(Kirin) 9000S' 칩이 탑재돼 있었다.

이 칩의 성능은 엔비디아·퀄컴이 최신 서방 장비와 공정으로 제조한 최첨단 칩에 비해 떨어지지만, 극자외선(EUV) 장비에 대한 수출통제 속에서도 중국이 자체적인 공정 개선과 설계를 통해 7나노급 SoC를 상용 제품에 올렸다는 사실은 큰 충격을 주었다. 이는 미국의 기술 없이도, 그리고 미국의 직접 지원이 없는 중국 내 공급망만으로도 일정 수준의 첨단 스마트폰을 만들 수 있음을 상징적으로 보여 준 사건이었다.

다만 이를 '완전한 기술 자립'으로 부르는 것은 여전히 과장이다.

장비·소재·EDA 툴 등에서 중국 반도체 산업은 여전히 상당 부분 해외 기술에 의존하고 있으며, 3나노·5나노 최첨단 공정과의 격차도 크다. 그럼에도 메이트 60 프로는 미국의 수출통제가 중국의 추격 속도를 늦추는 데는 성공했지만, 결정적인 기술적 봉쇄선은 만들지 못했을 수 있다는 논쟁을 촉발했다.

8. 디지털 철의 장막

3년 가까운 법적 공방과 외교적 긴장 끝에 2021년 9월, 멍완저우는 미국 법무부와 조건부 기소유예에 합의하고 석방되어 중국으로 돌아갔다. 비슷한 시기, 간첩 혐의로 수감되어 있던 두 캐나다인 역시 풀려나면서, 국제사회에서는 '교환'에 가까운 귀국이라는 냉소적인 해석이 뒤따랐다. 선전 공항에는 레드카펫이 깔렸고, 중국 관영 매체들은 그녀를 "압력에 굴복하지 않은 영웅"으로 치켜세우며 TV 생중계를 내보냈다.

그러나 화웨이 사태가 남긴 상처와 균열은 개인의 귀환으로 치유되지 않았다.

세계의 통신 인프라는 점점 미국·유럽·일본·한국 등의 장비(에릭슨,

노키아, 삼성 등)를 주로 사용하는 진영과, 중국 장비(화웨이, ZTE 등)를 주요 공급원으로 삼는 진영으로 갈라지는 방향으로 움직이기 시작했다. 일각에서는 이를 각각 '블루 네트워크'와 '레드 네트워크'로 부르며, 인터넷이 하나의 거대한 거미줄이 아니라 두 개의 성벽으로 분리돼 가는 '디지털 철의 장막'이 드리워지고 있다고 묘사한다.

이제 어느 나라의 5G·6G 통신 장비를 선택하느냐는 단순한 기술·가격의 문제가 아니다. 그것은 그 나라가 어떤 안보·경제 블록에 속해 있고, 위기 상황에서 누구와 정보를 공유하며, 어떤 규범과 가치에 기반해 데이터와 네트워크를 운영할 것인지를 드러내는 일종의 '디지털 충성 서약'이 되었다.

화웨이를 둘러싼 전쟁은 끝나지 않았다. 전선은 이미 6G 표준과 특허, 저궤도 위성통신, 그리고 대륙과 대륙을 잇는 해저케이블이라는 더 깊고 보이지 않는 지층으로 확장되고 있다.

[Off the Record: 기사 밖의 진실] 5G, 통신망이 아니라 국가의 신경망이다

일반인들에게 5G는 그저 영화를 빨리 다운로드할 수 있는 '빠른 인터넷'일 뿐이다. 하지만 워싱턴과 베이징의 안보 전략가들에게 5G는 전혀 다른 의미를 가진다. 그것은 '21세기의 신경망'이다.

4G 시대까지의 통신망이 사람과 사람을 연결하는 혈관이었다면, 5G는 발전소, 댐, 병원, 자율주행차, 그리고 군대까지 모든 사물을 연결하는 신경망이다. 혈관이 하나 막히면 그 부위만 괴사하지만, 신경망이 마비되면 국가라는 신체 전체가 멈춘다. 미국이 화웨이를 그토록 집요하게 공

격한 이유는 단순히 스마트폰 시장 점유율 때문이 아니다. 적성국이 우리네 안방의 전등 스위치부터 미사일 발사대까지 연결된 신경망의 '관리자 권한'을 갖는 것을 용납할 수 없었기 때문이다.

이 공포의 실체는 '백도어(Backdoor)' 논란으로 요약된다. 나는 베이징 특파원 시절, 화웨이 임원들이 "우리는 중국 정부와 무관하며, 결코 백도어를 심지 않는다."고 항변하는 모습을 수없이 지켜봤다. 그들의 기술력은 놀라웠고 가격은 매력적이었다. 서방 기업보다 30% 싸고 성능은 1년 앞서 있었다. 경제적 논리로만 따지면 화웨이를 쓰지 않는 것이 바보 같은 짓이었다.

하지만 기술은 진공 상태에 존재하지 않는다. 2017년 제정된 중국의 '국가정보법'은 "모든 조직과 시민은 국가의 정보 활동을 지원하고 협조해야 한다."고 명시했다. 이 법 조항 하나가 화웨이의 모든 기술적 해명을 무력화시켰다. 미국 입장에서 화웨이 장비는 언제든 중국 공산당의 명령 한마디에 적으로 돌변할 수 있는 '디지털 트로이 목마'였다. 평시에는 저렴하고 훌륭한 파트너지만, 전시에는 국가 기반 시설을 셧다운 시킬 수 있는 '킬 스위치(Kill Switch)'가 될 수 있다는 공포.

결국 세계는 쪼개졌다. 미국의 '클린 네트워크'에 가담해 비싼 값을 치르더라도 안보를 택한 진영과, 중국의 '디지털 실크로드'를 통해 가성비를 택한 진영으로. 우리는 이것을 '디지털 철의 장막'이라고 부른다.

5G 전쟁이 남긴 교훈은 명확하다. 이제 '기술적 중립성'의 시대는 끝났다. 통신 장비를 선택한다는 것은 단순히 부품 납품저를 고르는 일이 아니라, "유사시에 누구에게 내 목덜미를 맡길 것인가."를 결정하는 동맹의 서약이 되었다. 효율성이 지배하던 자본주의의 논리는 안보라는 거대한

벽 앞에서 무릎을 꿇었다. 당신의 스마트폰, 그리고 당신의 도시는 지금
누구의 신경망에 연결되어 있는가?

10장

해저케이블

— 바다 밑 보이지 않는 데이터 혈관의 전쟁

1. 국가가 '오프라인'이 되는 순간

2022년 1월 15일, 남태평양의 작은 섬나라 통가(Tonga) 인근 해저 화산 훙가 통가-훙가 하파이(Hunga Tonga-Hunga Ha'apai)가 대규모로 분화했다. 거대한 버섯구름이 성층권까지 치솟고 쓰나미가 섬들을 덮쳤지만, 전 세계를 더 놀라게 한 것은 그 직후 벌어진 통가의 '침묵'이었다.

통가와 외부 세계를 잇는 국제 인터넷·전화 연결이 사실상 전면 차단되면서, 가족의 생사를 확인하려는 해외 동포들의 절규만이 트위터와 각종 SNS 타임라인을 메웠다. 일부 위성전화와 특수 목적으로 쓰이던 제한적 위성 링크를 제외하고, 한 국가가 디지털 세계에서 거의 완전히 고립된 것이다.

이 디지털 블랙아웃의 직접적인 원인은 단 하나였다. 통가와 피지를 잇는 단일 국제 해저케이블과 국내 간선 케이블이 화산 폭발과 이로 인한 지진·해저 지형 변화로 동시에 손상·절단됐기 때문이다. 통가의 사례는 인류가 인터넷을 '하늘 위의 위성'으로 상상해 왔지만, 실제로는 대부분의 디지털 소통과 지식이 바다 밑바닥의 가느다란 케이블을 따라 흐르고 있다는 사실을 극적으로 드러냈다.

2. 95~99%의 데이터, 1%의 취약성

오늘날 국제(대륙 간) 인터넷 트래픽의 95~99%는 해저 광케이블을 통해 이동하며, 위성이 담당하는 비중은 1% 안팎에 불과한 것으로 업계와 여러 연구에서 평가된다. 넷플릭스의 고화질 영상도, 런던과 뉴욕을 오가는 초단기 금융거래 데이터도, 각국 정부와 군의 기밀 통신도 모두 상어와 고래가 헤엄치는 심해의 바닥을 기어가며 오간다.

문제는 이 '데이터 혈관'의 핵심이 생각보다 연약하다는 점이다. 해저케이블은 강철선·폴리에틸렌·방수층 등으로 겉모습은 두툼하고 튼튼해 보이지만, 실제로 빛이 흐르는 광섬유 코어는 머리카락 굵기 수준에 불과하다. 지진, 해저 산사태, 화산 폭발 같은 자연재해는 물론이고, 선박이 떨어뜨린 닻이나 어선의 저인망 그물에 의해서도 매년 수백 건의 케이블 손상 사고가 발생한다.

그러나 자연재해보다 강대국들이 더 두려워하는 것은 '의도적인 단절' 시나리오다.

통가 사태를 지켜본 전략가들의 머릿속에는 "만약 전쟁 직전, 상대 국가의 주요 해저케이블을 은밀히 끊을 수 있다면?"이라는 가정이 스쳤다. 주요 국제 케이블 다발을 동시·집중적으로 공격할 경우 글로벌 금융망과 클라우드 서비스, 군사·외교 통신에 치명적인 혼란을 일으킬 수 있다는 점에서, 어느 의미에서는 핵무기를 쓰지 않고도 상대를 디지털 시대 이전 수준의 혼란으로 되돌릴 수 있는 '조용한 무기'로 여겨지고 있다.

3. 통신사의 퇴조와 빅테크의 부상

해저케이블은 오랫동안 국가 간 통신 인프라, 말하자면 '국제 전용 고속도로'에 가까운 존재였다. KT, AT&T, 차이나텔레콤 같은 통신사와 일부 국영 사업자들이 컨소시엄을 구성해 케이블 건설 비용을 분담하고, 서로 용량을 나눠 쓰는 구조가 일반적이었다. 이는 누구나 통행료만 내면 쓸 수 있는 공공도로에 비유할 수 있었다.

하지만 2010년대 중반 이후 바다 속 풍경이 바뀌기 시작했다.

구글, 메타(옛 페이스북), 아마존, 마이크로소프트 같은 미국 빅테크 및 하이퍼스케일 클라우드 기업들이 직접 해저케이블에 투자·소유자(또는 주도적 공동 소유자)로 나서기 시작한 것이다. 유튜브·넷플릭스급 동영상, 글로벌 검색·광고, 대규모 클라우드 데이터 트래픽을 남의 도로(통신사 망)에 얹혀 보내기에는 속도·지연(time latency)·통행료(전송 비용)가 모두 부담스러워졌기 때문이다.

최근 분석에 따르면 신규 대서양·태평양 횡단 케이블의 용량·투자에서 과반, 일부 연구에서는 70% 안팎을 구글·메타·아마존·MS 등 이른바 '빅 콘텐츠·클라우드 제공자(CAPs)'가 주도하는 것으로 나타난다.

구글의 'Curie', 'Dunant', 메타가 참여한 'Marea' 같은 케이블들이 이를 상징한다. 물론 모든 해저케이블이 특정 IT 대기업의 전용망이 된 것은 아니며, 여전히 다수 케이블은 통신사와 여러 사업자가 용량을 임대·공동 사용하고 있다.

4. 사유화되는 인터넷, 전략 자산이 된 바다

이 변화는 인터넷의 성격이 서서히 달라지고 있음을 시사한다. 과거의 인터넷이 국가·통신사·학계가 함께 만든 '공공재적 네트워크'에 가까웠다면, 이제는 거대 자본이 직접 소유·통제하는 사유 인프라의 비중이 눈에 띄게 커지고 있다.

구글이나 메타가 소유·지배력을 가진 케이블에서는 당연히 자사 서비스(검색, 유튜브, 페이스북·인스타그램, 클라우드 등)의 트래픽을 최적화하고, 지연 시간을 최소화하는 경로 설계를 우선시하게 된다. 그 결과 바다 밑에 깔린 인프라 수준에서부터 이미 특정 기업의 영향력이 반영되고, 국가 규제기관이 직접 통제하기 어려운 '민간 통신 권력'이 생겨난다는 우려가 제기된다.

미국 정부는 이런 미국계 빅테크 기업들이 소유한 케이블과 데이터센터, 클라우드 네트워크를 더 이상 단순한 민간 설비가 아니라, 국가 안보와 직결된 '전략 인프라'로 인식하고 있다. 미국 법무부·국토안보부·국방부 등이 참여하는 '팀 텔레콤(Team Telecom)'과 FCC의 인허가 심사 과정에서 해저케이블은 국가안보 심사 대상이자 제재·통제 수단으로 활용되고 있다.

5. HMN Tech의 부상과 미국의 차단 전략

중국 역시 이런 흐름을 지켜보기만 하지는 않았다.

화웨이 마린으로 알려졌던 해저케이블 사업부는 2019년 중국 헝통(亨通) 그룹에 매각된 뒤 HMN Tech라는 이름으로 재편돼, 중국 정부의 '일대일로(一帶一路)' 전략과 맞물린 '디지털 실크로드'를 추진하는 핵심 사업자가 됐다. HMN Tech는 상대적으로 저렴한 가격과 중국 금융권의 지원을 앞세워 아프리카, 동남아시아, 남태평양 도서국 등에서 해저케이블 프로젝트를 잇달아 수주해 왔다.

미국이 우려하는 지점은 명확하다. "전 세계 데이터가 중국 기업이 건설하고 유지보수하는 케이블을 대량 통과할 경우 중국 정부·정보기관이 물리적·논리적 접근을 통해 통신을 감청하거나 유사시 차단할 수 있는 여지가 커진다."는 것이다.

이러한 우려 속에서 미국 정부는 팀 텔레콤과 국무부·국방부 등을 동원해 중국 기업의 해저케이블 수주·장비 공급을 곳곳에서 막아서고 있다. 각국 통신사·정부에 "중국 장비를 선택할 경우, 미국과의 통신·안보 협력에 차질이 생길 수 있다."는 메시지를 직·간접적으로 전달하며, 사실상 케이블 입찰과 인허가를 '안보 동맹 선택'의 문제로 끌어올리고 있는 것이다.

6. PLCN 사태: 홍콩이 '안전지대'에서 지워지다

이 지정학적 긴장을 상징적으로 보여 준 사건이 2020년의 PLCN(Pacific Light Cable Network)이다. 구글과 메타가 참여한 이 케이블은 원래 미국 LA와 홍콩을 직접 연결하는 초고속 해저케이블로 설계됐고, 공사도 상당 부분 진행된 상태였다.

그러나 미·중 갈등이 격화되고 홍콩의 국가보안법 시행 이후, 트럼프 행정부에서 활동하던 팀 텔레콤은 이 케이블의 홍콩 구간 개통 승인에 반대하는 안보 의견을 FCC에 제출했다. "홍콩은 더 이상 자유롭고 독립적인 관할이 아니며, 실질적으로 중국 본토 정보기관의 영향력 아래에 있다. 미국-홍콩 직결 케이블은 미국 이용자의 데이터가 중국 안보기관의 영향력권으로 직접 흘러 들어갈 위험이 있다."는 것이 명분이었다.

결국 LA-홍콩 직결 구간은 승인되지 못했고, 이미 수천억 원이 투입된 케이블 시스템 가운데 홍콩으로 이어지는 일부 구간은 '목적지를 잃은 선로'가 됐다. 구글과 메타는 설계를 수정해 미국-대만, 미국-필리핀 구간만 우선 활용하는 형태로 재인가를 받아 운용에 들어갔다. 이 사건은 "미국의 핵심 데이터 트래픽은 중국·홍콩과의 직접 물리적 연결을 피해야 한다."는 새로운 암묵적 원칙이 바다 밑에서도 작동하기 시작했음을 알리는 신호탄이었다.

7. Sea-Me-We 6: 가격보다 안보가 이기는 입찰

2020년대 들어 미·중 갈등은 인도양·유럽을 잇는 케이블에서도 노골적으로 드러나고 있다. 싱가포르와 프랑스 등을 연결하는 해저케이블 프로젝트 'Sea-Me-We 6(SEA-ME-WE 6)' 입찰에서 중국 HMN Tech는 미국 서브콤(SubCom)보다 약 3분의 1 저렴한 가격을 제시해 기술·경제적으로 우위를 점한 것으로 알려졌다.

경제 논리대로라면 HMN Tech의 수주가 유력했지만, 미국 정부와 외교관들은 프로젝트 참여국 통신사와 정부를 상대로 중국 장비 채택에 따른 안보 리스크를 집중적으로 제기했다. "동맹국의 주요 해저 인프라에 중국 장비를 도입할 경우, 미군 기지와의 통신·정보 공유에 영향을 줄 수 있다."는 메시지를 던지며, 미국 측은 사실상 '케이블판 화웨이 배제'를 요구했다는 분석이 많다.

압박과 설득 끝에 컨소시엄은 결국 HMN Tech를 배제하고, 더 비싼 미국 서브콤의 제안을 선택했다. 이 과정은 단순한 가격 경쟁이 아니라, 해저케이블 입찰 자체가 "어느 진영의 경제·안보 블록에 속할 것인지"를 묻는 정치 행위가 되어가고 있음을 상징적으로 보여 준다.

8. 아이비 벨(Ivy Bells)의 유령과 현대식 도청

해저케이블이 도청·정보전의 무대가 된 것은 새로운 일이 아니다.

냉전 시기 미국은 소련 해군의 해저케이블에 도청 장치를 부착하는 비밀 작전 '아이비 벨(Operation Ivy Bells)'을 수행했으며, 잠수부가 바다 밑으로 내려가 케이블을 감싸는 특수 코일 장치를 설치해 통신 내용을 장기간 녹음한 사실이 이후 공개됐다.

오늘날에는 기술과 장비가 훨씬 정교해졌다.

미국 해군의 특수 개조 잠수함 USS Jimmy Carter는 기존 잠수함과 달리 선체를 연장하고 특수 장비를 탑재해, 해저 인프라 관련 정찰·정보 수집 임무를 수행할 수 있는 플랫폼으로 알려져 있다. 공개 자료상 구체 작업 방식은 베일에 싸여 있지만, 정보·군사 전문가들은 이 잠수함이 심해 케이블 인근에서 장기간 작전하며 광섬유 신호를 수집·조작할 수 있는 능력을 갖춘 것으로 추정한다.

중국 역시 해저케이블 수리선과 유사한 플랫폼을 활용해 케이블 위치·구조 정보를 수집하고, 향후 전시·위기 시 활용 가능한 '케이블 지도'를 구축하고 있다는 의혹을 받고 있다. 수리선은 케이블을 끊어진 곳에서 인양·수리할 수 있어야 하기에, 케이블 매설 위치와 구조를 가장 상세히 아는 존재이기도 하고, 그만큼 은밀한 정보 수집·간섭의 완벽한 위장막이 될 수 있다는 점에서 서방 정보기관의 경계 대상이 되고 있다.

9. 끊어지는 세상, 묶이는 블록

더 이상 바다는 정치적으로 중립적인 완충지대가 아니다. 미국이 주도하는 해저케이블·클라우드·인터넷 인프라와, 중국이 일대일로·디지털 실크로드를 통해 구축하는 케이블·데이터 네트워크는 점점 상호 의존성을 줄이고 서로 다른 생태계로 분화하고 있다.

인터넷이라는 단어가 원래 '네트워크 간의 연결(inter-networking)'에서 비롯된 것임을 떠올리면, 지금의 상황은 역설적이다. 한때 "월드 와이드 웹(WWW)"이라는 이름 아래 하나의 글로벌 네트워크로 묶였던 세계는, 물리적인 해저케이블과 데이터센터, 국가별 검열·감시와 데이터 주권 규제에 의해, 미국 중심의 인터넷과 중국 중심의 인터넷이 겹치되 부분적으로 분리된 형태로 재편되고 있다.

통가 화산 폭발 같은 자연재해는 케이블을 우발적으로 끊어 버리지만, 이제는 강대국의 정치적 결단과 안보 전략이 의도적으로 대륙 간 연결을 재설계하고 차단하는 시대다.

우리의 데이터는 지금 이 순간에도 차가운 심해 바닥, 보이지 않는 지정학적 전쟁터 위를 아슬아슬하게 지나고 있으며, 그 경로와 운명은 점점 소수의 국가와 초거대 기업의 정치·경제·안보 계산에 더 크게 종속되고 있다.

[Off the Record: 기사 밖의 진실] 인터넷은 구름 위에 있지 않다, 차가운 심해에 있다

우리는 흔히 인터넷을 '클라우드(Cloud, 구름)'라고 부르며 습관적으로

하늘을 쳐다본다. 스마트폰의 와이파이 신호가 공기 중을 떠다니고, 데이터가 저 높은 위성을 통해 전송된다고 믿기 때문이다. 하지만 그것은 현대 기술 문명이 만들어낸 가장 거대한 착시다.

진실을 말하자면, 인류가 주고받는 데이터의 99%는 하늘이 아니라 어둡고 차가운 바다 밑바닥을 기어 다니는 '해저케이블'을 통해 이동한다 . 우리가 넷플릭스를 보고, 구글에 검색하고, 카카오톡을 보내는 그 순간, 데이터는 빛의 속도로 태평양의 심해에 깔린 지름 5cm짜리 고무 호스 속을 통과하고 있다.

이 사실이 중요한 이유는 단순하다. 인터넷이 '물리적인 실체'를 가진다는 것은, 곧 물리적으로 '절단'될 수 있다는 뜻이기 때문이다.

과거 냉전 시대에 적의 통신을 끊으려면 통신탑을 폭파하거나 위성을 요격해야 했다. 하지만 지금은 훨씬 쉽고 은밀한 방법이 있다. 닻을 내린 척하며 해저케이블 위를 지나가는 상선, 혹은 심해 잠수정 한 척이면 충분하다. 케이블이 끊어지는 순간, 한 국가의 금융망은 마비되고 주식 시장은 멈추며 군대의 통신은 두절된다. 이것은 핵폭탄을 쓰지 않고도 국가를 석기시대로 돌려보낼 수 있는 가장 효율적인 '동맥 절단술'이다.

미국과 중국이 지금 태평양 한가운데서 벌이는 전쟁의 본질도 바로 이것이다. 과거에는 누가 더 넓은 바다를 지배하느냐(제해권)기 중요했다면, 이제는 누가 더 많은 케이블을 깔고 관리하느냐가 패권의 척도가 되었다.

미국이 구글과 메타가 추진하던 홍콩 연결 케이블 사업을 강제로 무산시킨 사건은 상징적이다. 케이블이 육지에 닿는 지점, 즉 '상륙국'이 되는 나라가 데이터의 검문소를 장악하기 때문이다. 케이블을 쥔 자가 데이터의 흐름을 볼 수 있고, 마음만 먹으면 수도꼭지 잠그듯 정보를 차단할 수 있다. 이것이 바로 '디지털 도청'이자 '디지털 봉쇄'의 핵심이다.

우리는 매일 스마트폰을 보며 세상과 연결되어 있다고 안도한다. 하지만 그 연결은 수천 미터 깊이의 바다 속, 상어의 이빨과 지진, 그리고 적대국의 가위질 앞에 무방비로 노출된 가느다란 광섬유 가닥에 의존하고 있다.

바다는 더 이상 낭만의 공간이 아니다. 그곳은 보이지 않는 데이터 혈관을 차지하기 위해 강대국들이 소리 없는 잠수함전을 벌이는, 가장 치열하고 위험한 '제2의 영토'다. 당신의 데이터는 지금 안전한가? 그 답은 구름 위가 아니라 바다 밑에 있다.

11장

스타링크와 우주

— 저궤도 위성이 국경을 지운다

1. 러시아의 첫 번째 타격: 사이버 블라인드

2022년 2월 24일 새벽, 러시아의 우크라이나 전면 침공이 시작되기 직전, 유럽과 우크라이나에서 쓰이던 비아샛(Viasat) KA-SAT 위성 인터넷망이 대규모 사이버 공격을 받아 수만 대의 모뎀이 한꺼번에 먹통이 됐다. EU와 미국은 이 공격의 배후를 러시아 군 정보기관 GRU, 그 중에서도 이른바 '샌드웜(Sandworm)' 그룹과 연계된 것으로 공식 지목했다.

비아샛 장애는 우크라이나 정부·군 일부 통신은 물론, 에너지·인프라, 유럽 풍력발전 운영까지 흔들어 놓으며 "침공 개시와 연동된 가장 파괴적인 사이버 작전"으로 평가되지만, 우크라이나 전체 지휘체계를 완전히 미비시키는 데까지는 이르지 못했다. 현대전에서 통신 두절은 곧 눈과 귀를 잃는 것과 같았기에, 침공 첫날 우크라이나는 지휘·통신망을 지키기 위해 사이버·위성·지상망을 총동원해 임기응변으로 버텨야 했다.

2. 머스크의 응답: "Starlink is active"

이틀 뒤인 2월 26일, 미하일로 페도로프 우크라이나 부총리 겸 디지털 전환부 장관은 트위터(X)에 일론 머스크를 태그하며 "우크라이나에 스타링크 스테이션을 제공해 달라."고 공개 요청했다. 불과 몇 시간 뒤 머스크는 "Starlink service is now active in Ukraine. More terminals en route." 라는 답글을 올렸고, 이후 피자 박스 크기의 하얀 접시 모양 수신기 수천 기가 우크라이나 국경을 넘어 들어오기 시작했다.

우크라이나군은 손상된 지상망을 보완하기 위해 스타링크를 지휘·통제, 드론 운용, 포병 타격 보정 등 전술 통신 인프라로 빠르게 흡수했고, 미 국방부와 분석기관들은 스타링크가 전쟁 내내 우크라이나의 핵심 통신 레이어 역할을 했다고 평가한다. 전선의 병사와 시민들은 이 위성망으로 영상 통화를 하고 SNS에 전황과 피해 영상을 올리며 국제 여론전에 뛰어들었다. 스타링크가 "전쟁의 판도를 완전히 뒤집었다."기보다는 우크라이나의 저항과 정보전·홍보전에 결정적인 버팀목이 되었다고 보는 편이 더 정확하다.

3. 저궤도(LEO)의 혁명: 속도가 권력이다

스타링크가 기존 위성 통신과 다른 점은 '고도'와 '지연시간'이다.

과거 위성 인터넷의 주력인 정지궤도 위성은 지상 약 3만 5,786km 상공에 떠 있어, 신호가 왕복하는 데 수백 밀리초가 걸려 온라인 게임이나 실시간 화상회의에는 한계가 있었다. 반면 스타링크는 고도 대략 300~1,200km의 지구 저궤도(LEO)에 수천 기 위성을 띄워, 서울-부산 거리 정도의 상공을 스쳐 지나가는 "공중 기지국"을 촘촘히 깔아 놓는 방

식으로 수십~수백 Mbps급 속도와 수십 ms대의 낮은 지연시간을 구현
한다.

이 구조 덕분에 기존 유선망이 닿기 어려운 오지·사막·해상·재난 지역
에서도 비교적 빠른 인터넷을 쓸 수 있고, 이론적으로는 '국경 검열'이 심
한 국가에서도 머리 위 위성을 통해 직접 해외망에 연결될 수 있는 잠재
력을 지닌다. 다만 실제로는 고가 단말, 실외 설치 필요, 기상·지형에 따
른 품질 편차, 전파 규제 등 제약이 존재해 "지상의 광랜과 완전히 동급인
글로벌 자유 인터넷"이라기보다는, 기존 인프라의 공백을 메우는 강력한
보완재에 가깝다고 보는 것이 현실적이다.

4. 뚫린 하늘: 이란과 중국의 공포

2022년 9월 마흐사 아미니 사망 이후 이란 전역으로 히잡 의무화 반대
시위가 번지자, 이란 정부는 모바일 데이터와 주요 플랫폼 접속을 대대적
으로 차단해 시위 영상이 외부로 나가는 것을 막으려 했다. 이에 미국 재
무부는 이란 시민의 통신 서비스에 한해 일부 제재를 완화했고, 머스크는
스타링크를 이란에서 사용할 수 있도록 하겠다고 공개적으로 밝혔으며,
이후 밀반입된 스타링크 단말이 일부 지역에서 시위 상황을 외부로 전달
하는 데 활용됐다는 보도가 이어졌다.

중국·러시아 연구자와 인민해방군(PLA) 출신 분석가들은 논문과 군
관련 매체에서 스타링크가 미국군의 정밀 타격·통신·정찰 능력을 비약
적으로 강화할 수 있는 "잠재적 군사 위협"이라고 규정하며, "소프트 킬과
하드 킬을 결합해 스타링크를 무력화하는 수단을 개발해야 한다."고 주
장한다. "머리 위 다모클레스의 검"이라는 문구가 PLA 공식 매체에서 스

타링크를 두고 직접 쓰인 것으로 확인되지는 않았지만, 중국 내 전략 담론에서 스타링크가 국가 안보에 심각한 위협이라는 인식 자체는 분명히 존재하며, 이는 북한·이란처럼 국경 통제와 정보검열에 의존해 온 체제들에게도 공통의 악몽에 가깝다.

5. 궈왕(Guowang) 프로젝트: 붉은 별을 띄워라

우크라이나 전쟁에서 스타링크의 영향력을 지켜본 중국은 "저궤도 우주 공간을 미국 민간 기업에 독점시켜서는 안 된다."는 결론에 점점 가까워졌다.

중국은 국가 주도 저궤도 위성 인터넷 계획인 '궈왕(GW) 프로젝트'와 상하이 일대의 'G60 스타링크' 계획 등 여러 구상을 추진하면서, 수천~1만여 기 이상 위성으로 구성된 '중국판 스타링크'를 구축하겠다고 공언해 왔다.

국제전기통신연합(ITU)은 사실상 '먼저 신고하고 조정 절차를 거친 자가 먼저 권리를 확보하는' 선점주의에 가까운 주파수·궤도 조정 규칙을 운영해 왔고, 스페이스X는 이미 12,000기 규모의 초기 스타링크에 더해 추가 30,000기(합계 최대 42,000기) 위성 계획을 국제기구에 제출한 바 있다. 2020년대 중반 이후 스페이스X가 발사한 스타링크 위성은 누적으로 7,000기 이상에 이르며, 궤도상에서 실제 운용 중인 위성 수도 수천 기를 넘어선 것으로 추정되는 가운데, 중국 입장에서는 저궤도가 미국 위성으로 '사실상 점유'되기 전에 서둘러 자국 시스템을 올려야 한다는 압박을 느끼고 있다.

6. 케슬러 신드롬(Kessler Syndrome): 우주의 쓰레기장

이 같은 저궤도 위성 '증설 경쟁'은 우주공간의 안전성 측면에서 케슬러 신드롬이라는 악몽을 동반한다.

NASA의 도널드 케슬러가 제기한 이 시나리오는, 특정 고도에 위성과 파편이 일정 밀도 이상 쌓이면 충돌이 연쇄적으로 이어져 파편이 기하급수적으로 늘어나고, 그 궤도대는 장기간 사실상 사용이 어렵게 될 수 있다는 내용이다. 현재 LEO는 이미 수만 개의 파편과 수천 기의 위성이 뒤섞인 혼잡한 공간이 되었고, 전문가들은 자발적 제거(데오비트), 자폭 설계, 충돌 회피 알고리즘 등 완화책이 제대로 작동하지 못하면 향후 몇십 년 안에 특정 궤도 구간에서 충돌 위험이 급격히 높아질 수 있다고 경고한다.

만약 대규모 충돌 연쇄가 현실화된다면 인류가 수십·수백 년 동안 "우주 전체에 나가지 못한다."기보다는, 일부 저궤도 고도대를 장기간에는 사실상 통과·활용하기 어려워져 통신·기상·정찰 위성 운용에 큰 제약을 받을 수 있다는 쪽이 현재 과학계의 보다 신중한 전망이다. 데이터 패권을 좇는 국가·기업들의 위성 발사 경쟁이, 역설적으로 인류의 우주 이용 능력 자체를 갉아먹을 수 있다는 점에서 케슬러 신드롬은 단순한 '이론적 가능성'이 아니라 우주 거버넌스의 중심 이슈가 되고 있다.

7. 크림반도의 변덕: 한 명의 민간인에게 쥐어진 버튼

스타링크는 기술적 혁신인 동시에 정치·군사적 난제인 '통제권' 문제를 드러냈다.

2022년 이후 우크라이나는 크림반도 인근 러시아 흑해 함대를 드론으로 타격하기 위해, 크림·세바스토폴 부근 해역까지 스타링크 서비스 범위를 확대해 달라고 스페이스X에 여러 차례 요청한 것으로 알려져 있다. 그러나 머스크와 그의 전기를 집필한 월터 아이작슨의 정정된 설명에 따르면, 이 지역은 애초에 스타링크 커버리지가 활성화돼 있지 않았고, 머스크는 "그 지역을 활성화하면 러시아 본토에 대한 대규모 공격에 연루되어 제3차 세계대전을 촉발할 수 있다."는 우려를 이유로 요청을 거부했다.

결과적으로 우크라이나의 특정 드론 공격 작전은 스타링크 지원 없이 수행되어야 했고, 이는 한 민간 기업 CEO의 판단이 우방국의 군사 작전과 전쟁 경로에 실질적인 영향을 미칠 수 있다는 사실을 전 세계에 각인시켰다. "머스크가 크림반도에서 켜져 있던 스타링크를 꺼 버렸다."는 초기 서사는 현재 공개된 정정 내용과는 다르지만, "선출되지 않은 민간인의 가치관과 리스크 판단이 국가 안보 의사결정을 가로지른 사건"이라는 문제 제기 자체는 여전히 유효하다.

8. 우주 권력의 사유화

우크라이나 전쟁은 상업용 위성 통신망을 보유한 거대 테크 기업이, 작은 국가 여러 개를 합친 것 못지않은 전략적 영향력을 행사할 수 있음을 보여 주었다.

미 국방부는 2023년 스타링크를 통한 위성 통신 제공 계약을 공식 체결했고, 이후 다른 상용 위성 사업자와도 함께 '우주 기반 상용 인터넷'을 작전 필수 인프라의 일부로 편입하는 전략을 추진 중이다. 그 결과 우주공간에서는 법적으로는 국가가 책임을 지되, 실제 통제력과 운영 능력은 일부 민간 거대 기업에 집중되는 구조가 빠르게 굳어지고 있다.

국제우주조약은 우주 공간과 천체에 대한 '국가적 점유'를 금지하고 모든 우주 활동에 대해 발사국·등록국이 국제법상 책임을 지도록 규정하지만, 스타링크와 같은 초대형 상업 위성망은 사실상 독자적인 정보·통신·정찰 인프라를 구축한 '초국가적 행위자'의 출현을 현실화하고 있다. 저궤도 위성은 검열과 감시를 뚫고 정보를 흘려보내는 '자유의 인프라'가 될 수도 있지만, 동시에 한 손에 쥔 글로벌 통신 스위치가 특정 기업이나 소수 개인의 철학과 이해관계에 좌우될 수 있다는 점에서, "우주 권력의 사유화"와 "기업 주권"이라는 새로운 거버넌스 과제를 인류에게 던지고 있다.

[Off the Record: 기사 밖의 진실] 만리방화벽은 하늘을 막을 수 없다

밤하늘을 올려다보라. 예전에는 별자리가 있었지만, 지금은 일렬로 늘어선 은색 점들의 행렬이 지나간다. 일론 머스크가 쏘아 올린 스타링크 위성들이다. 낭만적으로 보이는 이 빛의 행렬은 사실, 전 세계 독재자들에게는 식은땀이 흐르게 하는 공포의 불빛이다.

지난 수십 년간 중국, 러시아, 이란 같은 국가들이 공들여 쌓아 올린 '디지털 국경'은 2차원적이었다. 그들은 땅에 묻힌 케이블을 자르고, 국경을 넘는 관문을 통제하면 국민의 눈과 귀를 막을 수 있다고 믿었다. 이것이 중국의 '만리방화벽(Great Firewall)'이 작동하는 원리였다.

하지만 스타링크는 이 게임의 법칙을 3차원으로 바꿔 버렸다. 인터넷 신호가 땅이 아니라 머리 위 550km 상공에서 수직으로 꽂히기 때문이

다. 아무리 높은 방화벽을 쌓아도 하늘을 막을 수는 없다. 우크라이나 전쟁은 이 새로운 현실을 증명한 쇼케이스였다. 러시아군이 지상의 기지국을 모두 파괴했지만, 우크라이나군은 배낭에서 접시만한 안테나를 꺼내 5분 만에 전선(Frontline)을 온라인 상태로 복구했다. 과거에는 방송국을 점령하면 쿠데타가 성공했지만, 이제는 하늘이 뚫려 있는 한 정보 차단은 불가능해졌다.

그러나 이 혁신에는 서늘한 그림자가 있다. 바로 '우주 권력의 사유화'다. 과거에 우주는 국가(NASA, 소련)의 영역이었지만, 지금 지구 저궤도를 점령한 위성의 과반수는 스페이스X라는 단 하나의 민간 기업 소유다. 이는 한 명의 CEO가 특정 국가의 통신망을 켜거나 끌 수 있는 '신의 스위치'를 쥐게 되었음을 의미한다.

실제로 머스크는 확전을 우려해 크림반도 공격 작전 중 스타링크 접속을 차단했고, 우크라이나의 드론은 먹통이 되어 바다에 가라앉았다. 한 기업가의 판단이 펜타곤의 장군이나 백악관의 참모보다 전쟁의 승패에 더 큰 영향을 미친 것이다. 선출되지 않은 권력이, 국가의 안보를 인질로 잡을 수 있는 시대. 이것은 민주주의 국가에게도 끔찍한 딜레마를 안겨 준다.

우리는 이제 '하늘에서 내려오는 인터넷'을 피할 수 없다. 스타링크는 아프리카의 오지나 태평양 한가운데에서도 넷플릭스를 보게 해주지만, 동시에 국가의 주권이 미치지 않는 '디지털 치외법권'을 전 지구적으로 확장하고 있다.

하늘은 더 이상 텅 빈 공간이 아니다. 그곳은 데이터가 흐르는 새로운 영토이자, 국가와 테크 거인이 주권을 놓고 다투는 가장 뜨거운 전쟁터가

되었다. 올려다보라. 저 빛나는 인공위성들은 인류를 연결하는 희망의
등대인가, 아니면 우리를 내려다보는 새로운 빅브라더의 눈인가.

12장

배터리와 희토류

— 디지털 심장을 뛰게 하는 광물 전쟁

1. 디지털은 가볍지 않다: 흙과 돌의 역습

우리는 흔히 디지털 세상을 '가볍고', '깨끗하며', '무형'인 것으로 착각한다. 클라우드(구름)라는 단어가 주는 환상 때문이다. 하지만 스마트폰을 분해하고, 전기차의 배터리를 뜯어 보면 그 안에는 주기율표의 온갖 원소들이 가득 차 있다.

아이폰 하나에는 약 75종의 원소가 들어간다. 이는 주기율표 전체(118개)의 약 64%에 해당하는 수준으로, "3분의 2 정도"라는 표현은 대략적인 비유로 이해할 수 있다. 전기차(EV) 한 대를 만드는 데는 내연기관차보다 6배 가까이 많은 핵심 광물(리튬, 니켈, 코발트, 망간, 구리, 희토류 등)이 필요하다. 특히 구리 사용량은 내연기관차의 약 4배에 달한다.

21세기 산업 혁명의 본질은 '탄소(석유)에서 금속(광물)으로의 전환'이다. 석유가 엔진을 돌렸다면, 이제는 리튬(Lithium)과 코발트(Cobalt), 니켈(Nickel)이 디지털 심장을 뛰게 한다. 그래서 지금 전 세계는 '하얀 석유'라 불리는 리튬을 찾기 위해 남미의 소금 사막과 호주의 광산을 뒤지고 있다. 이것은 19세기 캘리포니아의 골드러시를 능가하는, 생존을 건 '배터리 러시'다.

2. 에너지 안보의 이동: 호르무즈에서 콩고로

지난 100년간 세계의 지정학은 중동의 호르무즈 해협을 중심으로 돌아갔다. 석유 수송로를 지키는 자가 패권국이었다. 하지만 이제 그 무게중심이 이동하고 있다.

- 리튬 트라이앵글: 칠레, 아르헨티나, 볼리비아

이 3국에 집중된 리튬 매장량은 전 세계 총매장량의 약 50% 이상을 차지한다. 다만, 현재 생산량은 호주가 세계 1위로, 매장량과 생산량은 구분해야 한다.

- 코발트 벨트: 콩고민주공화국(DRC)

콩고민주공화국은 세계 코발트 생산량의 약 70~75%를 차지하며, 사실상 세계 코발트 공급의 핵심 국가다.

- 희토류: 중국

중국은 희토류 정제·가공 능력의 약 90%를 장악하고 있다. 매장량은 세계 1위지만, 정제 인프라에서의 압도적 점유율이 더 큰 전략적 의미를 가진다.

이제 미국 국무부 장관이 중동보다 아프리카와 남미를 더 자주 방문하는 이유는 명확하다. 유전이 마르면 차가 멈추지만, 광물이 끊기면 스마트폰, 전기차, 미사일, 전투기 등 현대 문명 전체가 셧다운되기 때문이다.

3. "중동에는 석유가 있고, 중국에는 희토류가 있다"

1992년, 덩샤오핑은 중국 순시 중 "중동에는 석유가 있고, 중국에는 희토류가 있다."는 비유를 남겼다. 이 발언은 공식 기록보다는 회고록·인터뷰를 통해 전해진 비공식적인 전략적 비유로, 중국이 희토류를 전략 자원으로 삼아야 한다는 방향성을 제시한 것으로 해석된다.

당시 서구 세계는 이 말의 무게를 제대로 이해하지 못했다. 희토류는 '희귀한 흙'이라는 뜻이지만, 매장량 자체는 적지 않다. 다만 채굴하고 정제하는 과정에서 엄청난 환경 오염(방사성 폐기물 등)이 발생하기 때문에, 미국·호주 등 선진국들은 자국 광산을 대부분 폐쇄하고, 헐값에 중국산 희토류를 사다 썼다.

중국은 그 틈을 파고들었다. 국가 보조금과 저가 공세로 해외 희토류 기업을 압박했고, 전 세계 희토류 정제·가공 인프라의 대부분을 중국으로 끌어왔다. 전 세계가 값싼 중국산에 취해 있는 동안, 중국은 사실상 희토류 시장을 장악하는 기반을 마련한 셈이다.

4. 2010년의 충격: 센카쿠 열도 분쟁

이 무기가 실전에서 사용된 첫 사례는 2010년, 중일 영토 분쟁 지역인 센카쿠 열도(중국명 댜오위다오) 사태였다. 일본이 중국 어선 선장을 체포하자, 중국은 공식적으로 "희토류 수출 중단"을 선언하지는 않았지만, 사실상 수출을 급격히 제한·지연시켰다. 이로 인해 일본 기업들이 희토류 수급에 큰 타격을 입었다.

효과는 즉각적이었다. 하이브리드 자동차와 첨단 전자 제품을 만드는 일본 산업계는 패닉에 빠졌고, 결국 일본 정부는 백기를 들고 선장을 석방했다. 총 한 방 쏘지 않고 '흙'으로 상대를 굴복시킨 것이다.

이 사건은 전 세계에 '자원의 무기화'라는 공포를 각인시켰다. 이후 일본은 희토류 공급망을 다변화하는 데 나섰다. 중국은 2023년에도 반도체 핵심 소재인 갈륨과 게르마늄 수출을 통제하며, 미국의 반도체 제재에 맞불을 놓았다.

5. 콩고의 붉은 흙: 아동 노동의 현장

우리가 쓰는 최신 스마트폰과 전기차 배터리에는 '코발트'라는 푸른 금속이 필수적으로 들어간다. 배터리의 화재를 막고 수명을 늘려 주는 핵심 소재다. 그런데 전 세계 코발트 생산량의 약 70~75%는 내전과 빈곤에 시달리는 콩고민주공화국(DRC)에서 나온다.

문제는 채굴 방식이다.

거대 광산 기업 옆에는 수십만 명의 '아티장(Artisanal Miners)'이라 불리는 영세 채굴업자들이 있다. 이들 중 상당수는 어린아이들이다. 아이들은 맨손으로 갱도를 파고 들어가 유독한 흙을 퍼 나른다. 갱도가 무너져 생매장당하는 사고가 끊이지 않는다.

우리가 '친환경'이라 부르는 전기차 혁명의 이면에는, 아프리카 아이들의 피와 땀이 서려 있다. 그래서 인권 단체들은 이를 '피 묻은 배터리(Blood Batteries)' 혹은 '제2의 블러드 다이아몬드'라고 부른다.

6. ESG의 딜레마

애플, 테슬라, 삼성 같은 글로벌 기업들은 딜레마에 빠졌다. 윤리적 소비를 요구하는 소비자들 앞에서 "우리는 아동 노동과 무관하다."고 주장하고 싶지만, 복잡하게 얽힌 공급망 속에서 콩고산 코발트를 완전히 배제하는 것은 사실상 불가능에 가깝다.

중국 기업들은 이미 콩고의 주요 코발트 광산에 깊이 관여하고 있다. 서구 기업들이 윤리 문제를 고민하는 사이, 중국은 돈 가방을 들고 아프리카의 독재자들과 계약을 맺고 광물 공급망을 장악해 버렸다. 이로 인해 서방 기업들은 "윤리적 소비"와 "실질적 공급 안정성" 사이에서 갈등하고 있다.

7. IRA와 프렌드 쇼어링: "우리 편끼리만 캔다"

미국의 대응은 반도체 정책과 똑같다.

"중국을 공급망에서 쫓아낸다." 2022년 미국의 인플레이션 감축법(IRA)은 전기차 보조금 지급 조건으로 "배터리 광물을 미국 또는 미국과 FTA를 맺은 국가에서 조달할 것"을 내걸었다.

이는 중국산 광물 비중이 일정 기준(연도별로 상승)을 초과하면 보조금을 받지 못한다는 구조다. 2025년부터는 중국 내 기업이 조달한 핵심 광물을 사용한 전기차는 보조금 대상에서 제외된다.

이에 따라 한국 배터리 기업(LG엔솔, SK온, 삼성SDI)들은 급하게 중국산 소재를 배제하고, 호주, 캐나다, 인도네시아로 공급처를 옮기고 있다. 이것이 바로 믿을 수 있는 우방국끼리만 거래하겠다는 '프렌드 쇼어링(Friend-shoring)'이다.

8. 최후의 개척지: 심해(Deep Sea) 채굴

육지의 광산만으로는 부족하자 인류는 이제 바다 밑바닥을 노리고 있다.

태평양 하와이 인근의 클라리온-클리퍼톤 해역(CCZ) 심해 바닥에는 감자 크기의 검은 돌덩어리들이 널려 있다. 망간, 니켈, 코발트가 농축된 '망간 단괴'다.

이것을 진공청소기처럼 빨아들이면 배터리 부족 문제를 단번에 해결할 수 있다. 하지만 환경 단체들은 "심해 생태계를 파괴하는 재앙이 될 것"이라며 결사반대하고 있다. 심해 채굴은 해저 퇴적물 확산, 소음, 생물 서식지 파괴 등으로 장기적·회복 불가능한 피해를 줄 수 있다는 우려가 크다.

기후 위기를 막기 위해(전기차 보급) 또 다른 환경 파괴(광산 개발)를 해야 하는 아이러니. 인류는 지금 그 모순된 칼날 위에 서 있다.

9. 하드웨어에서 소프트웨어로

우리는 대만의 반도체 공장에서 시작해, 바다 밑 케이블, 우주의 위성, 그리고 콩고의 광산까지 훑어보았다.

결론은 명확하다. 디지털 세상은 결코 가상이 아니다. 그것은 차가운 금속과 뜨거운 전기, 그리고 지정학적 욕망이 뒤엉킨 지극히 물리적인 실제다.

미국과 중국은 이 물리적 인프라를 장악하기 위해 총성 없는 전쟁을 벌이고 있다. 하지만 인프라만으로는 세상을 지배할 수 없다. 그 위를 흐르는 콘텐츠와 플랫폼을 장악해야 진정한 승자다.

[Off the Record: 기사 밖의 진실] 디지털 혁명은 깨끗하지 않다, 흙투성이다

우리는 흔히 '4차 산업혁명'이라는 단어에서 매끈하고 차가운 금속성 이미지를 떠올린다. 먼지 하나 없는 클린룸, 소리 없이 돌아가는 서버, 보이지 않는 클라우드. 하지만 기자가 되어 현장을 파고들수록 마주하게 된 진실은 정반대였다. 디지털 혁명의 발은 더럽고 냄새나는 진흙탕 속에 푹 빠져 있다.

스마트폰, 전기차, 그리고 AI 데이터센터를 돌리는 에너지를 저장하는 배터리. 이 모든 것의 심장을 뛰게 하는 것은 코딩이 아니라 땅속 깊은 곳에서 캐낸 '희토류'와 '리튬'이다. 20세기 인류가 검은 황금인 석유를 차지하기 위해 중동에서 피를 흘렸다면, 21세기의 강대국들은 하얀 석유인 리튬을 차지하기 위해 남미와 아프리카의 광산에서 암투를 벌인다.

중국의 최고지도자 덩샤오핑은 1992년에 이미 예언과도 같은 말을 남겼다. "중동에 석유가 있다면, 중국에는 희토류가 있다." 당시 서방 세계는 이 말을 그저 자원 부국의 자부심 정도로 치부했다. 하지만 그것은 섬뜩한 '대전략'이었다. 선진국들이 환경 오염을 이유로 제련 공장을 폐쇄할 때, 중국은 기꺼이 자신의 땅을 오염시키며 전 세계 희토류 시장을 독점했다.

그 결과가 지금 우리가 목격하는 '자원 무기화'다. 나는 베이징 특파원 시절, 중국이 외교적 분쟁이 생길 때마다 어떻게 희토류 수도꼭지를 잠그는지 목격했다. 일본과 센카쿠 열도 분쟁이 붙었을 때, 중국이 희토류 수출을 중단하자 일본의 첨단 산업은 단 며칠 만에 백기를 들었다. 첨단 미사일을 만드는 미국조차 중국산 광물 없이는 무기를 조립할 수 없다는 사실은 코미디가 아니라 비극이다.

테슬라가 아무리 혁신적인 자율주행 코드를 짜도, 배터리가 없으면 그 차는 고철 덩어리다. 애플이 아무리 세련된 아이폰을 디자인해도, 희토류가 없으면 화면은 켜지지 않는다. 소프트웨어가 영혼이라면, 광물은 육체다. 육체가 볼모로 잡힌 상태에서 영혼의 자유는 존재할 수 없다.

우리는 지금 '탈탄소'라는 명분 아래 석유 시대를 끝내려 하고 있다. 하지만 냉정하게 보자. 우리는 석유라는 독재자에게서 벗어나, 광물이라는 또 다른 독재자의 품으로 달려가고 있는 것은 아닐까? 족쇄의 색깔이 검은색(석유)에서 하얀색(리튬)으로 바뀌었을 뿐, 에너지를 쥔 자에게 굽신거려야 하는 운명은 변하지 않았다.

디지털 문명은 구름(Cloud) 위에 떠 있는 것처럼 보이지만, 그 뿌리는 아프리카 콩고의 코발트 광산과 중국 네이멍구의 제련소에 박혀 있다. 땅을 지배하는 자가 하늘(디지털)을 지배한다. 이것은 가장 첨단의 시대에 벌어지는, 가장 원시적이고 잔인한 땅따먹기 전쟁이다.

3부

플랫폼 지정학: 보이지 않는 국경

13장

틱톡

— 알고리즘은 어떻게 10대의 뇌를 해킹했나

1. 2020년 6월, 트럼프의 굴욕인가

2020년 6월 20일, 미국 오클라호마주 털사(Tulsa)의 BOK 센터에서 도널드 트럼프 대통령의 재선 캠페인 유세가 열렸다. 트럼프 캠프는 "100만 건이 넘는 티켓 요청"을 받았다고 주장했지만, 현장에 실제로 입장한 인원은 약 6,200명 수준으로, 1만9천 석 규모 경기장의 상층 관중석은 크게 비어 있었다.

이후 틱톡을 사용하는 10대들과 K-팝 팬들이 온라인에서 "티켓을 대량 예약하고 가지 말자."는 장난 섞인 행동을 조직했고, 수많은 티켓 요청을 해 '기대치'를 부풀렸다고 스스로 공언했다. 다만 트럼프 캠프 측은 이들의 영향력을 부인하면서, 코로나19 우려, 언론 보도, 시위 등 다른 요인이 저조한 참석의 원인이라고 반박해 털사 유세의 '노쇼 사태'를 전적으로 틱톡 틴과 K-팝 팬의 공으로 돌리기에는 논쟁의 여지가 있다.

그럼에도 이 에피소드는 10대 이용자들이 중국 기업이 만든 숏폼 플랫폼을 활용해 미국 대통령 유세의 기대치를 흔들 수 있다는 상징적 사건으로 받아들여졌고, 워싱턴 정치권과 안보 커뮤니티에 새로운 위협 인식을 촉발하는 계기가 됐다.

2. 장난감에서 '안보 위협'으로

이 사건 이후 워싱턴에서는 "중국 기업이 만든 플랫폼이 미국 정치의 한복판에 개입할 수 있다."는 문제의식이 급속도로 확산됐다. 틱톡은 더 이상 10대들이 춤과 밈을 공유하는 장난감이 아니라, 1억 명이 넘는 미국인의 스마트폰 속에서 여론과 정치적 동원을 좌우할 수 있는 기반시설로 인식되기 시작했다.

2020년 8월 6일, 트럼프 대통령은 행정명령 13942, 13943호를 통해 틱톡·위챗을 국가비상사태 수준의 안보 위협으로 규정하고 거래 제한과 매각 압박을 추진했다. 이런 움직임은 많은 분석가들에게 "디지털 스푸트니크 모멘트"에 비유되었는데, 중국발 플랫폼이 미국의 정치·사회 시스템에 구조적으로 개입할 수 있는 '새로운 유형의 위협'이 현실화됐다는 상징적 장면으로 평가된 것이다.

3. 인지전과 알고리즘

미국이 틱톡을 두려워한 이유는 단순한 개인정보 유출 우려를 넘어, 틱톡의 핵심 경쟁력인 초개인화 알고리즘과 잠재적 "인지전(cognitive warfare)" 가능성에 있었다.

페이스북이나 인스타그램이 사회관계망에 기반해 '친구·팔로워가 좋아하는 것'을 보여 준다면, 틱톡은 사용자가 실제로 어디서 멈추고, 얼마나 반복 재생하며, 어떤 콘텐츠에 반응하는지를 세밀하게 수집해 '관심 그래프'를 구축한다.

틱톡의 추천 시스템은 시청 중단 시점, 재생 시간, 반복 시청, 상호작용 패턴 등 세부 행동 데이터를 이용해 사용자의 취향을 빠르게 파악하고, 즉각적인 만족감을 주는 숏폼 영상을 연속적으로 공급하는 것으로 알려져 있다.

이 구조가 정치·사회 이슈와 결합할 경우, 플랫폼 운영자나 특정 행위자가 특정 집단에 맞춤형 메시지를 지속적으로 노출해 여론과 감정을 미세 조정하는 '인지전의 도구'가 될 수 있다는 우려가 미국 안보 당국과 연구자들 사이에서 제기됐다.

중국 내수용 '도우인(Douyin)'과 글로벌용 '틱톡'의 차이도 이런 의심을 강화했다.

도우인은 중국 청소년에게 실명제, 심야 이용 제한, 일일 사용시간 제한 등을 적용하고, 과학 실험·교육·애국·역사·성취 지향적 콘텐츠를 장려하는 규제·정책이 상대적으로 강한 반면, 해외판 틱톡은 각국의 규제를 따르면서도 더 느슨한 환경에서 여러 차례 위험한 챌린지·선정적 콘텐츠 논란을 겪어 왔다는 분석이 많다. 이런 차이를 두고, 실리콘밸리의 기술윤리 활동가 트리스탄 해리스는 미국 CBS '60 Minutes' 인터뷰에서 "중국은 자국 아이들에게는 '시금치 버전' 틱톡을, 서구에는 '아편 버전'을 보낸다."고 비유적으로 말해 큰 화제를 모았다.

다만 이 비유는 도우인·틱톡의 콘텐츠·규제 차이를 설명하는 상징적 표현일 뿐, 틱톡이 공식적으로 서구를 타깃으로 '디지털 아편'을 설계했다는 입증된 음모론은 아니며, 실제 서비스에는 교육·엔터테인먼트·정치·유머 등 다양한 콘텐츠가 혼재한다는 점 역시 감안할 필요가 있다.

4. Project Texas와 데이터의 영토화

미국 정부의 압박이 거세지자 틱톡은 미국 사용자 데이터의 '영토화'를 전면에 내세운 방어 전략, 이른바 '프로젝트 텍사스(Project Texas)'를 가동했다. 틱톡은 미국 사용자 데이터를 오라클의 텍사스 내 클라우드 인프라에 저장하고, 미국법인인 US Data Security(USDS)를 통해 미국 시민이 통제·감독하는 구조를 만들겠다고 약속했다.

이 프로젝트를 위해 틱톡은 2년에 걸쳐 약 15억 달러를 투입한 것으로 알려져 있으며, 미국 사용자 트래픽의 100%를 오라클 통제 인프라로 우회하는 한편, 오라클이 틱톡 코드와 알고리즘을 검토하는 '신뢰할 수 있는 기술 파트너' 역할을 맡는 구조를 구축하고 있다. 그러나 2023년 기준으로도 과거 미국 사용자 데이터 일부가 여전히 프로젝트 텍사스의 방화벽 밖에 남아 있다는 지적이 제기되는 등, 완전한 분리·로컬라이제이션은 진행 중인 과제로 평가된다.

아이러니하게도, 이러한 데이터 로컬라이제이션 논리는 중국이 2000년대 이후 자국 내 구글·페이스북·트위터 등을 차단하며 주장해 온 '사이버 주권'과 닮아 있다. 과거 미국은 "인터넷은 국경이 없어야 한다."며 중국의 만리방화벽을 비판했지만, 이제는 자국 내 데이터와 네트워크에 대해 국가별 통제권을 주장하며 사실상 미국판 디지털 방화벽을 구축해 가는 양상이다.

5. FBI의 경고와 '열쇠'의 문제

그럼에도 워싱턴의 의심은 쉽게 가라앉지 않았다.

물리적 서버 위치가 텍사스라 하더라도, 그 서버를 운용할 소프트웨어와 코드 업데이트 권한이 여전히 베이징의 모회사 바이트댄스(ByteDance)에 있다면, 중국 법 체계상 정부가 기업에 협조를 강제해 사용자 데이터와 알고리즘에 접근할 수 있다는 구조적 우려가 남기 때문이다.

FBI 국장 크리스토퍼 레이는 2022~2023년 의회·포럼에서 "틱톡은 중국 정부가 데이터를 통해 미국인의 기기와 정보에 접근하고, 알고리즘을 통해 내러티브를 조종하며, 선동과 분열을 부추길 수 있는 능력을 갖추고 있다."며 "틱톡이 제기하는 국가안보 문제는 '소리 지르는 수준'"이라고 표현했다. 그는 특히, 중국의 국가정보법 등 법적 구조가 바뀌지 않는 한 서버 위치만으로는 위험을 해소할 수 없으며, 중국 정부가 사실상 '열쇠'를 쥐고 있는 것과 다름없다는 취지로 경고했다.

결국 워싱턴의 인식은 기술 문제가 아니라 신뢰의 문제로 수렴했다. 즉 "중국 정부가 기업을 통제할 수 있는 한, 중국 기업이 관리하는 데이터와 알고리즘은 신뢰할 수 없다."는 프레임이 강하게 자리 잡았고, 이것이 틱톡뿐 아니라 화웨이, ZTE, 각종 중국 클라우드·데이터 서비스에 대한 광범위한 규제로 이어지고 있다.

6. 5시간의 청문회와 '적국 플랫폼'

2023년 3월 23일 미국 하원 에너지·상무위원회 청문회에 틱톡 CEO 쇼우 지 츄가 출석했다. 싱가포르 국적의 츄 CEO는 틱톡이 중국 정부와 독립된 글로벌 기업이며, 프로젝트 텍사스를 통해 미국 사용자 데이터를 보호하고 있다고 강조했지만, 공화·민주 의원들은 양측 모두에서 매우 공세적인 질문을 퍼부었다.

의원들은 "중국 공산당이 틱톡 데이터나 알고리즘에 접근하지 않는다고 100% 보장할 수 있느냐.", "위구르족, 홍콩, 대만 관련 비판 콘텐츠를 검열한 적이 없느냐.", "틱톡이 미국 청소년의 정신건강을 해치고 있지 않느냐."는 질문을 거듭하며, 츄 CEO의 답변을 여러 차례 끊고 'Yes or No'로만 답하라고 요구했다. 언론과 여러 분석은 이 청문회가 사실상 "틱톡이 이미 적국의 도구라는 전제를 깔고 진행된 정치적 공세였다."고 평가하며, 데이터 플랫폼이 자유무역의 대상에서 국가안보의 대상으로 전환되고 있음을 상징적으로 보여 준 사건으로 해석했다.

일부 논평가들은 이 청문회를 '마녀사냥'에 비유하며, 기술·데이터 이슈가 사실관계 검증보다는 지정학·정치 프레임에 의해 소비되는 전형적인 장면이었다고 비판했다. 동시에, 이 과정은 미 의회 내에서 "틱톡 전면 금지 또는 강제 매각"을 지지하는 초당적 분위기가 강화되는 계기가 되기도 했다.

7. 몬태나주 법안과 스플린터넷의 가속

틱톡을 둘러싼 갈등은 개별 플랫폼을 넘어, 인터넷의 구조를 재편하는 '스플린터넷(splinternet)' 논의로 확장됐다. 2023년 미국 몬태나주 의회는 미국 최초로 일반 이용자의 틱톡 사용을 사실상 전면 금지하는 주법(SB 419)을 통과시켜, 틱톡을 앱스토어에서 제공하는 기업과 틱톡 자체에 하루당 벌금을 부과하는 조항을 담았다.

그러나 2023년 11월 연방 지방법원은 이 법이 수정헌법 1조(표현의 자유)를 침해하고 연방정부의 외교·통상 권한을 침범한다는 이유 등으로 위헌 가능성이 높다며 시행을 막는 예비 금지명령을 내렸다. 이로 인해 몬태나주의 틱톡 전면 금지법은 법적으로 통과되었지만 실제 발효는 중단된 '법정 공방 상태'에 있으며, 미국 연방 차원의 포괄적 틱톡 금지 여부는 별도의 입법·소송 과정을 거쳐야 하는 상황이다.

한편 중국에서는 애플이 중국 본토 이용자의 iCloud 데이터를 귀저우성의 국유기업 'Guizhou-Cloud Big Data'가 운영하는 데이터센터에 저장하도록 요구받아, 암호화 키를 포함한 데이터 관리 권한 상당 부분이 중국 관할 아래 놓이게 되었다는 점이 국제 인권·프라이버시 단체들로부터 비판을 받고 있다.

또 중국 당국은 국가기관·군사시설 주변에서 테슬라 차량의 운행·출입을 제한하는 조치를 시행해, 미국·중국이 서로 상대방 빅테크의 데이터·센서·플랫폼을 상호 불신하는 '디지털 영역의 상호주의'가 심화되고 있다는 평가가 나온다.

이러한 조치들은 월드 와이드 웹(WWW) 창시자들이 꿈꾸었던 "하나의 연결된 인터넷"이 점차 해체되고, 미국을 중심으로 한 데이터·플랫폼 블록과 중국을 중심으로 한 블록이 규제·인프라·서비스 측면에서 분리되는 스플린터넷 시대가 가속화되고 있음을 보여 준다. 틱톡은 이 과정에서, 10대의 뇌를 사로잡는 숏폼 엔진이자 미·중 패권이 충돌하는 데이터·인지전의 최전선 플랫폼이라는 이중적 얼굴을 가진 상징적 사례로 자리 잡았다

[Off the Record: 기사 밖의 진실] 21세기 아편전쟁은 총성 없이 시작되었다

　역사는 소름 끼치도록 반복된다. 19세기 영국은 청나라에 '아편'을 팔았다. 중국인들의 몸을 병들게 하고 정신을 몽롱하게 만들어, 결국 제국의 문을 열어젖혔다. 그리고 200년이 지난 지금, 공수가 뒤바뀐 채 똑같은 전쟁이 벌어지고 있다. 이번에는 중국 기업이 만든 '디지털 아편'이 서구권 청소년들의 뇌를 잠식하고 있다. 바로 틱톡이다.

　나는 이 앱을 '21세기 가장 정교하게 설계된 향정신성 무기'라고 정의한다. 페이스북이나 유튜브는 적어도 내가 무엇을 볼지 '검색'하거나 '구독'하는 최소한의 주체성이 필요하다. 하지만 틱톡은 다르다. 앱을 켜는 순간, 사용자의 의지는 삭제된다. 화면을 꽉 채운 영상이 끝나면 곧바로 다음 영상이 튀어나온다. AI는 당신이 0.1초라도 머뭇거린 시선, 무심코 좋아요를 누른 손가락의 떨림까지 분석해 뇌가 가장 좋아하는 도파민 칵테일을 끊임없이 주입한다.

　미국의 군사 전문가들은 이것을 '인지전(Cognitive Warfare)'이라고 부른다. 총을 쏘아 적의 몸을 상하게 하는 것이 '물리전'이라면, 적국의 미래 세대가 깊게 사고하지 못하게 만들고, 자극적인 가짜 정보에 휘둘리게 하여 사회적 판단력을 마비시키는 것이 인지전이다.

　가장 섬뜩한 증거는 바이트댄스(틱톡 모회사)의 이중적인 태도다. 그들은 중국 내수용 틱톡인 '도우인(Douyin)'에서는 청소년들에게 과학 실험, 애국심 고취, 교육적인 콘텐츠를 우선 노출한다. 사용 시간도 엄격히 제한한다. 반면 해외용 틱톡에서는 선정적인 춤, 위험한 챌린지, 극단적인 정치 선동 영상이 무제한으로 흐르도록 방치한다. 자국의 아이들에게는 시금치를 먹이고, 적국의 아이들에게는 설탕을 입힌 마약을 파는 셈이다.

결과는 참혹하다. 지금 10대들은 1분 이상의 영상을 견디지 못하는 '팝콘 브레인'이 되었다. 긴 글을 읽고 맥락을 파악하는 능력은 퇴화했고, 15초짜리 영상이 던져 주는 단편적인 자극을 진실로 믿어 버린다. 민주주의는 숙의와 토론을 먹고 자라는데, 틱톡 세대에게 숙의는 지루한 것이고 토론은 조롱 섞인 댓글 놀이일 뿐이다.

미국 의회가 틱톡 금지법을 발의하며 "트로이 목마"를 언급한 것은 과장이 아니다. 다만 그 목마 안에 들어있는 것은 칼을 든 병사가 아니라, 우리의 집중력을 갉아먹는 알고리즘이었다. 우리는 적군이 성문을 부수고 들어오기도 전에, 스스로 성문을 열고 그들의 마약을 환영했다. "재미있으니까." 그 단순하고 치명적인 이유 하나 때문에.

틱톡은 묻는다. 국민이 바보가 된 국가는 과연 강대국으로 남을 수 있는가? 우리의 뇌는 지금 해킹당하고 있다.

14장

스플린터넷(Splinternet)

― 쪼개진 인터넷

1. 2000년, 클린턴의 젤리 발언

2000년 3월, 빌 클린턴 미국 대통령은 중국의 WTO 가입을 지지하는 연설에서 중국의 인터넷 검열 시도를 조롱 섞인 어조로 언급했다. 그는 "중국이 인터넷을 단속하려 한다. 행운을 빈다. 그건 마치 젤리를 벽에 못으로 박으려는 것과 같다."고 말했다.

당시 서구 세계는 인터넷을 자유의 기술로 보며, 정보의 흐름이 결국 권위주의 체제를 약화시킬 것이라는 '기술 낙관주의'에 물들어 있었다. 인터넷이 보급되면 중국도 사연스럽게 민주화의 길을 걸을 것이라는 믿음이 지배적이었다. 그러나 20여 년이 지난 지금, 중국은 인터넷 통제의 선도 모델이 되었고, "젤리는 못으로 박을 수 없다."는 클린턴식 비유는 대표적인 오판 사례로 회자된다.

2. 황금 방패(Golden Shield): 만리장성의 디지털 버전

클린턴이 낙관론을 펼치던 바로 그 시기, 중국 공산당은 이미 국가 차원의 초대형 감시·검열 시스템인 '황금 방패 프로젝트(Golden Shield Project, 金盾工程)'를 가동하고 있었다. 1998년 설계가 시작된 황금 방패는 2000년대 초 공안부를 중심으로 본격 구축되었고, 국경 게이트웨이와 백본망, 주요 통신 노드에 패킷 필터링·트래픽 감시 장치를 설치해 특정 웹사이트와 키워드를 차단하는 구조였다.

이 프로젝트에서 파생된 것이 이른바 '만리방화벽(Great Firewall of China)'으로, "천안문", "민주주의", "달라이 라마" 같은 키워드뿐 아니라, 해외 SNS·뉴스 사이트 전체를 차단하는 시스템으로 진화했다. 최근에는 이미지·영상 분석, 자연어 처리 등 AI 기술이 결합되면서, 텍스트뿐 아니라 밈(meme)·풍자 이미지·동영상까지 자동 탐지·삭제하는 '정밀 검열' 체제로 발전했다는 분석이 나온다.

3. 평행 우주의 탄생: 구글이 없는 세상

2010년, 구글은 검열 요구와 해킹 공격 문제를 이유로 중국 본토 검색 서비스에서 사실상 철수했다. 서구 언론과 전문가들은 당시 "중국 인터넷이 고립돼 혁신이 위축될 것"이라고 전망했다.

그러나 중국은 구글이 빠져나간 자리를 자국 플랫폼으로 채웠다. 검색은 바이두(Baidu), SNS는 웨이보(Weibo), 동영상은 유쿠·비리비리(Youku, Bilibili), 전자상거래는 알리바바·징둥(JD.com)이, 그리고 메신저·결제·콘텐츠를 통합한 슈퍼 앱 위챗(WeChat)이 생태계의 허브가 되었다.

오늘날 중국의 10대·20대 다수는 구글·페이스북 없이도 불편함을 크게 느끼지 않고, '중국어로 작동하는 인터넷' 안에서 쇼핑하고, 소통하고, 결제하며 산다. 이는 단순한 차단을 넘어, 서구와는 전혀 다른 뉴스·역사·여론을 접하는 '대체 현실'의 구축이며, 만리방화벽은 외부 정보를 막는 방패이자 내부 인식을 재구성하는 거대한 프로파간다·프레이밍 인프라로 작동한다.

4. 데이터의 인질극: 구이저우의 애플 데이터센터

2017년 시행된 중국 사이버보안법은 핵심 인프라 운영자 등에 대해 데이터 현지 저장 의무를 부과했다. "중국 시민의 중요 데이터는 중국 내에서 저장·처리돼야 한다."는 원칙이 명문화된 것이다.

애플은 이 규제를 따르기 위해 2018년 중국 사용자의 iCloud 계정을 미국 서버에서 중국 구이저우(貴州)성의 데이터센터로 이전하고, 운영을 국영 성격의 구이저우-클라우드 빅데이터(GCBD)에 맡겼다. 이 과정에서 중국 내 iCloud 계정에 대한 암호화 키도 중국 내 서버로 이전되었으며, GCBD가 애플과 함께 서비스를 운영하는 구조가 되었다.

애플은 "암호화 키의 소유와 기술적 통제권은 애플에 있다."고 설명하지만, 실제로는 중국 법과 사법·행정 절차 하에서 중국 당국이 데이터에 접근할 수 있는 여지가 커졌다는 지적이 계속된다. '프라이버시 보호'를 브랜드의 핵심 가치로 앞세워 온 애플마저 중국 시장을 위해 데이터 주권 요구를 수용한 사례라는 점에서, 이 사건은 글로벌 플랫폼과 국가 주권이 충돌할 때의 권력 관계를 상징적으로 드러낸다.

5. 러시아의 실험: 인터넷 코드를 뽑아라

중국 모델의 성공은 다른 권위주의 정권에 강한 인상을 남겼다.

러시아의 푸틴 대통령은 2019년 '주권 인터넷법'에 서명해, 러시아 인터넷 인프라를 국가 통제 하에 두고 유사시 국내망(Runet)을 글로벌 인터넷에서 분리할 수 있는 법적 기반을 마련했다.

이 법에 따라 러시아는 트래픽을 국가가 지정한 교환 지점을 통해 우회시키고, 자체 DNS 인프라를 구축하며, 대규모 차단·차단 우회 테스트를 반복적으로 실시하고 있다. 우크라이나 침공 이후에는 페이스북·인스타그램이 '극단주의 조직'으로 지정·차단되고, 서방 언론 다수가 봉쇄되면서 러시아 국민은 VKontakte, 러시아 국영 매체 등 크렘린이 허용한 정보 채널에 사실상 갇힌 정보 환경에 놓이게 되었다.

6. 이란의 피 묻은 네트워크: 2019년 11월의 학살

이란은 자국의 폐쇄형 네트워크를 '국가정보네트워크', 또는 외부에서 '할랄 인터넷(Halal Internet)' 모델로 지칭하는데, 이는 종교·이념적으로 문제 삼는 서구 정보의 차단을 정당화하는 담론과 결합돼 있다.

2019년 11월 휘발유 가격 인상으로 전국적 시위가 벌어지자, 이란 정부는 며칠에 걸쳐 이동통신과 고정망을 순차적으로 차단해 국가 전체를 '디지털 암흑' 상태로 만들었다. 국제 인권단체의 조사에 따르면, 이 기간 동안 최소 300명 이상의 시위 참가자와 시민이 보안군의 실탄 진압으로 사망한 것으로 보고되며, 인터넷 셧다운이 대규모 인권 침해의 증거를 숨기는 데 결정적 역할을 했다. 이 사례는 인터넷 차단이 단순한 검열 수단을 넘어, '디지털 학살' 은폐를 가능하게 하는 강력한 통제 기술임을 보여 준다.

7. 월드 와이드 웹(WWW)의 장례식

팀 버너스-리가 구상한 '월드 와이드 웹(World Wide Web)'은 국경과 제도를 넘어 연결되는 단일한 정보 공간을 이상으로 삼았다. 그러나 현실의 인터넷은 점점 더 파편화된 '스플린터넷(Splinternet)'의 모습에 가까워지고 있다.

지도 위의 경계선은 여전히 국가 간 국경을 표시하지만, 인터넷 상에서는 안보·검열·규제·제재 등 다양한 이유로 디지털 국경선이 다시 그려지고 있다. 미국 등 서방은 '클린 네트워크'와 각종 제재·수출통제를 통해 중국·러시아를 기술·네트워크에서 배제하는 전략을 추진하고, 중국·러시아는 '사이버 주권'을 내세워 자국 통제형 인터넷을 강화하며, 유럽연합(EU)은 GDPR과 디지털마켓법(DMA)·디지털서비스법(DSA) 등을 통해 개인정보 보호와 플랫폼 규제를 축으로 하는 '규제 중심 인터넷' 모델을 구축하고 있다.

8. 서로 다른 진실을 사는 인류

스플린터넷의 가장 큰 문제는 단순한 기술적 비호환성이 아니라 '진실의 분열'이다. 우크라이나 전쟁, 홍콩 시위, 대만 문제 등과 같은 사건을 두고도, 미국·EU 기반의 정보 환경과 중국·러시아 기반의 정보 환경이 제공하는 서사와 '팩트'는 근본적으로 다르다.

국경과 검열 장벽, 플랫폼 차단, 알고리즘 조정 등으로 상이한 정보 공간 사이의 교차 검증 채널이 줄어들수록, 오해와 적대감은 구조적으로 증폭된다. 냉전기의 베를린 장벽이 물리적 장벽이었다면, 오늘날의 만리방화벽과 각종 디지털 장벽은 알고리즘과 법·기술 인프라로 구성된 보이지

않는 장벽으로, 이를 넘으려는 시도 자체가 법적 처벌·기술적 차단의 대
상이 된다는 점에서 훨씬 견고하다.

9. 우리는 어디에 접속해 있는가

지금 당신의 화면에 펼쳐진 인터넷은 '전 세계'가 아니라, 당신이 사는
국가의 법·검열 체계와, 당신이 사용하는 플랫폼의 알고리즘이 허락한
'편집된 세계'다. 검색 결과, 추천 피드, 차단 목록, 국가별 콘텐츠 가용성
은 각기 다른 디지털 경계선을 그려낸다.

인터넷은 한때 인류를 하나의 공론장으로 묶는 끈으로 기대되었지만,
오늘날에는 오히려 서로 다른 규범·언어·이념·경제권에 따라 사람들을
작은 부족 단위로 묶고 가두는 거대한 디지털 구획·수용소로 변해 가고
있다.

[Off the Record: 기사 밖의 진실] 월드 와이드 웹(WWW)의 사망 진단서

2019년 베이징 수도 공항에 착륙해 스마트폰의 비행기 모드를 해제하
던 순간을 나는 잊지 못한다. 로밍 신호가 잡히는 순간, 내 폰에 설치된
앱의 절반이 중지됐다. 구글 지도는 백지가 되었고, 카카오톡은 전송 실
패를 띄웠으며, 유튜브는 무한 로딩에 걸렸다.

그것은 단순히 인터넷이 느려지거나 끊긴 것이 아니었다. 나는 물리적
으로는 지구에 있었지만, 디지털적으로는 '다른 행성'에 진입한 것이었
다. 그곳은 만리방화벽(Great Firewall)이라는 투명한 유리 돔으로 덮인
세계였다.

서구권 사람들은 중국인들이 정보가 차단된 감옥에서 고통받고 있을 거라고 착각한다. 하지만 내가 목격한 내부는 감옥이라기보다, 너무나 잘 꾸며진 '거대한 갈라파고스'였다. 구글이 없어도 바이두가 더 정확한 중국어 검색 결과를 내놓았고, 아마존이 없어도 타오바오에선 드론으로 배달을 해 줬다. 위챗 하나면 결제, 예약, 대화가 모두 해결됐다. 그 안의 14억 명은 벽 밖의 세상을 궁금해하지 않았다. 불편함이 없었기 때문이다.

이것이 바로 '스플린터넷(Splinter+Internet)'의 공포다. 인터넷이 파편 조각처럼 쪼개지고 있다. 1990년대 팀 버너스 리가 꿈꿨던 "전 세계가 하나로 연결된 망(World Wide Web)"은 사실상 사망 선고를 받았다. 이제 세계는 '미국 주도의 개방형 인터넷'과 '중국·러시아 주도의 통제형 인터넷'으로 두 동강 났다.

문제는 이 분열이 단순히 앱을 못 쓰는 불편함에서 끝나지 않는다는 점이다. '진실의 분열'이 일어난다. 똑같은 '천안문 사태'를 검색해도, 벽 안쪽에서는 '폭동 진압'이라는 역사가 뜨고, 벽 바깥쪽에서는 '민주화 운동 학살'이라는 역사가 뜬다. 서로 다른 검색 엔진과 알고리즘을 쓰는 두 문명은 이제 영원히 서로를 이해할 수 없는 지점으로 멀어지고 있다.

과거 냉전 시대의 '철의 장막'은 물리적으로 사람의 왕래를 막았지만, 라디오 전파는 넘나들었다. 하지만 지금의 '디지털 장막'은 데이터의 흐름 자체를 차단한다. 이제 중국의 청년과 미국의 청년은 같은 게임 서버에서 만날 수 없고, 같은 뉴스를 볼 수 없다. 그들은 서로를 '세뇌당한 외계인'으로 바라본다.

우리는 인터넷이 세계를 평평하게 만들 것이라 믿었다. 하지만 각국 정부가 디지털 주권을 외치며 국경마다 방화벽을 세우는 지금, 인터넷은 오히려 국수주의를 강화하는 가장 강력한 도구가 되었다.

지구는 하나지만, 인터넷은 이제 두 개다. 아니, 앞으로 더 잘게 쪼개질 것이다. 당신은 지금 어느 쪽 조각 위에 서 있는가? 그리고 반대편 조각에 있는 사람들과 대화할 언어가 남아 있는가? 소통의 도구였던 인터넷이, 이제는 거대한 단절의 벽이 되어 버렸다.

15장

라인(LINE) 사태

— 일본은 왜 한국 플랫폼을 삼키려 했나

1. 일본의 공기(空気)와 라인: 점령당한 인프라

2023년 11월의 어느 월요일 아침, 도쿄 신주쿠역. 거미줄처럼 얽힌 지하철 노선도를 따라 수백만 명의 직장인이 쏟아져 나온다. 그들의 손에는 예외 없이 스마트폰이 들려 있고, 화면에는 초록색 말풍선 앱이 켜져 있다. 라인(LINE)이다.

일본에서 라인은 단순한 메신저가 아니다. 인구 1억 2천만 명 중 약 9천만 명 이상이 사용하는 국민 메신저이며, 가족과의 대화, 회사의 업무 지시, 편의점 결제(라인페이), 지자체의 행정 서비스, 심지어 재난 시의 긴급 연락망까지 모두 라인 위에서 돌아간다. 한국의 카카오톡보다 더 깊숙이, 일본 사회의 모세혈관까지 장악한 '슈퍼 앱'이다.

하지만 이 거대한 인프라에는 일본인들이 애써 외면하고 싶어 하는, 혹은 잊고 싶어 하는 '불편한 진실'이 하나 있었다. 이 앱을 만들고, 서버를 관리하고, 기술을 주도하는 '어버이'가 일본 기업이 아닌 한국 기업 네이버(NAVER)라는 사실이었다.

일본 IT 업계에는 자조적인 말이 돈다.

"일본의 인터넷은 구글(검색), 아마존(쇼핑), X(구 트위터, SNS), 그리고 라인(메신저)에 점령당했다." 그중 유일하게 아시아 기업인 라인은 일본 소프트뱅크와 한국 네이버가 50 대 50으로 지분을 나눈 합작법인 형태로 운영되고 있었다. 일본 정부에게 이 50%의 한국 지분은 언제나 목에 걸린 가시였다.

2. 2023년 11월, 방아쇠가 당겨지다

위태로운 균형을 깬 것은 해킹 사고였다. 2023년 11월, 라인야후는 "약 51만~52만 건의 개인정보 유출 가능성이 있다."고 발표했다. 원인은 네이버의 클라우드 시스템이 해킹당하면서, 그와 연결된 라인의 전산망까지 뚫린 것이었다.

보안 사고는 IT 기업에서 종종 일어나는 일이다. 하지만 이번엔 분위기가 달랐다. 일본 언론과 여론은 '해킹' 그 자체보다 '어디서' 뚫렸는지에 주목했다. 범인은 우리나라의 네이버 클라우드였다.

"우리의 개인정보가 한국 서버를 통해 관리되고 있었단 말인가?" "일본의 국민 메신저가 한국 기업의 보안 허술함 때문에 뚫렸다."

잠재되어 있던 '디지털 안보 불안'이 폭발했다. 일본 우익 세력과 언론은 이를 놓치지 않았다. 그들은 라인을 '한국 기업이 지배하는 플랫폼'으로 프레이밍하며, 경제 안보의 관점에서 문제를 제기하기 시작했다.

도쿄 관가의 공기가 차갑게 변했다. 일본 총무성(MIC)의 관료들은 이 사건을 단순한 '사고 수습'이 아닌, 일본의 디지털 주권을 되찾아올 '절호의 명분'으로 인식하기 시작했다.

3. 전례 없는 요구: 경영권 간섭의 합법화

2024년 3월 5일, 일본 총무성은 라인야후에 대한 행정지도를 발표했다. 통상적인 행정지도라면 "보안 시스템을 강화하라."거나 "재발 방지 대책을 세우라."는 기술적 요구에 그쳐야 했다. 하지만 이날 총무성이 내놓은 문서에는 기업의 귀를 의심케 하는, 전례 없는 한 문장이 들어 있었다.

"네이버와의 자본 관계 재검토를 포함한 경영 체제의 발본적 재검토를 요청한다."

이것은 폭탄 선언이었다. '자본 관계 재검토'란, 쉽게 말해 네이버가 가진 지분을 팔고 나가거나 줄이라는 뜻이었다. 자유 시장 경제 국가에서 정부가 민간 기업의, 그것도 외국 기업의 지분 구조를 바꾸라고 명령하는 것은 극히 이례적인 월권 행위였다.

총무성의 논리는 치밀했다. "라인야후가 네이버에 기술적으로 종속되어 있고(위탁 관계), 동시에 네이버가 대주주(지배 관계)이기 때문에, 보안 문제가 발생해도 네이버에게 강력하게 시정을 요구하지 못한다. 따라서 지배 관계를 끊어야 보안이 확보된다."

표면적으로는 '보안'을 말하고 있었지만, 그 본질은 '주권'이었다. 일본 정부는 더 이상 자국의 핵심 인프라가 한국 기업의 통제하에 있는 것을 용납하지 않겠다는 의지를 드러낸 것이다. 이는 미국이 틱톡에게 "지분을 팔라."고 강요했던 논리와 정확히 일치했다. 바야흐로 '플랫폼 국유회'의 유행이 일본에도 상륙한 것이다.

4. 고립된 네이버: 믿었던 파트너의 침묵

네이버는 당황했다. 기술적 협력을 통해 보안을 강화하겠다고 제안했지만, 일본 정부는 요지부동이었다. 더 충격적인 것은 13년간 동고동락해 온 파트너, 소프트뱅크의 태도였다.

손정의 회장의 소프트뱅크는 네이버의 방패막이가 되어 주지 않았다. 오히려 미야카와 준이치 소프트뱅크 CEO는 결산 설명회에서 "총무성의 요청을 무겁게 받아들인다. 네이버와 지분 협상을 진행 중이다."라고 밝혔다.

사실상 일본 정부와 소프트뱅크가 '2인 3각'으로 네이버를 압박하는 모양새였다. 소프트뱅크 입장에서는 정부가 나서서 네이버의 영향력을 줄여 주는 상황을 활용해, 라인야후에 대한 경영 주도권을 강화하고, 라인의 2억 명 글로벌 사용자와 기술력을 온전히 자신의 것으로 만들 수 있는 기회로 삼고 있었다.

네이버는 도쿄라는 거대한 정글 한복판에 고립되었다. 기술은 네이버의 것이었지만, 시장과 권력은 일본의 것이었다.

5. 신중호의 퇴장: 상징을 지우다

압박은 지분 매각에만 그치지 않았다. '라인의 아버지'라 불리는 신중호 CPO(최고제품책임자)가 라인야후 이사회에서 물러났다. 그는 네이버 출신으로 일본에 건너가 맨땅에서 라인을 일궈낸 신화적인 인물이자, 라인야후 이사회에 남아 있던 유일한 한국인이었다.

그의 퇴진은 상징적이었다. 일본 측은 "기술적 책임자로서 해킹 사태에 책임을 지는 것"이라고 설명했지만, 한국 IT 업계는 이를 '라인의 일본화'

가 완성되는 단계로 받아들였다. 한국인 경영진을 배제하고, 이사회를 전원 일본인으로 채움으로써 의사결정 구조에서 네이버의 색채를 완전히 지우겠다는 의도였다.

6. A홀딩스: 잘못 끼워진 첫 단추?

사태가 이 지경에 이르자, 2019년 네이버와 소프트뱅크가 맺었던 '경영통합'이 재조명되었다. 당시 네이버의 이해진 창업자와 소프트뱅크의 손정의 회장은 "미국의 빅테크(GAFA)에 맞서기 위해 아시아 기업끼리 힘을 합치자."며 의기투합했다.

그래서 탄생한 것이 지주회사 'A홀딩스'였다. 네이버와 소프트뱅크가 A홀딩스 지분을 정확히 50 대 50으로 나누어 소유하고 있다. A홀딩스는 라인야후 지분의 약 64~65%를 보유한 최대주주이며, 이 구조가 곧 라인야후의 경영권을 결정한다.

50 대 50은 평화로울 때는 '대등한 협력'을 의미하지만, 갈등이 생기면 '교착 상태'를 의미한다. 그리고 네이버가 A홀딩스 지분을 1주라도 소프트뱅크에 넘기는 순간, 소프트뱅크가 최대주주가 되고, 라인야후의 경영 주도권이 일본 측으로 넘어가는 구조다.

일본 정부는 바로 이 50 대 50의 구조를 깨고 싶어 했다. 소프트뱅크가 단 한 주라도 더 가져가 네이버를 '2대 주주'로 밀어내고, 라인을 명실상부한 '일본 기업'으로 만드는 것. 그것이 총무성이 설계한 시나리오의 결말이었다.

7. 외교전으로 비화된 플랫폼 전쟁

한국 여론은 들끓었다. "죽 쒀서 개 줬다.", "정부는 뭐 하냐."는 비판이 쏟아졌다. 윤석열 정부는 한일 관계 개선에 공을 들이고 있었기에 곤혹스러웠다. 자칫 이 문제가 반일 감정을 자극하여 외교 분쟁으로 번지는 것을 경계했다.

하지만 야당과 IT 업계는 "이것은 단순한 기업 간 문제가 아니라 '기술주권' 침해"라며 정부의 강력한 대응을 촉구했다. 결국 대통령실과 외교부도 유감을 표명하며 일본 정부를 향해 "네이버의 의사에 반하는 불이익 조치는 안 된다."고 선을 그었다. 라인 사태는 기업의 비즈니스가 국가 간의 외교와 안보 논리에 얼마나 취약하게 휘둘릴 수 있는지를 보여 주는 리트머스 시험지가 되었다.

8. 봉합, 그러나 남겨진 과제

2024년 7월, 양측은 파국을 피하는 선에서 일시적 봉합을 선택했다. 네이버는 당장 지분을 매각하지 않기로 버텼지만, 라인야후와의 시스템 분리(네이버 클라우드와의 단절)를 가속화하고, 라인야후에 대한 경영 통제권을 사실상 내려놓는 수순을 밟았다.

네이버는 '지분'은 지켰을지 몰라도, 라인이라는 거대한 플랫폼에 대한 '영향력'은 잃었다. 라인야후는 기술적·경영적으로 네이버로부터 독립을 추진하며, 일본 정부와 소프트뱅크 주도의 '일본 기업화'를 본격화하고 있다. 일본 정부는 소기의 목적을 달성했다.

9. 일본의 각성: 디지털 패전 트라우마

이 사건의 본질은 일본의 '디지털 패전(Defeat) 트라우마'에 있다. 일본은 1980년대 전자 산업의 제왕이었지만, 인터넷·모바일 시대에는 미국의 구글, 애플, 그리고 한국의 삼성, 네이버에 안방을 내주었다.

기시다 후미오 정권은 이를 뼈아픈 안보 위협으로 인식했다. "전쟁이 나면 데이터가 끊길 수 있다." 그래서 일본은 막대한 보조금을 뿌리며 대만의 TSMC 공장을 유치했고, 이번엔 라인을 통해 자국 플랫폼을 확보하려 했다. 최근 일본이 추진하는 '소버린 AI(자국 데이터와 기술로 만든 AI)' 전략도 같은 맥락이다.

10. 플랫폼은 영토다

라인 사태는 우리에게 냉혹한 교훈을 남겼다. "국경 없는 인터넷의 시대는 끝났다."

과거에는 "좋은 기술을 만들면 세계 어디서든 통한다."고 믿었다. 하지만 이제 플랫폼은 영토로 간주된다. 외국 기업이 우리 국민의 데이터를 독점하고 인프라를 장악하는 것을, 강대국들은 더 이상 방관하지 않는다. 미국은 틱톡을 쫓아내려 하고, 유럽은 구글에 과징금 폭탄을 때리고, 일본은 라인을 국유화하려 한다.

네이버가 13년 동안 공들여 키운 라인이라는 영토는, '데이터 안보'라는 국경선 앞에서 쪼개지고 있다. 우리는 이제 기술력만으로는 지킬 수 없는, '데이터 지정학'의 시대를 살아가고 있나. 당신의 플랫폼은 이느 나리의 깃발 아래 있는가? 이 질문이 기업의 생존을 결정하는 시대가 되었다.

[Off the Record: 기사 밖의 진실] 플랫폼은 영토다, 그래서 침략의 대상이
된다

일본 도쿄에서 지진이 발생하면 사람들은 본능적으로 두 가지 행동을
한다. 책상 밑으로 숨는 것, 그리고 떨리는 손으로 '라인(LINE)'을 켜는 것
이다. 가족의 생사를 확인하고, 정부의 재난 경보를 확인하는 그 순간, 라
인은 단순한 메신저 앱이 아니라 일본 사회를 지탱하는 생명줄, 즉 인프
라가 된다.

바로 이 지점에서 일본 정부의 공포가 시작된다. "왜 우리 국민 1억 명
의 생명줄을 한국 기업(네이버)이 쥐고 있는가?"

2024년 불거진 라인 야후 사태는 겉으로는 개인정보 유출 사고에 대한
행정지도처럼 보였다. 하지만 내 눈에는 19세기 제국주의 시대의 '영토
분쟁'이 디지털 버전으로 재연되는 것처럼 보였다. 일본 총무성이 네이버
에게 지분을 팔고 나가라며 압박한 명분은 보안이었지만, 그 본질은 '디
지털 주권' 회복을 위한 국가적 실력 행사였다.

일본은 '디지털 패전국'이다. 소니와 파나소닉으로 세계를 호령했던 전
자 제국은 소프트웨어 시대에 완벽하게 적응 실패했다. 검색은 구글에,
쇼핑은 아마존에, 그리고 소통은 라인에 내주었다. 국가의 3대 디지털 영
토를 모두 외세에 뺏긴 셈이다. 특히 전 국민이 쓰는 메신저 서버의 관리
자 권한이 현해탄 건너 한국 엔지니어들에게 있다는 사실은 일본 보수 우
익에게는 악몽과도 같은 안보 위협이었을 것이다.

그래서 이 사태는 자본주의의 논리로는 설명되지 않는다. 주식회사의
지분 구조를 정부가 나서서 바꾸라고 강요하는 것은 자유시장 경제에서
있을 수 없는 일이다. 하지만 안보의 논리로는 설명이 된다. 영토를 수복

하기 위해서라면 국가는 시장의 규칙 따위는 가볍게 무시할 수 있다. 손정의 회장의 소프트뱅크가 일본 정부의 뒤에 숨어 네이버를 압박한 것은, 기업의 탐욕과 국가의 안보 불안이 절묘하게 맞아떨어진 합작품이었다.

우리는 이 사건을 통해 섬뜩한 교훈을 얻었다. 우리가 힘들게 만든 글로벌 플랫폼이라 할지라도, 그 나라의 '안보'를 건드리는 수준까지 성장하면 언제든 국유화되거나 강탈당할 수 있다는 사실이다. 틱톡이 미국에서 겪은 일이, 라인이 일본에서 겪은 일과 본질적으로 같은 이유다.

'플랫폼은 영토다.' 이 명제는 이제 비유가 아니라 현실이다. 네이버가 라인을 지키느냐 마느냐는 단순한 기업의 손익 계산을 넘어섰다. 그것은 한국이 디지털 영토를 확장하는 제국으로 남을 것인가, 아니면 기술만 제공하고 쫓겨나는 하청 국가로 전락할 것인가를 가르는 분수령이다.

라인 사태는 끝이 아니라 시작이다. 데이터가 곧 국력이 된 시대, 우방국끼리도 서로의 플랫폼을 뺏고 뺏기는 '디지털 식민지 쟁탈전'은 이제 막 막을 올렸다. 우리는 우리의 디지털 영토를 지킬 힘이 있는가?

16장

클라우드 주권

— 데이터의 국적을 묻다

1. 구름은 하늘에 있지 않다

2013년 12월, 미국 뉴욕의 연방법원. 마약 밀매 사건을 수사하던 미국 정부는 마이크로소프트의 아웃룩 이메일 계정을 대상으로, 계정 정보와 이메일 내용을 제출하라는 수색 영장을 발부했다.

MS는 해당 이메일이 미국이 아니라 아일랜드 더블린에 있는 데이터센터에 저장돼 있다며, 미국의 'SCA(Stored Communications Act)' 영장은 미국 영토 밖에 저장된 데이터에는 미치지 않는다고 맞섰다.

법정에서 핵심 쟁점은 디지털 시대의 새로운 질문으로 정리됐다. "데이터의 관할권은 서버가 있는 장소(속지주의)를 기준으로 할 것인가, 아니면 그 서버를 소유·통제하는 기업의 국적(속인주의에 가까운 관점)을 기준으로 할 것인가."

MS는 물리적 위치, 즉 서버가 있는 국가의 주권을 우선해야 한다고 주장했다. 만약 미국 수사기관이 자국 영장을 근거로 다른 나라 땅에 있는 데이터를 마음대로 가져갈 수 있다면, 전 세계 고객들이 미국 클라우드 기업을 불신하게 될 것이라는 우려도 함께 제기됐다.

이 사건은 1·2심과 항소를 거쳐 5년 가까이 이어졌고, 결국 미국 대법원으로 올라갔지만, 판결을 앞두고 전혀 다른 방식으로 결론이 나게 된다.

2. 2018년, 국경을 다시 그린 'CLOUD법'

2018년 3월, 미국 의회는 예산법 개정에 'CLOUD법'을 끼워 넣는 방식으로 통과시켰다.

이 법은 "미국 관할 통신서비스 제공자가 '소유·보관·통제'하는 정보라면, 그 데이터가 지구 어디에 저장되어 있든 SCA 절차에 따른 미국 영장에 응해야 한다."고 명시했다.

즉, 서버가 아일랜드·한국·브라질에 있더라도 그 서버와 계정을 실제로 운영·통제하는 주체가 미국 법의 적용을 받는 기업(MS, 구글, 메타, 아마존 등)이라면, 미국 수사기관은 특정 조건 아래 그 데이터 제공을 요구할 수 있게 된 것이다.

CLOUD법은 동시에 다른 국가와 '행정협정'을 체결해 상호 데이터 요청을 간소화하는 절차도 도입했다. 그러나 유럽을 비롯한 여러 나라에서는 "결국 미국이 자국 기업을 매개로 해외 데이터에 대한 관할권을 넓힌 것"이라는 비판과 우려가 제기됐다.

이 결과, MS 아일랜드 사건은 법원 판결이 아니라 "새 법에 근거한 새로운 영장 발부"로 사실상 종결되었고, 데이터 관할권 분쟁은 한 단계 더 복잡한 국제법·통상 문제로 넘어가게 되었다.

3. 한 오스트리아 청년의 소송: 막스 슈렘스

대서양 건너편 유럽연합(EU)은 점점 불편해졌다.

유럽인들은 프라이버시를 헌법상 기본권으로 여기는데, 페이스북 같은 미국 플랫폼에 맡긴 자신의 데이터가 미국 정보기관(NSA)의 감시 프로그램(PRISM 등)에 포착될 수 있다는 사실이 널리 알려지자, 분노와 불안이 동시에 커졌다.

오스트리아의 법학도 막스 슈렘스는 페이스북 아일랜드를 상대로 "미국은 EU 수준의 개인정보 보호와 사법적 구제 수단을 보장하지 못한다. 그런 나라로 EU 시민의 데이터를 이전하는 것은 EU 기본권과 데이터 보호법에 어긋난다."고 문제를 제기했다.

그의 문제 제기는 두 번의 역사적 판결로 이어진다. 2015년 '슈렘스 I' 판결에서 유럽사법재판소(CJEU)는 미국으로의 데이터 이전을 허용하던 '세이프 하버(Safe Harbor)' 체제를 무효화했다. 이어 2020년 7월, 이른바 '슈렘스 II' 판결에서 EU-US Privacy Shield 협정 역시 무효라는 결론을 내렸다.

CJEU는 미국 정보기관의 감시 권한이 과도하고, EU 시민이 미국에서 자신의 데이터 처리에 대해 실질적인 권리구제를 받기 어렵다는 점을 중점적으로 지적했다. 이 판결로 "미국으로의 데이터 전송이 기본적으로 불법이 됐다."기보다는, 이전을 허용하던 정치적·행정적 합의(프라이버시 실드)가 무너졌다고 보는 것이 정확하다.

4. 데이터 쇄국: GDPR의 철벽

슈렘스 II 판결은 유럽에 진출한 미국 빅테크에게 사실상 '규범적 핵폭탄'이었다.

EU-US Privacy Shield가 무효가 되면서, 더 이상 그 협정을 근거로 유럽 사용자 데이터를 미국 본사로 옮길 수 없게 됐기 때문이다.

유럽 일반개인정보보호법(GDPR)은 원래부터 EU 밖(제3국)으로의 데이터 이전에 엄격한 요건을 두고 있었다. 슈렘스 II 이후에는 표준계약조항(SCC)을 쓰는 경우에도, 수출 기업이 수입국(미국 등)의 감시 제도·법제를 평가하고, EU와 '실질적으로 동등한 수준'의 보호를 추가 조치로 구현해야 한다는 의무가 강조됐다.

그 결과, 유럽의 많은 기업·공공기관은 "미국 정부가 우리 데이터에 접근하지 못한다."는 것을 기술·계약·암호화 조합으로 입증하거나, 아예 유럽 내 인프라·유럽 사업자를 중심으로 클라우드를 재설계해야 하는 상황에 놓였다.

바로 이 지점에서 '데이터 주권'이라는 개념이 본격적으로 부상한다. 유럽은 "유럽 시민의 데이터는, 유럽 법이 실질적으로 지배력을 행사할 수 있는 곳에 있어야 한다."는 원칙을 내세우며, 데이터의 저장 위치와 관할 법제를 새로운 주권 문제로 끌어올렸다.

5. 가이아-X(Gaia-X): 디지털 독립운동

그러나 법과 판결만으로 현실은 쉽게 바뀌지 않았다.

유럽 시장에서 실제 클라우드 인프라를 장악한 것은 여전히 미국의 하이퍼스케일러(AWS, Microsoft Azure, Google Cloud)였고, 유럽 토종 클라우드(OVHcloud 등)는 존재하지만 규모·기술력·생태계 면에서 열세에 있었다.

독일과 프랑스는 2019년 '가이아-X(Gaia-X)' 프로젝트를 출범시키며, "미국·중국 빅테크에 종속되지 않는 유럽형 데이터·클라우드 인프라 생태계를 만들자."고 선언했다.

초기에는 일종의 '유럽판 클라우드'에 대한 기대도 있었지만, 현실적으로는 새로운 하이퍼스케일 인프라를 단기간에 만들기 어렵다는 한계가 드러났다. 결국 가이아-X의 주력 과제는 독자 인프라 구축보다는, 유럽 사업자와 글로벌 클라우드를 아우르는 "데이터 이동·호환성·거버넌스 규격"을 정의하는 방향으로 이동했다.

유럽은 이렇게 "법·표준·거버넌스"를 묶은 장기 전략을 통해, 인프라에서 밀리더라도 데이터의 규칙과 통제권만큼은 유럽이 주도하겠다는 쪽으로 초점을 옮기고 있다.

6. 타협점: 소버린 클라우드(Sovereign Cloud)

이 과정에서 등장한 것이 '소버린 클라우드(Sovereign Cloud)'라는 타협안이다.

핵심 아이디어는 단순하다. 기술은 글로벌 클라우드(구글, MS 등)의 것을 쓰되, 데이터센터의 물리적 위치·운영권·암호화 키·접속 권한은 해당 국가·지역 기업이 쥐는 구조다.

예를 들어 독일에서는 T-시스템즈(T-Systems)가 구글 클라우드 기술을 라이선스로 받아 독일 내 데이터센터에서 서비스를 운영하고, 암호화 키와 접근 권한을 독일 측이 관리해 구글 본사 엔지니어도 마음대로 데이터에 접근할 수 없도록 설계하는 모델이 논의·도입되고 있다.

이 모델은 "기술과 규모는 글로벌에서 빌려 쓰되, 법적·실질적 통제권은 자국 안에 두겠다."는 발상으로, 유럽뿐 아니라 여러 국가가 주목하는 대표적인 데이터 주권 모델 중 하나가 되고 있다.

물론 이것이 미국 법·정보요청의 위험을 완전히 제거해 주는 것은 아니다. 다만 저장 위치, 운영 주체, 암호화 키 관리를 분리함으로써, 각국이 "최소한의 통제권"을 회복하는 수단으로 활용하고 있다는 점이 중요하다.

7. 데이터 국지화의 확산

데이터 주권을 둘러싼 움직임은 이제 유럽을 넘어 세계 곳곳으로 확산됐다.

각국은 자국 시민·시장·안보에 중요한 데이터를 '국내 서버'에 두거나, 국외로 보낼 때 엄격한 심사를 거치도록 하는 데이터 국지화 정책을 강화하고 있다.

중국은 사이버보안법·데이터보안법·개인정보보호법(PIPL)을 통해, 중요정보기초시설(CIIO) 운영자와 '중요 데이터', 대규모 개인정보를 처리하는 자에 대해 국내 저장 의무와 국외 이전 시 국가안전심사를 요구하고 있다. 즉 "모든 데이터"가 아니라, 국가안보·공공이익과 직결된 범주에 대해 강한 로컬라이제이션을 직용하는 구조다.

인도는 중앙은행(RBI) 지침 등을 통해 결제·결제 관련 데이터는 기본적으로 인도 내 서버에 저장하도록 했고, 일부 업종에서는 국내 복제본을 둔 뒤 해외로도 이전할 수 있는 조합을 허용하는 방식으로 깅한 데이터 국지화를 운용한다.

사우디아라비아 역시 정부·공공 데이터는 국내 데이터센터에 저장하도록 요구하고, 민감한 부문에 대해서는 국내 클라우드·국내 리전을 우선하도록 설계하는 등, 데이터와 인프라를 자국 영토 안에 묶어 두려는 방향을 강화하고 있다.

인터넷 초기에 그려졌던 '국경 없는 사이버스페이스' 상상도는 점점 퇴색하고 있다. 클라우드 상의 데이터 흐름에도 이제 국경선과 완충 지대가 생기고 있고, 글로벌 서비스를 운영하는 기업들은 주요 국가마다 별도 리전·별도 규제 준수 체계를 갖춘 '파편화된 인프라'를 감당해야 하는 시대를 맞고 있다.

8. 한국의 CSAP: 디지털 빗장을 걸다

우리나라 역시 이 전선 한복판에 서 있다. 우리 정부는 공공기관이 민간 클라우드를 도입할 때 '클라우드 보안인증제(CSAP)'를 의무적으로 요구하고, 금융권도 유사한 기준을 적용해 왔다.

초기 CSAP는 공공용 서버와 일반 상용 서버의 물리적 망 분리, 국내 데이터센터·국내 법인, 특정 암호모듈·운영 요건 등 매우 강한 조건을 내걸어, AWS나 MS 같은 미국 하이퍼스케일러의 공공 시장 진입을 사실상 오랫동안 막는 효과를 가져왔다. 그 사이 네이버클라우드, KT클라우드 등 토종 사업자들은 공공·금융 영역을 중심으로 빠르게 성장했다.

미국 측은 무역보고서 등에서 CSAP를 "외국 클라우드 사업자에게 차별적 효과를 주는 규제 장벽"이라고 비판하며 지속적으로 완화를 요구해 왔다. 그러나 우리나라 입장에서는 단순한 산업 보호를 넘어, 휴전 상태의 안보 환경에서 정부·행정·국방과 연관된 데이터가 외국 기업·외국 법제의 영향력 아래 놓이는 것을 최소화하기 위한 '디지털 방어막'이라는 논리가 작동해 왔다.

한편 2022년 이후 CSAP에 등급제가 도입되면서 일부 요건이 완화되었고, 2024~2025년에는 Microsoft Azure, AWS 등 글로벌 클라우드도 상대적으로 민감도가 낮은 등급에 대해 인증을 취득하며 한국 공공 시장에 단계적으로 진입하기 시작했다. 우리나라는 이제 "디지털 주권·안보"와 "글로벌 클라우드 경쟁력·비용 효율" 사이에서 새로운 균형점을 다시 그리는 중이다.

9. 데이터에는 여권이 필요하다

이제 하나는 분명해졌다. 법적으로 데이터 그 자체에 '국적'이 부여되는 것은 아니지만, 데이터는 언제나 여러 국가의 법과 관할권이 겹치는 공간에서 떠다닌다. 서버가 어디에 있는지, 누가 그 서버와 키를 통제하는지, 데이터 주체가 어느 나라 시민인지에 따라, 그 데이터를 보호하거나 들여다볼 수 있는 법은 전혀 달라진다.

당신이 클라우드에 사진을 올리는 순간, 그 데이터는 한 국가의 영토와 법에서 또 다른 국가의 영토와 법으로 '이동'한다. 그 목적지가 미국 캘리포니아에 있는 데이터센터인지, 중국 구이저우의 빅데이터 단지인지, 아니면 한국 춘천의 서버룸인시에 따라, 당신의 프라이버시와 표현의 자유를 둘러싼 규칙과 위험은 완전히 달라진다.

국경과 영토는 더 이상 지도 위의 땅만을 의미하지 않는다. 서버의 위치, 운영자의 국적과 거점, 적용되는 법제의 조합 자체가 곧 새로운 안보와 주권의 경계가 된다. 클라우드 주권은 21세기 국가가 지켜야 할 새로운 영토권이자, 개인이 자신의 데이터를 둘러싼 선택을 고민해야 하는 새로운 정치 지형이 되었다.

[Off the Record: 기사 밖의 진실] 구름(Cloud)에도 여권이 있다

'클라우드(Cloud)'라는 작명은 IT 역사상 가장 시적인 동시에, 가장 기만적인 은유다. 구름은 국경 없이 자유롭게 하늘을 떠다닌다. 그래서 사람들은 내 데이터가 인터넷이라는 가상의 공간 어딘가에 자유롭게 존재한다고 믿는다. 하지만 이것은 환상이다. 데이터는 구름 속에 있지 않다. 24시간 에어컨이 돌아가는 시끄럽고 거대한 콘크리트 건물, 즉 데이터센터의 서버 안에 갇혀 있다.

그리고 그 서버가 '어느 나라 땅에 있는가', 혹은 '어느 나라 기업의 소유인가'에 따라 당신의 일기장과 기업의 기밀문서는 전혀 다른 운명을 맞이한다. 나는 이것을 "데이터에도 국적과 여권이 있다."고 표현한다.

2018년 미국이 제정한 '클라우드법(CLOUD Act)'은 전 세계 데이터 주권 전쟁의 방아쇠를 당겼다. 이 법의 핵심은 섬뜩하다. "미국 기업이 관리하는 데이터라면, 서버가 지구 어디에 있든 미국 정부가 압수수색할 수 있다."

이것이 무엇을 의미하는가? 한국 기업이 서울 상암동에 있는 데이터센터를 쓴다 해도, 그 클라우드 운영사가 아마존(AWS)이나 마이크로소프트(MS)라면, 그 데이터의 실질적인 주인은 한국 법원이 아니라 미국 법무부가 될 수 있다는 뜻이다. 디지털 세상에서 '치외법권'이 발생하는 순간이다.

이 위험성을 가장 먼저 깨달은 것은 아이러니하게도 독재 국가들이었다. 중국과 러시아는 일찌감치 "모든 자국민의 데이터는 반드시 자국 영토 안의 서버에 저장해야 한다."는 '데이터 현지화' 법을 만들었다. 서방 세계는 이를 폐쇄적이라고 비난했지만, 스노든의 폭로 이후 유럽조차 '가이아-X(Gaia-X)' 프로젝트를 띄우며 뒤늦게 데이터 독립을 외치고 있다. 미국 기업의 클라우드에 얹혀사는 한, 유럽의 디지털 산업은 영원히 미국의 식민지가 될 것임을 깨달았기 때문이다.

한국은 어떠한가? 우리 정부와 대기업의 핵심 데이터 상당수가 외국계 클라우드 위에서 돌아간다. 효율성과 보안성이 좋다는 이유에서다. 하지만 안보의 관점에서 묻는다. 전시에 미국이 국익을 이유로 서버 접속을 차단하거나, 데이터를 들여다보겠다고 요구한다면 우리는 거부할 힘이 있는가?

우리는 흔히 "인터넷엔 국경이 없다."고 말한다. 틀렸다. 인터넷에는 그 어느 곳보다 높고 견고한 국경이 존재한다. 단지 눈에 보이지 않을 뿐이다. 내 데이터가 저장된 하드디스크의 물리적 소유권이 누구에게 있는가. 그것이 곧 21세기의 주권이다. 남의 땅(서버)에 지은 집은, 집주인이 나가라고 하면 언제든 비워줘야 하는 월세방일 뿐이다. 우리는 지금 디지털 월세살이를 하고 있는가, 아니면 자가(自家)를 보유하고 있는가.

17장

사이버 용병

— 라자루스와 국가 주도 해킹 부대

1. 할리우드를 덮친 붉은 코드

2014년 11월 24일 월요일 아침, 미국 캘리포니아주 컬버 시티의 소니 픽처스 엔터테인먼트 본사. 출근한 직원들이 컴퓨터를 켜자마자 모든 모니터 화면이 붉게 변했고, 해골 그림과 함께 "Hacked by #GOP(Guardians of Peace)"라는 메시지가 떴다.

단순한 장난이 아니었다. 임직원 이메일, 연봉·인사 정보, 미개봉 영화 파일 등 방대한 기밀이 유출됐고 데이터 파괴형 악성코드까지 돌아 내부망이 사실상 마비됐다. 해커들은 자신들이 탈취한 데이터가 100테라바이트에 달한다고 주장했는데, 이는 정확한 공식 수치라기보다는 해커 측 주장에 기반한 추정이다.

공격 주체는 처음에는 '평화의 수호자(GOP)'라고만 알려졌지만, FBI는 수사 끝에 북한 정찰총국 산하 해킹 조직 '라자루스(Lazarus)'를 배후로 공식 지목했다. 이 사건은 단순한 기업 해킹을 넘어, 국가가 지원하는 해킹 부대가 글로벌 엔터테인먼트 기업을 직접 겨냥한 대표 사례가 되었다.

2. 영화 한 편 때문에?: 비대칭 전력의 공포

표면적 계기는 영화 한 편이었다. 소니 픽처스가 김정은 암살을 소재로 한 코미디 영화 〈디 인터뷰(The Interview)〉 개봉을 준비하자, 북한은 이를 "최고 존엄에 대한 모독"이자 "전쟁 행위"라고 비난했다.

FBI와 미국 정부는 이 영화가 북한의 사이버 보복을 촉발한 주요 동기라고 분석했고, 실제로 위협과 협박을 둘러싼 외교·안보 논쟁이 이어졌다.

이 사건이 던진 충격은 단순한 저작권 분쟁을 넘어섰다. 핵·미사일 국가지만 경제적으로는 고립된 북한이, 상대적으로 적은 비용과 인프라만으로 세계 최대 영화 시장의 핵심 기업을 무릎 꿇릴 수 있다는 사실이 입증된 것이다.

이것이 바로 '비대칭 전력'의 전형이다. 항공모함과 전투기를 갖추려면 천문학적 예산이 들지만, 고급 해커 부대를 유지하는 데 필요한 것은 상대적으로 적은 자원과 인력뿐이며, 북한에게 사이버 공격은 "가성비 최고의 전략 무기"로 자리 잡았다.

3. 방글라데시 중앙은행의 프린터 오류

소니 해킹이 '정치적 보복'의 성격이 강했다면, 2년 뒤 리자루스로 지목된 조직의 목표는 훨씬 직접적이었다. 바로 '현찰'이었다.

2016년 2월 어느 금요일, 방글라데시 중앙은행의 국제결제 담당 부서에서 SWIFT 거래 내역을 출력하던 프린터가 제대로 작동하지 않았다. 주말이 지나고 월요일에야 직원들은 뉴욕 연방준비은행(Fed)에 예치된

방글라데시 외환보유액 가운데 약 10억 달러에 해당하는 거액 송금 지시
가 승인돼 있었다는 사실을 발견했다.

공격자들은 단순한 피싱이 아니라 국제 금융통신망 SWIFT를 이용하는
은행 내부 시스템에 침투해, 수개월 동안 잠복하며 직원들의 업무 패턴과
보안 절차를 파악했다. 그런 뒤 주말·공휴일 타이밍을 골라 위조 송금 요
청을 연속 발송하는 정교한 시나리오로 공격을 실행했다.

4. 21세기형 해적 국가

다행히도 여러 송금 요청 가운데 한 문서에 "Foundation"을 "Fandation"
으로 잘못 적은 오타가 발견되면서, 연준과 중간은행에서 이상 징후로 감
지해 대부분의 거래가 차단됐다.

그럼에도 35건 중 5건의 지시가 실제로 실행되면서 총 1억100만 달러
가 빠져나갔고, 이 가운데 약 8,100만 달러는 필리핀 은행과 카지노를 거
쳐 자금 세탁된 뒤 사라진 것으로 조사됐다.

미국 재무부, FBI, 여러 보안업체는 이 공격의 배후에 북한 라자루스 그
룹이 있다고 지목했다. 과거에도 국가는 첩보 활동을 위해 해킹을 활용
해 왔지만, 제재를 받는 국가가 외화 확보를 위해 다른 나라 중앙은행의
준비금을 노리는 '사이버 강도' 전략을 시스템 차원에서 구사한 사례는 매
우 이례적이었다.

UN 제재와 경제 고립으로 돈줄이 마른 북한에게 사이버 공간은 사실
상 '디지털 ATM'이 되었다. 이들은 이제 은행뿐 아니라 암호화폐 거래소,
DeFi 프로토콜까지 노리며, 때로는 랜섬웨어를 활용해 몸값을 요구하는
방식으로 외화를 확보하고 있다.

블록체인 분석업체 체이널리시스와 UN 보고서에 따르면, 북한 연계 해커들이 2022년에만 탈취한 암호화폐는 추정치 기준 약 17억 달러로, 역대 최대 규모를 기록했다.

UN과 여러 연구는 이러한 암호화폐 탈취 수익이 북한의 핵·미사일 개발 자금으로 전용되고 있다고 분석하며, 제재 회피 수단으로서 사이버 범죄의 비중이 갈수록 커지고 있다고 경고한다. 우리가 거래하는 코인과 토큰이, 결국 극단적인 군사 프로그램의 연료로 전환되는 구조가 현실이 된 것이다.

5. 우크라이나의 암흑: 사이버가 물리적 타격을 입히다

북한이 '돈'과 '체제 체면'을 위해 해킹한다면, 러시아는 보다 노골적으로 '파괴'와 '전쟁'의 수단으로 사이버 공격을 활용한다는 평가를 받는다. 그 선봉에는 러시아 군사정보국(GRU) 산하의 '샌드웜(Sandworm, 일명 74455부대)'으로 알려진 그룹이 있다.

2015년 12월 23일, 우크라이나 한겨울. 여러 지역 배전사의 제어 시스템(SCADA)에서 마우스 커서가 저절로 움직이더니 차단기가 하나씩 내려가기 시작했다. 원격 침입한 해커들이 변전소를 통제해 버린 것이다.

그 결과 약 23만 명의 소비자가 1~6시간 동안 정전 피해를 입었고, 같은 시각 콜센터에는 분산서비스거부(DoS) 공격이 가해져 시민들이 장애를 신고조차 하기 어려운 상황이 벌어졌다.

이 사건은 "공개적으로 확인된 최초의 대규모 전력망 사이버 공격에 따른 정전 사고"로 기록됐다. 악성코드(BlackEnergy, KillDisk 등)와 원격 조작, 통신 방해가 결합되면서, 컴퓨터 화면 속 악성코드가 실제 물리적 인프라와 시민의 생존 환경을 위협하는 시대가 도래했음을 보여 준 상징적인 사건이었다.

6. 낫페트야(NotPetya): 역사상 가장 파괴적인 사이버 공격

샌드웜의 악명은 2017년 '낫페트야(NotPetya)' 사태로 정점을 찍었다.

우크라이나 회계 소프트웨어 M.E.Doc 업데이트 서버를 감염시켜 공급망을 통해 퍼진 이 악성코드는 겉으로는 랜섬웨어를 가장했지만, 실제로는 복구를 거의 불가능하게 만드는 파괴용 와이퍼에 가까웠다.

낫페트야는 우크라이나를 넘어 전 세계 기업망으로 번졌다. 덴마크 해운 거인 머스크(Maersk)는 4,000대 서버와 4만5,000대 PC 복구 작업에 나설 정도로 전산망이 마비됐고, 이에 따라 글로벌 물류·항만 운영이 일시적으로 중단됐다. 미국 제약사 머크(Merck) 역시 백신·의약품 생산과 영업이 중단되면서 약 8억7,000만 달러 규모의 손실을 주장했고, FedEx/TNT, 몬덜리즈 등 다수의 대기업도 막대한 피해를 입었다.

미국 백악관과 여러 연구는 낫페트야로 인한 전 세계 피해액을 총합 기준 최대 약 100억 달러로 추산한다. 정확한 '확정 액수'라고 보긴 어렵지만, 단일 사이버 공격으로는 역사상 가장 파괴적인 사례 가운데 하나로 평가되는 데 이견은 거의 없다.

러시아에게 사이버 공격은 이제 포격을 대신하는 현대전의 선제 수단이며, 포탄이 날아가기 전에 네트워크를 끊고 행정·물류 시스템을 혼란에 빠뜨리는 '하이브리드 전쟁' 교과서가 우크라이나에서 실전으로 전개되고 있다.

7. 중국의 APT 부대: 소리 없는 진공청소기

중국의 전략은 북한·러시아와 또 다르다. 중국 국가 지원 해킹 조직들은 파괴나 금전 갈취보다, 장기간에 걸친 '지식재산권(IP) 탈취'에 더 방점을 찍고 있다는 평가가 지배적이다.

APT10, APT41 등으로 알려진 주요 그룹은 선진국 정부·방산·제조·의료·IT 기업에 침투해 수년간 잠복하며, 반도체 설계도, 항공우주 및 방산 기술, 코로나19 백신 연구 데이터, 전기차 배터리·소재 데이터 등 핵심 기술 정보를 빼내 온 것으로 미국·영국 등 수사기관이 공소장에서 적시하고 있다.

이러한 공격은 일회성 침입이 아니라, 감지되지 않은 채 오랜 기간 지속되는 '지능형 지속 위협(APT)' 양상을 띤다. 미국 정부와 싱크탱크는 중국의 사이버 경제 스파이가 미국 경제에 초래한 피해를 연간 수천억 달러 수준으로 평가해 왔고, 장기적으로 중국 기업의 초고속 성장을 떠받친 숨은 배경 가운데 하나로 지목한다.

FBI 국장 크리스토퍼 레이는 "중국의 해킹 프로그램은 다른 모든 주요 국가를 합친 것보다 크고, 중국은 미국인의 개인·기업 데이터를 그 어느 나라보다 많이 훔쳤다."고 공개 발언했다.

이처럼 중국의 국가 지원 해킹은 '소리 없는 진공청소기'처럼 전 세계의 데이터를 빨아들이며, 단발적 사건이 아니라 구조적인 전략이라는 점에서 국제사회가 가장 장기적인 위협으로 인식하는 축 가운데 하나다.

8. 전장은 이미 당신의 책상 위에

사이버 전쟁이 특히 위험한 이유는 '확전의 모호성' 때문이다.

탄도미사일을 발사하면 곧바로 전쟁 행위로 규정되지만, 누군가 전력망을 해킹해 정전을 일으키거나, 중앙은행·거래소에서 거액을 빼내 가는 행위를 국제법상 어디까지 '무력 공격'으로 볼 것인지에 대해서는 여전히 논쟁이 이어지고 있다. 강대국들은 이 법적·정치적 회색지대를 이용해, 사이버 공간에서 상시적인 저강도 충돌을 벌이면서도 본격적인 전면전 문턱은 넘지 않으려 한다.

또한 국가가 직접 손에 피를 묻히지 않기 위해, '사이버 용병'이나 범죄 조직을 앞세우는 방식도 점점 더 일반화되고 있다. 러시아의 경우 자국 내 랜섬웨어 갱단에 사실상의 피난처를 제공하고, 이들이 공격 대상을 선택하는 과정에서 전략적 이해를 공유하거나 암묵적으로 조율하는 등 '국가-사이버범죄 동맹' 양상이 관찰된다는 연구가 다수 발표됐다.

이처럼 사이버 범죄와 국가 전략이 뒤섞인 환경에서는, 특정 랜섬웨어 공격의 피해자였던 기업이 알고 보면 어느 국가의 대외정책·전쟁 전략 속에서 간접 피해를 입은 민간인에 불과한 경우도 적지 않다.

우리는 아직 "제3차 세계대전이 발발했다."고 말하지 않는다. 그러나 전 세계 금융 시스템과 전력망, 물류, 병원 네트워크를 둘러싼 사이버 공간에서는 이미 매일 총성 없는 전쟁이 벌어지고 있다.

당신의 회사가 어느 날 갑자기 랜섬웨어에 걸려 비트코인을 송금할지 고민하게 된다면, 사실상 사이버 전장에서 벌어진 국가 간 갈등의 '민간인 피해자'가 된 것일지도 모른다.

[Off the Record: 기사 밖의 진실] 키보드를 든 군인, 그들은 강도인가 전사인가

우리는 '해커'라고 하면 후드티를 뒤집어쓰고 어두운 지하실에서 콜라를 마시는 천재 소년을 떠올린다. 할리우드 영화가 만든 환상이다. 하지만 내가 취재한 현실의 해커, 특히 국가의 깃발을 단 '사이버 용병'들은 번듯한 오피스 빌딩으로 출근해 정해진 일과표에 따라 움직이는 회사원이자, 군복을 입은 군인이다.

북한의 라자루스(Lazarus), 중국의 APT 그룹, 러시아의 팬시베어. 이들은 취미로 해킹하지 않는다. 그들은 국가의 명령을 받고, 국가의 월급을 받으며 국가의 목표를 위해 키보드를 두드린다.

이 지점에서 전쟁의 정의가 뒤집힌다. 과거의 전쟁은 돈을 쓰는 행위였다. 미사일 한 발에 수십억 원, 전투기 출격에 수천만 원이 든다. 가난한 나라는 부자 나라와 싸울 수 없었다. 하지만 사이버 전쟁은 다르다. 컴퓨터와 인터넷 연결만 있으면, 적국의 금융망을 털어 오히려 '돈을 벌어오는 전쟁'이 가능하다.

북한 김정은 국무위원장은 사이버 전력을 "핵, 미사일과 함께 우리 인민군의 만능의 보검"이라고 불렀다. 나는 이 말이 섬뜩할 정도로 정확한 통찰이라고 생각한다. 핵무기는 강력하지만 쏘면 다 같이 죽기 때문에 실제로 쓰기 어렵다. 하지만 해킹은 매일 써도 선전전으로 번지지 않는다. 게다가 훔친 암호화폐로 미사일 개발 자금까지 충당할 수 있다. 역사상 이토록 '가성비' 좋고 '안전한' 비대칭 무기는 없었다.

지금 이 순간에도 라자루스는 전 세계의 암호화폐 거래소와 은행, 심지어 코로나 백신 연구소를 공격하고 있다. 그들이 훔친 1조 원의 암호화폐

는 세탁 과정을 거쳐 평양의 미사일 발사대 위로 올라간다. 즉, 누군가가 투기 목적으로 산 비트코인이 해킹당해 사라졌다면, 그 돈은 지구 반대편에서 누군가를 죽이는 무기로 바뀌어 날아오르고 있는 셈이다.

문제는 '회색 지대'다. 미사일이 날아오면 누가 쐈는지 레이더에 잡히지만, 해킹은 "우리가 안 했다."고 오리발을 내밀면 그만이다. 심증은 있어도 물증을 잡기 어려운 이 디지털 안개 속에서, 국가 주도 해커들은 강도와 군인의 경계를 자유롭게 넘나든다.

우리는 사이버 보안을 단순히 '바이러스 백신을 까는 문제'로 생각한다. 하지만 라자루스의 존재는 보안이 곧 '국방'임을 보여 준다. 당신의 회사 서버를 뚫고 들어온 것은 좀도둑이 아니라, 적국의 정예 특수부대원일 수 있다. 총성이 들리지 않는다고 해서 평화로운 것은 아니다. 지금 인터넷 랜선 속에서는 24시간 치열한 약탈 전쟁이 벌어지고 있다.

4부

·

금융 데이터 전쟁: 자본의 알고리즘

18장

마윈의 몰락

— 앤트그룹 사태와 사라진 370조 원

1. 21세기 가장 비싼 연설

2020년 10월 24일, 상하이 와이탄 금융 서밋. 중국 국가 부주석과 인민은행 총재 등 금융 권력자들이 총출동한 자리에서, 알리바바 창업자 마윈이 연단에 올랐다.

그때의 마윈은 세상에서 가장 자신감 넘치는 경영자 중 한 명이었다. 그가 이끄는 핀테크 제국 '앤트그룹'은 불과 며칠 뒤인 11월 초, 상하이와 홍콩 증시에 동시 상장될 예정이었다.

앤트그룹이 계획한 공모 규모는 약 340억~370억 달러 수준으로, 당시 기준 인류 역사상 최대 규모 IPO로 평가됐다.

상장 후 예상 기업가치는 약 3,130억 달러(한화 약 350조 원)에 이를 것으로 추산됐고, 이는 사우디 아람코를 능가하는 기록이라는 분석이 나왔다.

그러나 마이크를 잡은 마윈의 입에서는, 관료들에게는 도발로 들릴 만한 말들이 쏟아져 나왔다.

"중국의 금융 시스템은 '전당포 사상(pawnshop mentality)'에 머물러 있다."

그는 국유 은행들이 담보가 없으면 돈을 빌려주지 않는 구시대적 관행에 젖어 있다고 비판하며, "바젤 협약은 노인 클럽의 규칙에 불과하다."고 꼬집었다.

이 연설은 이후 언론과 분석가들 사이에서 "역사상 가장 비싼 연설" 혹은 "수십억 달러짜리 연설"로 회자된다.

그 이유는, 이 연설이 중국 금융 규제당국의 심기를 정면으로 건드렸고, 이미 진행 중이던 핀테크 규제 강화 기조를 한꺼번에 폭발시키는 방아쇠가 되었다고 평가되기 때문이다.

2. 선을 넘은 자

이 연설의 주요 내용은 곧바로 베이징 중난하이(공산당 최고 지도부 거주·업무 구역)까지 보고된 것으로 알려져 있다.

관측통들 사이에서는, 마윈이 공개 석상에서 국가의 금융 통제 방식과 국제 규제 프레임을 동시에 조롱한 것이 시진핑 지도부를 강하게 자극했다는 분석이 지배적이나.

중국에서 금융은 단순한 산업이 아니다.

국가가 자원을 배분하고, 국유기업과 지방정부를 살리고, 전략 산업을 키우는 정책 집행의 혈관이자 '권력의 지갑'으로 기능한나'는 평가가 많다.

마윈은 빅데이터와 AI를 내세워, 국유 은행 중심의 관료적 금융 시스템이 낡았으며, 자신들의 알고리즘이 더 효율적인 자원 배분을 할 수 있다고 주장했다.

이는 단순한 금융혁신론을 넘어선다.

당 입장에서 보면, 국가 권력의 핵심 영역인 금융·데이터 통제를 민간 빅테크가 대체하겠다고 선언한 것으로 들렸을 수 있었다.

그래서 서구와 중국의 많은 분석은, 번드 서밋 연설을 "마윈이 선을 넘은 순간"이자, 당·국가가 "누구도, 그 어떤 기업도 당보다 클 수는 없다."는 메시지를 확인사살한 계기로 본다.

3. 역사상 가장 빠른 추락

상장을 불과 이틀 앞둔 2020년 11월 3일, 전 세계 투자자들은 믿기 어려운 뉴스를 접했다.

상하이 증권거래소가 앤트그룹의 커촹반(과학기술혁신판) 상장을 돌연 "중단"한다고 발표했고, 곧이어 홍콩증권거래소도 상장 연기를 공식화한 것이다.

그 전날인 11월 2일, 마윈과 앤트 경영진은 인민은행, 은행보험감독관리위원회(CBIRC), 증권감독관리위원회(CSRC), 외환관리국 등 주요 금융·규제 기관에 출석해 면담을 가졌다.

중국에서는 이런 소환을 '허차(喝茶, 차를 마시다)'라고 부른다.

공식적으로는 '행정 지도'이지만, 실질적으로는 수사·규제 기관이 문제 기업·인물을 불러 "엄중한 훈계"를 하는 자리로 통한다.

그 자리에서 구체적으로 어떤 대화가 오갔는지는 공개되지 않았다.

하지만 결과는 분명했다. "이번에는 상장할 수 없다."

역사상 최대 IPO로 불리던 잔치는 하루아침에 장례식장으로 바뀌었다.

상장이 무산되면서 앤트그룹의 예상 기업가치는 급락했고, 알리바바 그룹의 주가도 동반 폭락했다.

시장에서는, 상장 실패와 이어진 플랫폼 기업 규제 폭탄을 합쳐 앤트·알리바바 그룹에서 증발한 잠재 가치가 3,000억 달러(약 300조 원)를 넘는다는 평가도 나왔다.

물론 이 수치는 추산치다.

앤트 IPO가 계획대로 진행되었다면 형성됐을 수 있는 상장 가치와 이후 재평가를 가정한 것이기 때문이다.

그럼에도 번드 연설이 규제 당국의 반발을 촉발했고, 이미 준비 중이던 온라인 소액대출 규제·플랫폼 반독점 조치가 한꺼번에 쏟아져 나온 "기폭제"였다는 점에는 많은 분석이 의견을 같이 한다.

4. 마윈의 실종: 침묵의 형벌

상장 중단 이후, 마윈은 갑자기 공개 석상에서 모습을 감췄다.

각종 포럼과 TV 프로그램, 자선 행사에 빠짐없이 등장하던 그가 약 2~3개월 동안 공식 일정에서 사라지자, "실종설·구금설·망명설"까지 중국 안팎에서 무성하게 퍼졌다.

2021년 1월, 그는 농촌 학교 교사들을 대상으로 한 온라인 교육 활동에서 약 50초 분량의 영상으로 모습을 드러냈다.

영상 속 마윈은 비교적 차분했지만, 이전처럼 공격적인 발언을 쏟아내지는 않았다. 이후 그는 해외 체류, 은둔형 생활 등 여러 보도가 이어졌지만, 과거와 같은 전면적 공개 행보는 상당 기간 자제했다.

공식적으로 그가 '실종'되거나 '구금'됐다고 확인된 적은 없다.

그러나 중국 내외 관찰자들은, 이 갑작스러운 침묵과 퇴장을 정치적 메시지로 읽었다.

"어떤 거대 민간기업도, 어떤 스타 기업가도 당보다 클 수 없다."

5. 앤트그룹은 은행인가, 기술 기업인가?

중국 당국이 앤트그룹을 문제 삼은 이유는 단지 마윈의 '말버릇' 때문만은 아니었다.

보다 근본적인 불안은 사업 모델과 레버리지 구조, 그리고 규제 회피 가능성에 있었다.

앤트그룹의 핵심 서비스 '알리페이(Alipay)'는 단순한 결제 앱이 아니었다.

그 안에는 '제베이(Jiebei)'와 '화베이(Huabei)' 같은 소비자 대출 상품이 탑재돼 있었고, 사용자는 앱에서 몇 번만 터치하면 수 분 안에 상당한 금액을 빌릴 수 있었다.

문제는 대출 재원의 성격이었다.

앤트그룹은 직접 대출도 했지만, 상당 부분을 은행과의 합작 대출, 자산유동화(ABS) 등을 통해 조달했다.

즉, 자신들의 플랫폼·알고리즘·데이터를 이용해 고객을 선별하고 대출을 중개하면서, 필요한 자금은 주로 은행권과 투자자들의 돈을 활용해 레버리지를 키우는 구조였다.

규제 당국이 본 문제는 여기에서 발생했다.

앤트의 일부 소액대출 사업에서는 자기자본 대비 수십 배 규모의 대출을 중개할 수 있었고, 위험의 상당 부분은 은행과 투자자들이 부담하는 구조였다.

수익은 앤트가 중개 수수료와 오퍼레이션 이익으로 가져가지만, 대규모 연체·부실이 발생하면 손실은 은행권에 귀속되는 "수익은 민간, 리스크는 공공" 구조라는 비판이 제기됐다.

중국 은행보험감독관리위원회는 2020년 말 온라인 소액대출 규정을 발표하며, 이런 합작 대출에서 테크 플랫폼이 최소 자본 비율을 부담하고, 레버리지 비율을 크게 낮추도록 요구했다.

당국은 앤트와 같은 빅테크 금융을 "규제 밖의 그림자 금융"에 가깝다고 규정하고, "Tech"라는 이름으로 전통 금융 규제를 우회해 막대한 돈놀이를 해온 것으로 보았다.

이 지점에서 나온 질문이 바로 이것이다.

"앤트그룹은 금융회사인가, 기술회사인가?"

상장 심사 과정에서 중국 증권당국은 앤트가 스스로를 "테크 기업"으로 포장하여 은행과 같은 자본규제를 피하려 했다고 문제 삼았고, 결국 상장 중단 사유 중 하나로 이 정체성·규제 범주 논쟁이 공식 언급됐다.

6. 데이터는 누구의 것인가: 즈마 신용

앤트그룹에 대한 국가의 더 큰 불인은 데이터 독점에 있었다.

알리페이와 타오바오, 티몰 등 알리바바 생태계는 10억 명이 넘는 이용자의 소비·결제·신용 데이터를 쌓아왔고, 그 데이터로 만든 것이 바로 '즈마 신용(Sesame Credit)'이다.

즈마 신용은 구매 이력, 상점 평가, 대출 상환 패턴 등 민간 플랫폼에서 생성된 방대한 데이터를 기반으로, 개인별 신용 점수를 산출하는 시스템이다.

전통적으로 중국에서 개인 신용정보는 인민은행 산하 신용정보센터가 관리해 왔지만, 소비·전자상거래 영역에서는 알리바바·텐센트 같은 플랫폼이 훨씬 촘촘하고 실시간에 가까운 데이터를 확보했다는 평가가 많았다.

마윈은 "우리는 데이터를 통해 담보 없이도 신용을 평가할 수 있다."고 여러 차례 강조해 왔다.

이는 기술 혁신의 자랑처럼 들리지만, 공산당 입장에서는 다른 질문을 던지게 한다.

"인민의 소비와 행동, 신용을 평가·감시할 권한은 누구에게 있는가?"

중국 당국은 2010년대 후반부터 '데이터 안보'와 '데이터 주권'을 강조하며, 민간 빅테크의 데이터 독점을 국가 안보·사회 통제 리스크로 보기 시작했다.

앤트그룹이 10억 명 이상의 정밀한 신용 데이터를 사실상 독점하는 구조는, "국가의 신용·감시 인프라를 민간이 압도한다."는 의미로 해석될 여지가 있었다.

그 결과, 인민은행은 바이항(百行)신용평가 등 인가된 신용정보회사를 육성하며, 알리바바·텐센트 등 민간사가 보유한 일부 데이터를 공공 신용 인프라로 공유하도록 압박하기 시작했다.

앤트 사태 이후 이 흐름은 더 강화되어, 빅테크의 신용 데이터를 공공 인프라와 공유·결합하게 하는 정책 방향이 분명해졌다.

7. 앤트의 해체: 금산분리의 중국식 버전

앤트그룹에 대한 제재의 절정은 구조 재편이었다.

중국 인민은행과 금융당국은 앤트에 대해 '금융지주회사' 설립을 요구했다.

그동안 플랫폼·테크 기업으로 분류되어 상대적으로 느슨한 규제를 받던 앤트의 결제, 대출, 보험, 자산관리 등 금융 관련 사업을 모두 금융지주회사 아래 편입해, 은행 수준의 자본규제·감독을 적용하겠다는 뜻이었다.

이렇게 되면 앤트는 더 이상 "가벼운 플랫폼"이 아니다.

온라인소액대출, 마이크로크레딧, 결제 서비스를 포함해 금융 리스크를 지는 사업에는 막대한 자기자본 적립과 엄격한 레버리지 규제가 따라붙는다.

이는 중국식 금산분리·금융안정 강화 조치로, 빅테크의 금융 확장을 제도권 은행 틀 안으로 강제 편입한 셈이다.

데이터 측면에서도 중요한 변화가 있었다.

당국은 앤트가 독점하던 일부 신용·거래 데이터를 국가가 인가한 신용평가기관과 공공 신용 시스템에 공유하도록 압박했고, 빅테크의 데이터댐을 국가의 '공공 저수지'에 연결하는 방향으로 제도를 설계했다.

지배구조도 바뀌었다.

2023년 1월, 앤트그룹은 대대적인 지배구조 개편을 발표하며 마윈의 의결권을 약 50% 이상에서 6.2% 수준으로 낮추는 방안을 공개했다.

지분율 변화뿐 아니라, 관련 회사들의 파트너십 구조를 바꿔 마윈이 더 이상 앤트그룹을 사실상 지배하지 못하게 하는 것이 골자였다.

동시에 알리바바 그룹도 2023년 이후 "1개의 거대 그룹 → 6개 주요 사업 그룹·1개 사업 회사" 구조로 쪼개는 계획을 발표했다.

전자상거래, 클라우드, 물류, 로컬 서비스 등 핵심 사업부들이 독립된 법인·상장 후보로 분리되면서, 과거의 '알리바바 제국'은 상당 부분 분해되어 보다 분산된 구조로 재편되고 있다.

8. 데이터는 새로운 생산 요소

앤트 사태 이후 중국은 데이터의 위상을 아예 국가 전략 문서 수준에서 격상시켰다.

2020년 공산당·국무원의 중요 문건과 이후의 정책에서, 데이터는 토지·노동·자본·기술에 이은 '제5의 생산 요소'로 공식 규정됐다.

이는 단순한 수사가 아니다.

데이터를 단지 기업의 사적 자산이 아니라, 국가가 관리·배분해야 할 공공성 높은 생산 자원으로 본다는 선언이다.

민간 빅테크의 데이터 독점과 금융 확장이 국가 통제 범위를 넘어갈 조짐을 보이자, 중국은 이를 제도적·정치적으로 되돌려 세우는 방향을 택한 것이다.

이 흐름은 자연스럽게 국가 주도의 디지털 화폐, 즉 디지털 위안화(e-CNY)로 이어진다.

디지털 위안화는 알리페이·위챗페이 같은 민간 결제망에 대한 의존도를 줄이고, 통화 발행·거래 데이터·결제 인프라를 다시 국가의 직접 통제 아래 두려는 시도로 해석된다.

결제 네트워크와 데이터, 신용평가 인프라를 모두 국가가 장악하면, 민간 플랫폼이 국가보다 더 많은 정보를 갖고 더 큰 영향력을 행사할 여지를 줄일 수 있기 때문이다.

이렇게 보면, 마윈의 몰락은 한 개인의 비극을 넘어선다.

그것은 디지털 자본주의가 국가 권력 앞에서 어디까지 허용되는지, 국가가 언제 어떤 방식으로 칼을 빼드는지를 보여 준 상징적 사건이다.

중국은 이 칼을 가장 먼저, 가장 강하게 휘둘렀을 뿐이고, 이후 여러 나라가 빅테크 규제, 데이터 주권, 디지털 통화로 비슷한 질문에 답하려고 움직이고 있다.

[Off the Record: 기사 밖의 진실] 공산당은 자신 이외의 '빅브라더'를 허락하지 않는다

2020년 10월 24일, 상하이 와이탄 금융 서밋. 연단에 오른 마윈의 목소리는 평소보다 조금 더 가늘게 떨리고 있었다. 그는 중국의 국영 은행들을 향해 "전당포 영업 관행에서 벗어나지 못했다."고 일갈했다. 담보가 있어야만 돈을 빌려주는 낡은 방식 대신, 빅데이터로 신용을 평가하는 자신들의 방식이 미래라고 선언한 것이다.

서방 언론은 이 발언을 '혁신가의 소신'이라고 칭송했다. 하지만 베이징의 기류를 아는 나는 등골이 서늘했다. 그것은 혁신의 언어가 아니라, 중국 공산당 지도부의 역린을 건드리는 '반역의 언어'였기 때문이다.

마윈의 자신감은 '데이터'에서 나왔다. 알리바바의 앤트그룹은 10억 명 중국인의 지갑을 쥐고 있었다. 누가 어디서 무엇을 먹고, 누구에게 돈을 보내는지, 국영 은행보다 더 정확하게 알고 있었다. 그들은 이 방대한 데이터를 무기로, 단 3분 만에 대출을 승인해 주는 시스템을 만들었다. 담보 없는 서민들에게 그것은 축복이었지만, 공산당에게 그것은 통제 불가능한 '대안 금융 시스템'의 등장이었다.

중국에서 금융은 단순한 산업이 아니다. 공산당이 국가를 통치하는 핵심 '돈줄'이다. 당이 국영 은행을 통해 부실 국영 기업에 돈을 대주고, 원하는 곳에 자본을 뿌려야 체제가 유지된다. 그런데 일개 사기업이 국가보다 더 강력한 데이터 장부를 쥐고, 국가의 통제를 받지 않는 돈을 뿌리기 시작한 것이다.

마윈은 착각했다. 자신이 만든 '디지털 제국'이 공산당의 '정치적 제국'과 공존할 수 있다고 믿었다. 하지만 중국 공산당의 제1 원칙은 "당(黨)보다 강력한 조직은 존재할 수 없다."는 것이다. 그것이 종교든, 군대든, 혹은 빅테크 기업이든 예외는 없다.

결국 370조 원 규모의, 인류 역사상 최대가 될 뻔했던 앤트그룹의 상장은 불과 48시간을 앞두고 취소되었다. 마윈은 실종설이 돌 만큼 철저히 자취를 감췄다. 이것은 단순한 규제가 아니었다. "데이터의 주인은 알리바바가 아니라 국가"라는 것을 만천하에 공표한 공개처형이었다.

이 사건은 전 세계 핀테크 역사에 뚜렷한 분기점이 되었다. '혁신'이라는 이름으로 방치되었던 플랫폼 기업의 금융 진출이, 국가의 '화폐 주권'을 위협하는 단계에 이르렀음을 보여 주었기 때문이다.

마윈의 몰락은 우리에게 묻는다. 기술 기업이 중앙은행보다 더 많은 데이터를 가지고, 더 효율적으로 자본을 배분할 때, 국가는 과연 그 권력을 용인할 것인가? 중국은 가장 거칠고 폭력적인 방식으로 "아니오."라고 대답했다. 이제 미국과 한국이 대답할 차례다.

19장

디지털 위안화(e-CNY)

— 프로그래밍 가능한 돈

1. 2022년 2월, 올림픽 선수촌의 낯선 지갑

2022년 베이징 동계올림픽의 '폐쇄 루프' 안에서 외국 선수·기자들은 특이한 결제 환경을 만났다. 경기장과 선수촌 등 공식 공간에서는 비자(Visa) 카드, 현금 위안화, 그리고 중국 인민은행(PBOC)이 발행한 디지털 위안화(e-CNY) 세 가지만 결제수단으로 허용됐다. e-CNY는 스마트폰 앱뿐 아니라, 카드나 손목 밴드 같은 하드웨어 지갑으로도 제공돼 QR 코드·NFC로 결제할 수 있었다.

중국 정부는 이미 2020년부터 선전·쑤지우 등지에서 e-CNY 시범을 돌려 왔지만, 베이징 동계올림픽을 통해 처음으로 내규모 국제 관객에게 이 새로운 화폐를 체험시키려 했다. 알리페이와 위챗페이가 사실상 장악한 중국 결제 시장에 중앙은행이 직접 발행하는 디시털 법정통화를 공식적으로 끼워 넣는, 상징적인 무대였다.

2. 국가는 눈이 멀었다: 알리페이의 장벽

중국은 이미 세계에서 현금 사용 비중이 가장 낮은 국가 중 하나로, 도시 일상 결제의 상당 부분을 알리페이·위챗페이가 처리한다. 그 결과, 거래 데이터와 소비 행태 정보가 소수 빅테크의 인프라에 집중됐고, 규제당국은 리스크 관리와 데이터 주권 측면에서 우려를 키웠다.

인민은행과 BIS 자료는 e-CNY의 목표 중 하나로 "민간 전자결제 수단에 과도하게 의존하는 구조를 완화하고, 공공성을 갖춘 디지털 지급결제 인프라를 제공"하는 것을 명시한다.

앤트그룹 상장 중단 사태는 플랫폼 금융 리스크, 신용·자산관리상품 규제 회피, 대주주 지배구조 등 복합 요인의 산물이지만, "국가의 기본 화폐·지급 인프라에 대한 통제력을 민간 플랫폼과 어떻게 재조정할 것인가."라는 정치경제적 문제의식이 그 배경에 깔려 있었다는 분석이 많다. e-CNY는 민간 앱을 거치지 않고도 중앙은행이 국민의 전자 지갑에 직접 돈을 넣고, 필요시 거래 흐름을 보다 직접적으로 파악할 수 있는 수단으로 설계되고 있다.

3. 이것은 암호화폐가 아니다

많은 이들이 디지털 위안화를 비트코인 같은 암호화폐와 혼동하지만, 두 시스템의 철학과 구조는 거의 정반대다.

비트코인은 탈중앙 네트워크·고정 발행량·정부 불개입을 지향하고, 주소 기반의 익명성을 제공하지만 블록체인 분석을 통해 실제 신원과 연결될 수 있다는 점이 반복해서 입증됐다. 반면 e-CNY는 중앙은행이 발행하는 디지털 법정통화로, 은행·지급기관이 운영에 참여하는 이단계

(Two-tier) 구조 위에서 발행량과 거래 규칙이 모두 정책당국의 통제 아래 있다.

인민은행은 e-CNY의 개인정보·프라이버시 정책을 '관리되는 익명성'이라고 부르며, "소액은 익명성, 고액은 추적 가능성"이라는 원칙을 공식 문서에 제시한다.

구체적으로는 KYC 수준에 따라 여러 단계의 지갑이 존재하고, 소액 지갑은 휴대전화 번호만으로도 발급돼 거래 정보가 상인·제3자에 과도하게 노출되지 않도록 설계하는 한편, AML·테러자금조달·조세 회피 방지를 위해 고액·의심 거래는 인민은행과 관련 기관이 조회·추적할 수 있게 만든다는 구조다. 즉, 상인에게는 내 신원이 보이지 않을 수 있지만, 필요 시 국가에는 연결될 수 있는 "부분 익명·완전 추적 가능" 통화다.

4. M0의 디지털화: 현금 없는 사회의 심화

인민은행은 e-CNY를 "현금(M0)의 디지털 버전"으로 정의하며, 은행 예금(M1·M2)을 대체하기보다, 지폐·동전 수요를 보완·부분 대체하는 것을 목표로 한다고 밝힌다. 목적은 위조지폐 방지, 현금 발행·유통 비용 절감, 지급결제 효율 제고, 포용 금융 확대, 그리고 모바일 결제 인프라의 공공성 강화 등이다.

현금은 원칙적으로 추적이 어렵지만, e-CNY로 전환되는 순간 모든 거래는 시스템 상에 시간·금액·지갑 정보 등 로그가 남게 된다. 중국이 꿈꾸는 질서는 종종 "지하 경제·탈세·도박·뇌물·자본 유출을 완진히 봉쇄하는 투명 감옥"으로 묘사되지만, 현실적으로 현금·해외 자산·다른 암호자산 등 우회 수단이 존재하는 이상 '완전 차단'보다는 '통제·감시 능력의 비약적 강화'에 가깝다. 그럼에도 거래 데이터가 중앙은행·국가에 집중될수록 시민의 경제적 프라이버시는 줄어들고, 금융 행태가 통치·규율의 수단으로 활용될 여지는 커진다.

5. 썩는 돈: 유통기한의 가능성과 현실

디지털 위안화의 가장 큰 특징이자 논쟁점은 '프로그래밍 가능성'이다.

CBDC 논의에서는 오래전부터, 디지털 화폐에 스마트 컨트랙트나 정책 조건을 심어 특정 시점·시나리오에서 자동으로 행동하게 만드는 설계가 가능하다는 점이 강조되어 왔다. 예를 들어 경기 침체 시 정부가 재난지원금을 e-CNY로 지급하면서 "이 돈은 한 달 안에 사용하지 않으면 효력이 상실된다."거나, "특정 업종·지역에서만 사용 가능하다."는 조건을 부여하는 구상이 대표적이다.

중국 일부 지방정부는 실제로 e-CNY 기반 소비쿠폰·보조금을 배포하며 사용 기간과 업종을 제한하는 시범사업을 진행했다. 다만 현재까지 공개된 정보에 따르면, 일반 e-CNY 잔액 전체에 일괄적인 '유통기한'을 부여해 강제 소비를 유도하는 국가 정책이 도입된 적은 없다.

즉, "썩는 돈"은 CBDC와 e-CNY의 기술적·정책적 잠재력을 설명하는 데 유효한 비유이지만, 지금 시점에서 이미 상시 구현된 기능으로 단정하기보다는 "정책이 마음먹으면 구현 가능한 옵션" 정도로 구분해 서술하는 것이 정확하다.

6. 용도 제한: 당신은 술을 살 수 없다?

프로그래머블 머니의 또 다른 핵심은 용도 제한이다.

기술적으로 중앙은행이나 정부는 특정 재원을 e-CNY로 지급하면서, "이 돈은 비료·종자·농약 등 농업 투입재에만 사용 가능", "지정된 상점·카테고리에서만 사용 가능", "도박·사치품 카테고리에서는 결제 불가" 같은 규칙을 넣을 수 있다. 실제로 일부 도시에서는 e-CNY 소비쿠폰이 지정 가맹점·업종에서만 사용할 수 있도록 설계되기도 했다.

2021년 허베이성 슝안신구에서는 건설 노동자 임금을 e-CNY로 지급하는 프로젝트가 진행됐다. 당국은 이를 통해 하청업체가 임금을 체불·유용하지 못하게 하고, 노동자에게 직접·투명하게 지급하는 효과를 강조했다.

이론적으로는 반체제 인사 A씨의 전자지갑에 "반경 5km 밖에서는 결제 불가", "고속철·항공권 구매 불가"와 같은 조건을 걸어, 통화 자체가 전자발찌·이동통제 수단으로 기능할 수 있다는 우려도 제기된다. 그러나 이런 시나리오는 현재 e-CNY 운영에서 실제로 확인된 사례가 아니라, 프라이버시·인권 단체와 학계가 CBDC에 대해 제기하는 "잠재적 악용"에 가까운 가정이다.

7. SWIFT를 우회하라: 디지털 일대일로와 mBridge

중국이 디지털 위안화를 추진하는 대외적 배경에는 미국 달러·SWIFT 중심 국제금융 체제에 대한 구조적 불신이 자리한다는 분석이 많다.

러시아가 우크라이나 침공 이후 일부 은행이 SWIFT에서 배제되며 금융 제재 충격을 겪은 사례는, 중국 정책 연구에서 "달러망에 대한 과노한 의존은 전략적 취약성"이라는 문제의식을 강화했다. e-CNY는 인터넷만 연결되면 상대방 지갑으로 직접 송금할 수 있어, 원칙적으로는 기존 은행

간 메시징 시스템(SWIFT)을 경유하지 않는 위안화 결제 경로를 제공할 수 있다.

이를 뒷받침하는 프로젝트 중 하나가 'Project mBridge'다. BIS 혁신허브 홍콩센터, 홍콩금융관리국(HKMA), 인민은행 디지털화폐연구소, 태국·UAE·사우디 중앙은행 등이 참여한 mBridge는 다수의 CBDC를 하나의 분산원장 플랫폼에 연결해 실시간 저비용 국경 간 결제를 구현하려는 프로젝트로, 2022년 실거래 파일럿을 거쳐 2024년 최소기능제품(MVP) 단계에 도달했다. 이런 인프라가 확산되면 각국이 달러·SWIFT 의존도를 낮출 수 있고, 특히 아시아·중동·일대일로 국가들 사이에서 위안화 기반 결제의 비중을 높이는 효과를 노릴 수 있다.

다만 mBridge 자체는 BIS와 참가 중앙은행들이 각국의 제재·AML·CFT 규범을 존중하는 틀 위에서 설계되고 있고, 미국 금융제재 전체를 "무력화"한다고 보기는 과장된 평가라는 지적도 많다. 보다 정확하게는, "달러 중심 제재의 효과를 부분적으로 우회·약화시킬 수 있는 선택지를 넓힌다." 정도의 표현이 맞다.

8. 1984의 텔레스크린은 지갑 속에 있다

조지 오웰의 소설 《1984》에서는 집집마다 텔레스크린이 설치돼 시민을 감시했다. 21세기 중국에서는 감시 인프라의 상당 부분이 벽이 아니라 스마트폰 안, 그리고 그 속의 전자 지갑으로 옮겨가는 중이라는 우려가 제기된다. e-CNY는 위조지폐가 없고, 결제 수수료가 낮으며, 오프라인 결제 등 기술적으로 효율적인 기능을 제공하는 동시에, 거래 기록이 중앙 시스템에 축적된다는 점에서 경제적 프라이버시를 크게 축소할 수 있다.

인민은행은 e-CNY 설계에서 "소액 익명·고액 추적", 정보 최소 수집, 운영기관과 중앙은행 간 정보 분리·방화벽 등 데이터 보호 장치를 강조하며, "무제한 실시간 감시"라는 비판을 반박하고 있다.

그러나 국제기구와 학계, 인권 단체들은 e-CNY가 이미 강력한 감시 카메라·실명제·플랫폼 데이터 규제 등과 결합될 경우, 시민의 소비 패턴, 이동, 사회 관계망까지 통합적으로 프로파일링하는 통치 도구가 될 수 있다고 경고한다.

중국의 CBDC 실험은 중국 안에서만 끝나지 않고, 한국은행을 포함한 세계 각국 중앙은행이 자체 CBDC를 연구·파일럿하는 과정에서 중요한 선례·참고 사례로 활용되고 있다. 중국의 오늘이, 디지털 화폐를 도입하려는 전 세계의 복잡하고 불투명한 내일을 비추는 거울이 될 수 있다는 점이 이 실험이 가지는 진짜 의미다.

[Off the Record: 기사 밖의 진실] 내 돈에 '유통기한'이 찍히는 날

베이징 특파원 시절, 나는 지갑을 들고 다니지 않았다. 노점상에서 군고구마를 살 때도, 백화점에서 옷을 살 때도 스마트폰 QR코드 하나면 충분했다. 알리페이와 위챗페이가 만든 '현금 없는 사회'는 놀랍도록 편리했다. 하지만 중국 정부가 내놓은 디지털 위안화(e-CNY)는 그 편리함 뒤에 숨겨진 서늘한 칼날을 품고 있다.

많은 사람이 묻는다. "이미 알리페이가 있는데 왜 굳이 국가가 직접 디지털 화폐를 만드는가?" 답은 간단하다. 알리페이의 데이터는 마윈이 보

지만, 디지털 위안화의 데이터는 중국 공산당 시스템이 보기 때문이다. 더 정확히 말하면, 디지털 위안화는 단순한 결제 수단이 아니라 '프로그래밍 가능한 돈'이다.

이 개념이 현실화되면 디스토피아 영화 같은 일들이 벌어진다. 가장 대표적인 것이 '돈의 유통기한'이다. 경기 침체가 오면 정부는 국민들에게 디지털 위안화를 지급하며 이렇게 코드를 심을 수 있다. "이 돈은 일주일 안에 쓰지 않으면 사라집니다."

돈의 3대 기능 중 하나인 '가치 저장'의 기능이 삭제되는 순간이다. 내 자산이 내 의지와 상관없이 국가의 경제 성장률 목표를 맞추기 위해 강제로 소비되어야 하는 '쿠폰'으로 전락한다. 저축은 불가능해지고, 시민은 국가가 원할 때 돈을 써야 하는 소비 기계가 된다.

통제의 범위는 시간뿐만 아니라 '공간'과 '품목'으로도 확장된다. 정부는 특정 디지털 화폐가 "베이징 내에서만, 그리고 식료품을 사는 데만 쓰이도록" 설정할 수 있다. 만약 당신이 정부가 싫어하는 서적을 사거나, 허가받지 않은 단체에 기부하려 한다면? 결제 버튼을 누르는 순간 "승인되지 않은 거래입니다."라는 메시지와 함께 계좌가 동결될 수 있다.

현금의 가장 큰 미덕은 '익명성'이다. 내가 1만 원짜리 지폐로 무엇을 사든, 그 지폐는 주인에게 아무런 정보를 남기지 않고 떠난다. 하지만 디지털 위안화는 꼬리표가 달린 돈이다. 이 돈이 언제 발행되어 누구의 손을 거쳐 어디로 흘러갔는지, 중앙은행의 슈퍼컴퓨터는 모든 경로를 실시간으로 파악한다.

내 주머니 속에 돈이 들어있지만, 그 돈의 진짜 주인은 내가 아니라 중앙 서버의 관리자다. 관리자가 스위치를 끄면, 나는 억만금의 자산을 가지고도 물 한 병 살 수 없는 거지가 된다.

화폐는 자유의 상징이었다. 노동의 대가로 받은 돈을 어디에 쓸지, 언제 쓸지 결정하는 것은 개인의 고유한 권리였다. 하지만 디지털 위안화의 등장은 이 자유의 종말을 예고한다.

편리함이라는 미끼를 물면, 우리는 영원히 감시받는 지갑을 차게 된다. 당신의 돈은 지금 자유로운가, 아니면 언제든 사라질 준비가 된 코드 덩어리인가?

20장

달러의 디지털화

— 스테이블 코인과 미국의 반격

1. 파월의 신중함: "빠른 것보다 올바른 것이 중요하다"

베이징 동계올림픽을 전후해 중국이 디지털 위안화(e-CNY)를 앞세워 CBDC(중앙은행 디지털화폐) 기술력을 과시할 때, 글로벌 시선은 자연스럽게 미국 연방준비제도(Fed)의 제롬 파월 의장에게 향했다. 질문은 단순했다. "미국은 언제 디지털 달러를 내놓을 것인가?"

파월의 대답은 일관됐다. "우리의 목표는 첫 번째가 되는 것이 아니라, 올바르게 하는 것입니다."

미국이 디지털 달러 출시를 서두르지 않는 이유가 기술 부족 때문은 아니다. 연준과 의회, 시민사회가 동시에 제기하는 우려는 크게 네 가지다. 금융 프라이버시, 금융 안정성(뱅크런·예금 이탈), 통화정책 파급, 그리고 사이버 보안 위험이다. 특히 "중앙은행이 국민 개개인의 거래 데이터를 직접 들여다보는 구조는 미국식 자유·권리 체계와 어긋난다."는 정치적 반발이 강하다.

공화당 하원 원내총무 톰 에머는 대표적인 '반(反) CBDC' 정치인이다. 그는 "감시형 CBDC는 디지털 독재의 도구가 될 수 있다."며, 연준이 개인에게 직접 CBDC 계좌를 제공하거나, 사실상 리테일 CBDC를 운용하는 것을 금지하는 법안을 발의했고, 2025년에는 하원을 통과시키는 데 성공했다. 이 법안은 "연준이 개인 계좌를 보유하고 거래를 실시간으로 추적하는 구조의 CBDC는 허용할 수 없다."는 메시지를 법제화한 상징적 사건으로 평가된다.

그 사이 중국의 e-CNY는 '관리되는 익명성'을 표방하며 기술 구현을 가속해 왔다. 소액·일상 결제에는 일정 수준의 익명성을 제공하지만, 법 집행 목적과 금융안정, 자금세탁 방지를 위해 중앙은행과 국가가 필요시 거래를 추적·통제할 수 있는 구조다. 서방 인권단체와 프라이버시 옹호 단체는 이를 "강력한 감시 인프라로 전환될 수 있는 설계"라며 경계한다.

이처럼 중국이 "기술·실행"에서 선두를 달리는 동안, 미국은 "헌법·시장 구조와 양립할 수 있는 모델을 어떻게 만들 것인가."라는 난제를 풀지 못한 채 워싱턴의 시계가 더디게 움직이는 듯 보였다.

2. 실리콘밸리의 구원 투수: 민간이 만든 달러

정부의 발걸음이 느려지는 사이, 시장은 한발 먼저 움직였다.

"정부가 국민과 세계에 디지털 달러를 제때 제공하지 못한다면, 민간이 대신 만들 수는 없을까?"라는 질문에, 실리콘밸리와 크립토 스타트업들이 실제 답을 내놓기 시작한 것이다.

테더(Tether)와 서클(Circle)이 발행하는 USDT, USDC 같은 달러 페깅 스테이블코인은 1코인이 1달러 가치에 최대한 근접하도록 설계된 토큰이다. 블록체인 위에서 이동하지만, 그 가치는 은행 예금, 미국 국채, 현금성 자산 등 실물 달러 표시 자산에 의해 뒷받침된다. 설계 목표는 "항상 1달러"지만, 시장 불안 시에는 일시적 디페깅(1달러 아래로 떨어지는 현상)이 발생했던 적도 있어, "완전한 달러"라기보다는 "달러 표시 민간 청구권"에 가깝다.

그럼에도 전 세계 암호화폐 거래소와 디파이(DeFi) 프로토콜에서 기축 역할을 하는 것은 비트코인보다 USDT·USDC와 같은 달러 기반 스테이블코인이다.

사용자는 기존 은행 시스템과 달리, 지갑 주소만으로 온체인에서 손쉽게 스테이블코인을 송금하고, 다른 자산과 교환할 수 있다. 법적 의미에서 이 토큰들이 '연준이 발행한 화폐'는 아니지만, 글로벌 시장에서는 이미 "사실상의 민간 디지털 달러"로 기능하고 있다는 평가가 나온다.

3. 아르헨티나의 택시 기사는 왜 테더를 사는가

스테이블코인의 존재 이유가 가장 또렷하게 드러난 곳은 월스트리트보다, 통화·재정 위기에 빠진 신흥국들이다. 연간 물가상승률이 세 자릿수를 넘나드는 아르헨티나, 자국 통화 리라 가치가 급락한 튀르키예, 은행 시스템 마비와 자본통제가 반복된 레바논에서는 자국 화폐에 대한 신뢰가 심각하게 훼손돼 왔다.

이러한 환경에서 일부 개인·소상공인·비공식 경제 주체들은 월급이나 현금을 손에 쥐자마자 스마트폰 지갑을 열고 테더(USDT)나 USDC를 구매한다. 그들에게 스테이블코인은 투기 자산이 아니라, 자국 화폐 인플레이션과 자본통제를 피하기 위한 "주머니 속의 달러" 역할을 한다. 미국

은행 계좌를 만들 수 없고, 전통적인 역외 달러 계좌에 접근하기 어려운 사람들에게, 스테이블코인은 사실상 누구나 접근 가능한 '소액 역외 달러 계좌'가 되어가고 있다.

중국은 일대일로(BRI) 참여국, mBridge 프로젝트 참여국 등을 대상으로 e-CNY의 크로스보더 사용을 시험하고, 디지털 위안화 기반 결제 인프라를 확산시키려는 시도를 이어가고 있다. 그러나 현장 수준에서는 여전히 달러·달러 페깅 스테이블코인이 선호되고, 특히 P2P 거래·암시장·비공식 송금 영역에서는 "감시 가능성이 낮고 글로벌 수용도가 높은 달러 계열 토큰"이 선택된다는 연구가 적지 않다. 이는 시장의 선택이 정치·외교 의도보다 냉정하다는 점을 보여 준다.

4. 달러화 2.0: 크립토 유로달러

경제학자와 국제금융 연구자들 사이에서는, 스테이블코인을 20세기 유로달러 시스템에 비유해 "크립토 유로달러"라고 부르는 해석이 등장하고 있다. 유로달러는 미국 외 지역 은행 계좌에 예치된 달러 예금을 뜻하며, 냉전기 이후 달러가 미국 국경 밖에서 기축통화로 사용되는 데 핵심 인프라 역할을 했다.

21세기에는 블록체인에 발행된 스테이블코인이 비슷한 기능을 수행하고 있다.

미국 은행계좌가 없는 사용자가, 미국 금융 규제권 밖에서, 스마트폰 지갑만으로 달러 표시 자산을 보유·송금·결제할 수 있게 된 것이다. 일부 연구는 "스테이블코인이 달러 사용 영역을 디지털 공간으로 확장시키면서, 달러 패권을 보완하는 기능을 하고 있다."고 분석한다. 미국 정부와 정책 당국도 점차 "스테이블코인은 단순히 규제해야 할 위험자산이 아니라, 잘 설계·감독하면 달러 국제통화 지위를 뒷받침하는 도구가 될 수 있다."는 인식으로 이동하는 조짐을 보인다.

5. 서클(Circle)의 로비: "우리가 미국의 국익입니다"

USDC 발행사인 서클의 CEO 제레미 알레어는 수년간 워싱턴을 오가며 "민간 스테이블코인이 중국 디지털 위안화에 대한 미국의 방어막이자, 달러 패권을 지키는 수단"이라는 논리를 적극적으로 설파해 왔다. 그의 요지는 명확하다. "우리를 단순히 암호화폐 사업자로 보지 말고, 달러 인프라를 디지털 세계로 확장하는 파트너로 보라."는 것이다.

스테이블코인 발행 모델의 핵심은 준비금 운용이다.

고객이 1달러를 넣고 1 USDC를 받으면, 발행사는 그 1달러를 현금·예금·단기 미 국채 등 안전자산으로 보관해야 한다. 그 결과, 테더·서클 등 주요 발행사들은 미 국채 시장에서 빠르게 존재감을 키워 왔다. 테더의 경우 2024년 말 기준 직접·간접 보유 미 국채가 1,130억 달러를 넘어섰고, 2025년 중반에는 약 1,270억 달러 수준에 도달해 "전 세계 외국인 미 국채 보유자 중 10위권 안팎의 규모, 2024년 기준 7번째로 큰 순매입자"라는 분석도 나온다.

IMF·미 재무부 관련 자료와 시뮬레이션에 따르면, 스테이블코인 발행사 전체가 보유한 미 국채 규모는 이미 1,000억 달러를 훌쩍 넘었으며, 일부 중소·신흥국의 국채 보유액을 상회하는 수준으로 성장했다는 평가가 제기된다.

중국은 최근 수년간 미 국채 보유를 줄여 왔고, 일본·기타 해외 투자자의 포지션도 변동성이 커지는 가운데, 스테이블코인 발행사들은 새로운 '큰손 매수자' 중 하나로 부상했다. 미국 재무부 입장에서는 "무분별한 리스크는 통제하되, 달러 수요와 국채 수요를 만들어 주는 채널"을 함부로 죽일 이유가 줄어든 셈이다.

6. 스테이블코인 법제화: 제도권으로의 편입

이런 흐름 속에서 미국 의회는 스테이블코인을 단순 규제 대상이 아닌, "제도권 안에 편입해 관리해야 할 인프라"로 바라보는 방향으로 움직이기 시작했다.

클라리티 포 페이먼트 스테이블코인 액트(Clarity for Payment Stablecoins Act) 같은 초기 법안들이 논의를 열었고, 2025년에는 보다 포괄적인 스테이블코인 연방법인 GENIUS Act(Guiding and Establishing National Innovation for U.S. Stablecoins Act)가 통과되어, 최초의 본격적인 연방 스테이블코인 프레임워크가 법제화됐다.

GENIUS Act와 관련 법제의 핵심은 다음과 같다.

- 발행 자격: 은행·신용조합 등 보험부 예금기관, 그리고 연방 준비제도·OCC 등 감독 당국의 인가를 받은 일정 규모 이상의 비은행 발행사로 제한.
- 준비금 요건: 발행된 1달러당 1달러 상당의 고품질·저위험 자산(현금, 미 국채, 역레포 등)을 보유하는 100% 준비금 원칙.
- 공시·감사: 준비금 구성의 월별 공시와 정기 회계감사, AML/KYC, 소비자 보호 규정 준수 의무 부과.

이는 스테이블코인을 사실상 "연준이 직접 보증하지는 않지만, 연방 규제 아래에서 운용되는 민간 달러 토큰"으로 공식 인정한 것과 비슷한 효과를 낸다. 다만 이들 토큰은 연방예금보험(FDIC) 대상이 아니며, 발행사의 신용·운용 리스크가 완전히 제거된 것은 아니다. 투자자와 이용자는 여전히 발행사의 건전성과 규제 준수에 대한 상시 감시가 필요하다.

7. 중국 모델 vs 미국 모델

디지털 화폐를 둘러싼 미·중 전략의 대비는 이제 상당히 분명해졌다.

- 중국 모델(e-CNY): 국가가 CBDC를 설계·발행·유통하고, '관리되는 익명성'을 표방하면서도 법 집행·감시 기능을 강하게 내장한 국가 주도 시스템이다.
- 미국 모델(스테이블코인 중심): 달러라는 통화 신뢰와 규칙은 국가가 제공하되, 구체적인 발행·서비스 혁신은 민간(특히 핀테크·크립토 기업)이 주도하고, 국가는 이를 강한 규제 아래 편입하는 시장 주도 구조다.

중국은 거래 효율성, 통화정책·자본통제의 정교함, 금융 데이터 통합을 위해 국가 주도 CBDC를 선택했다. 인민은행은 법령과 기술 문서에서 소액 거래에 대한 '제한적 익명성'을 강조하지만, 국제 인권·프라이버시 단체들은 이는 언제든 강력한 감시 수단으로 전환될 수 있는 '통제 가능한 익명성'에 불과하다고 지적한다.

미국은 인터넷과 빅테크에서 그랬듯, "개방된 인프라 위에서 민간의 혁신을 허용하되, 핵심 규칙·신뢰는 국가가 제공"하는 모델을 디지털 화폐 영역에도 복제하려는 모습이다. GENIUS Act 이후, 스테이블코인은 연방 규제 아래에서 합법적 결제 인프라로 자리잡아 가고 있으며, 그 위에서 글로벌 개발자들이 디파이, 크로스보더 결제, 온체인 증권·예금 등 다양한 금융 서비스를 실험하고 있다. 인터넷 패권 경쟁에서 실리콘밸리와 개방형 생태계가 우위를 점했던 것처럼, 화폐 경쟁에서도 "규제된 민간·시장 주도 모델"이 장기적으로 경쟁력이 높다는 관측이 힘을 얻고 있다.

8. 돈의 미래는 데이터에 있다

마윈과 앤트그룹에 대한 중국 정부의 제동, e-CNY의 론칭, 그리고 미국에서의 스테이블코인 제도권 편입까지 이어지는 흐름을 보면, 돈이 종이·동전에서 데이터·코드로 전환되는 과도기가 현재진행형임을 확인할 수 있다.

이제 돈은 단순한 가치저장 수단이 아니다. 중국에서는 디지털 위안화가 자본 통제, 세원 포착, 사회통제 인프라와 결합할 수 있는 '통제의 도구'가 될 수 있다는 우려가 존재하고, 미국에서는 스테이블코인과 디지털 달러 논의가 달러 패권 유지·확장의 수단으로 활용되고 있다. 동시에 두 나라 모두 공통적으로 자금세탁 방지, 테러자금 차단, 금융포용 확대 같은 공익적 목표를 내세우며, 디지털 화폐 설계와 규제의 정당성을 강조한다.

이 과정에서 개인의 금융 프라이버시는 계속 시험대에 서 있다.

중국의 e-CNY, 미국·유럽의 CBDC 시범사업, 민간 스테이블코인 모두에서, 어느 수준까지 익명성을 허용하고 어떤 방식으로 데이터를 최소 수집·암호화·분산 저장할 것인가가 핵심 쟁점으로 떠오르고 있다. 각국 중

양은행과 규제당국은 완전한 익명성과 완전한 추적 가능성 사이에서, "소액 익명·대액 실명", "프라이버시 강화 기술(PETs)을 활용한 선택적 공개" 등의 중간 설계를 실험 중이다. 돈이 데이터가 되는 세계에서, 프라이버시는 설계의 옵션이 아니라, 민주주의와 시장경제의 지속 가능성을 가르는 핵심 파라미터가 되고 있다

[Off the Record: 기사 밖의 진실] 달러는 죽지 않는다, 다만 코드로 진화할 뿐이다

2008년 사토시 나카모토가 비트코인을 세상에 내놓았을 때, 많은 기술적 아나키스트들은 환호했다. 그들은 중앙은행이 마음대로 찍어내는 종이 화폐, 즉 '법정 화폐(Fiat Money)'의 종말을 예견했다. 달러의 시대가 가고, 탈중앙화된 코인의 시대가 올 것이라고 믿었다.

하지만 15년이 지난 지금, 현실은 정반대로 흘러갔다. 암호화폐 시장을 지배하는 것은 비트코인이 아니라 '테더(USDT)'와 'USDC' 같은 스테이블 코인이다. 이들의 본질은 무엇인가? 복잡한 블록체인 기술로 포장되어 있지만, 그 알맹이는 100% '디지털 달러'다.

이것은 금융 역사상 가장 아이러니한 반전이다. 달러를 피해 도망친 디지털 세상에서도 사람들은 가장 안전한 피난처로 다시 달러를 찾았다. 아르헨티나의 택시 기사도, 튀르키예의 상인도 자국 화폐가 폭락하면 비트코인을 사는 게 아니라 달러에 연동된 스테이블 코인을 산다.

미국 연준(Fed)의 전략가들은 이 현상을 보며 회심의 미소를 짓고 있다. 중국이 국가 주도의 무거운 '디지털 위안화(CBDC)'를 만드느라 땀을

뺄 때, 미국은 민간 기업들이 만든 스테이블 코인을 방치하는 척하며 장려했다. 왜일까? 이 코인들이 전 세계 인터넷 공간으로 퍼져나가며 '달러라이제이션(Dollarization, 달러 통용화)'을 가속화하고 있기 때문이다.

과거에는 달러가 물리적인 국경을 넘으려면 현금 수송차나 복잡한 스위프트(SWIFT) 송금망을 거쳐야 했다. 하지만 스테이블 코인이 된 달러는 이메일 보내듯 1초 만에 서울에서 라고스로, 뉴욕에서 평양으로 날아갈 수 있다. 이것은 달러 패권의 약화가 아니라, '달러 패권 2.0'의 시작이다.

미국의 전략은 명확하다. "우리가 굳이 중국처럼 빅브라더가 되어 CBDC를 직접 발행해 욕을 먹을 필요가 없다. 민간 기업인 서클(Circle)이나 테더(Tether)가 달러를 코드로 바꿔 전 세계에 뿌리게 놔두면 된다." 실제로 스테이블 코인 발행사들은 고객이 맡긴 돈으로 미 국채를 무지막지하게 사들이고 있다. 암호화폐 시장이 커질수록, 미 정부의 빚(국채)을 사주는 큰손이 늘어나는 기막힌 구조다.

우리는 디지털 자산이 기존 금융 시스템을 파괴할 것이라고 생각했다. 하지만 달러는 그 파괴적인 기술조차 자신의 식사로 삼아버렸다. 이제 달러는 종이 지폐라는 낡은 육체를 버리고, '코드(Code)'라는 새로운 육체를 입고 인터넷의 혈관을 타고 흐른다.

혁신은 일어났다. 하지만 그 혁신의 주인은 여전히 엉클 샘(Uncle Sam)이다. 디지털 지갑을 열어보라. 거기에 들어있는 것이 정말 탈중앙화된 코인인가, 아니면 가면을 쓴 디지털 달러인가?

21장

비트코인

— 국가의 통제에 저항하는 무정부주의 화폐

1. "장관이 두 번째 구제금융을 앞두고 있다"

2009년 1월 3일, 정체를 알 수 없는 개발자 사토시 나카모토는 인류 역사상 첫 번째 비트코인 블록(제네시스 블록)을 생성했다. 그는 그 블록의 깊은 곳에 16진수 코드로 당시 영국 일간지 더 타임스의 1면 헤드라인을 그대로 옮긴 짧은 문장을 숨겨 놓았다.

"The Times 03/Jan/2009 Chancellor on brink of second bailout for banks."(더 타임스, 2009년 1월 3일, 재무장관이 은행에 대한 두 번째 구제금융을 앞두고 있다.)

이 문장은 2008년 금융위기 직후, 영국 정부가 은행을 또다시 구제하려는 순간을 포착한 역사적 헤드라인이었다. 사토시는 따로 설명을 남기지 않았지만, 비트코인 커뮤니티와 연구자들은 이 문구가 "중앙은행과 정부 주도 구제금융에 대한 비판"이자, 기존 금융 시스템의 취약성을 드러내는 상징적 메시지라고 해석해 왔다.

소수의 엘리트들이 밀실에서 금리를 결정하고, 은행이 파산하면 국민의 세금으로 메워 주며, 그 과정에서 개인의 자산 가치가 인플레이션으로 희석되는 시스템에 대한 묵시적 문제 제기였다는 것이다. 사토시는 이 '신뢰할 수 없는 신뢰' 구조를 코드와 분산 네트워크로 대체하려 했다.

2. 코드 이즈 로(Code is Law): 신이 없는 종교

비트코인의 혁명성은 단순한 기술이 아니라 철학에 있다.

비트코인에는 중앙은행도, CEO도, 관리자도 없다. 오직 합의 규칙과 암호학, 그리고 누구에게나 공개된 코드만이 존재한다.

커뮤니티가 반복해 외치는 "검증하라, 신뢰하지 마라."라는 슬로건은, 사람이나 기관이 아니라 수학과 코드를 신뢰하라는 21세기식 계율에 가깝다.

비트코인 프로토콜은 총 발행량 상한을 약 2,100만 개로 고정해 두었고, 일정 블록마다 채굴 보상이 반감되도록 설계했다. 어떤 독재자도, 어떤 연준 의장도 버튼 하나로 통화를 '추가 발행'할 수 없는 구조를 지향하는 것이다.

물론 이론적으로는 네트워크 참여자 다수가 합의하면 규칙 변경도 가능하지만, 전 세계에 흩어진 노드·채굴시·사용자들의 이해관계를 고려하면, 공급량을 늘리자는 시나리오에 광범위한 합의를 이끌어내기는 현실적으로 거의 불가능하다는 것이 중론이다.

이렇게 국가와 중앙기관이 개입할 수 없는 통화 시스템, 공급이 수학적으로 제한된 디지털 자산이라는 점에서 비트코인은 '디지털 금'이라는 별칭을 얻었다. 동시에 국경을 넘어, 누구의 허락도 없이 송금할 수 있다는 특성 덕분에, 점점 더 촘촘해지는 국가의 감시망에서 탈출하려는 사람들에게는 일종의 '비상구'로 인식되기 시작했다.

3. 캐나다 트럭 시위: 계좌가 동결된 순간

비트코인이 단순한 투기 자산을 넘어 '정치적 돈'으로 기능할 수 있음을 보여 준 사건은 2022년 캐나다에서 벌어졌다. 백신 의무화에 반대하는 트럭 운전사들이 '자유의 호송대' 시위를 벌이자, 캐나다 정부는 비상조치법을 발동해 시위 관련 은행 계좌와 크라우드펀딩 자금을 동결하는 등 금융제재에 나섰다.

정부는 시위대·후원자의 계좌 수백 개를 겨냥했고, GoFundMe와 같은 후원금 플랫폼 자금 흐름도 크게 제약했다.

현대 사회에서 은행 계좌 동결은 일상 경제 활동을 심각하게 제약한다. 월세를 내고, 기름을 넣고, 사업을 지속하는 거의 모든 행위가 '계좌'에 연결되어 있기 때문이다.

이때 일부 시위대와 지지자들은 비트코인·암호화폐 모금을 선택했다. 예를 들어 Tallycoin 등을 통해 비트코인 후원 캠페인이 열렸고, 정부는 이후 특정 비트코인 주소를 블랙리스트로 지정해 거래소에 모니터링을 요청했지만, 개인 지갑 간(P2P) 송금까지 완전히 차단하는 것은 기술적으로 쉽지 않았다.

국가는 은행 계좌와 중앙화된 결제 인프라를 통제해 '스위치를 끌' 수 있었다. 그러나 누구의 허락도 필요 없는 P2P 비트코인 네트워크 전체를 멈추게 할 수는 없었다.

이 사건은 비트코인이 주장해 온 핵심 가치, 즉 '검열 저항성'을 현실 정치의 한복판에서 시험한 사례였다. 완전무결한 방패는 아니지만, 특정 집단에 대한 금융 접근을 차단하려는 국가의 시도에 대해 비트코인이 "또 하나의 경로"를 제공할 수 있음을 보여 준 것이다.

4. 독재자의 적, 반체제의 도구

러시아의 야권 인사 알렉세이 나발니를 지원하는 단체, 나이지리아의 #EndSARS 및 이후 반정부 시위, 벨라루스의 민주화 운동 등에서는 정부의 감시와 계좌 동결을 피해 비트코인으로 후원금을 모으는 사례가 반복적으로 등장했다.

예를 들어 나이지리아에서는 경찰 폭력에 항의하는 #EndSARS 시위 당시, 당국이 활동가와 단체의 은행 계좌를 동결하자 'Feminist Coalition' 등이 비트코인 주소를 공개하고 후원금을 모금했다. 법원은 이후 일부 계좌 동결을 해제했지만, 그 사이 활동가들은 암호화폐를 통해 자금을 이어갈 수 있었다.

벨라루스에서는 BYSOL이라는 비영리 단체가 시위로 해고·탄압당한 시민들에게 비트코인으로 지원금을 지급했다. 이 단체는 "은행 송금은 모두 정부가 통제하고 동결할 수 있기 때문에, 사실상 비트코인이 유일하게 자유로운 지급 수단"이라고 설명했고, 수백만 달러 규모의 기금을 상당 부분 비트코인으로 모아 배분했다.

중국 공산당이 2021년 비트코인 채굴과 거래를 사실상 전면 금지한 것도, 자본 통제와 금융 안정, 에너지 소비 등 복합적인 이유 속에시 "국경·검열을 우회하는 디지털 자산"이 국가의 통제력을 약화시킬 수 있다는 우려를 반영한 조치로 평가된다.

이처럼 비트코인은 민주주의 운동가, 반체제 인사, 제재를 받는 시민들이 국가의 금융 억압을 부분적으로 우회하는 수단으로 활용되면서, "독재자의 적이자 반체제의 도구"라는 이미지를 얻게 되었다. 물론 모든 상황에서 만능은 아니고, 각국 정부가 암호화폐 관련 지갑·거래소에 대한 규제를 강화하면서, 그 '쥐구멍'을 좁히려는 시도도 병행되고 있다.

5. 래리 핑크의 전향: "비트코인은 국제적 자산"

오랫동안 비트코인을 "자금 세탁의 도구"쯤으로 폄하하던 월가의 거물들 역시 태도를 바꾸기 시작했다. 세계 최대 자산운용사 블랙록(BlackRock)의 래리 핑크 회장은 2023년 인터뷰에서 비트코인을 "국제적인 자산"이라고 부르며, 투자자들이 인플레이션과 통화가치 하락에 대비하기 위한 하나의 수단으로 평가했다.

블랙록은 같은 해 미국 증권거래위원회(SEC)에 비트코인 현물 ETF(iShares Bitcoin Trust, IBIT)를 신청했고, 피델리티 등 다른 자산운용사들도 잇달아 가세했다.

2024년 1월 10일, 미국 SEC는 블랙록, 피델리티, 그레이스케일 등 11개 사의 비트코인 현물 ETF를 일괄 승인했다. 이는 처음으로 '실물 비트코인'을 직접 보유하는 ETF들이 미국 규제당국의 허가를 받은 사건으로, 비트코인이 월스트리트의 공식 상품 선반에 올라간 순간이었다.

한때 "국가와 은행에 저항하는 반항아"로 취급되던 비트코인이, 마침내 세계 자본시장의 심장부에 입성한 것이다. 이제 연기금·보험사·패시브 펀드까지도 규제 프레임 안에서 비트코인 익스포저를 보유할 수 있게 되었고, 현물 ETF들은 수개월 만에 수백억 달러의 자금을 끌어들이며 기관 투자가의 참여를 가속화했다.

6. 트로이의 목마인가, 세련된 포섭인가?

그러나 비트코인 지지자들의 반응은 엇갈렸다.

가격 상승과 유동성 확대를 반기는 쪽도 있었지만, 근본주의자들은 새로운 위험을 보았다. "기관들이 비트코인을 대량으로 사들여 수탁하게 되면, 비트코인의 소유 구조가 다시 소수의 거대 금융기관에 집중되는 것 아니냐."는 우려였다.

블랙록과 피델리티 같은 자산운용사가 ETF와 커스터디를 통해 전체 유통량의 상당 부분을 간접적으로 통제하는 상황이 되면, '탈중앙화'라는 비트코인의 정체성이 흐려지는 것 아니냐는 질문이 뒤따른다.

프로토콜 차원의 규칙, 예컨대 2,100만 개 상한, 검열 저항적인 P2P 네트워크 구조는 ETF가 늘어나더라도 그대로 유지된다. 하지만 '누가 얼마나 가지고 있는가'라는 측면에서는, 비트코인이 다시 월스트리트의 대차대조표와 자산운용사의 계정 속으로 빨려 들어가는 모양새다.

그래서 일부 비트코이너들은 "월스트리트가 안으로 들여온 트로이의 목마"라고 환호하지만, 다른 이들은 "자본 권력이 비트코인을 세련되게 포섭하는 과정"이라며 경계한다. 과연 이것이 사토시 나카모토가 꿈꾸었던 '탈중앙화의 승리'인지, 아니면 또 다른 중앙집중의 시작인지는 아직 열린 질문으로 남아 있다.

7. CBDC vs 비트코인: 화폐의 최후 전쟁

이제 미래의 화폐 전쟁 구도는 어느 정도 윤곽이 드러난다.

한쪽에는 각국 중앙은행이 추진 중인 CBDC(중앙은행 디지털 화폐)가 있다. CBDC는 설계 방식에 따라 모든 거래가 중앙 인프라에 기록되고, 이론상으로는 개인별 한도 설정, 특정 용도 제한, 지급·동결 조건 부여 등 매우 정교한 통제가 가능하다.

이는 효율성과 금융포용, 자금세탁 방지 같은 공익을 명분으로 내세울 수 있지만, 반대로 "국가에 의한 실시간 거래 감시와 계좌 스위치"를 가능하게 하는 '유리 지갑'이라는 비판도 부른다.

반대편에는 비트코인이 있다. 비트코인의 거래 내역은 블록체인에 모두 공개되지만, 주소는 가명이며, 실명과의 연결은 거래소의 KYC·온체인 분석 등 오프체인 요소에 의존한다. 정부가 특정 주소나 거래소를 압박해 추적을 강화하고 있지만, 여전히 개인 지갑 간 P2P 전송까지 완벽하게 통제하기는 어렵다.

CBDC는 "효율적이지만, 설계에 따라 자유를 크게 제한할 수 있는 유리 지갑"일 수 있고, 비트코인은 "불편하고 가격 변동성이 크지만, 누구의 허락도 필요 없는 디지털 금고"라는 대비가 형성된다.

앞으로 국가는 CBDC를 통해 통제력과 데이터 수집 능력을 강화하려 할 것이다. 반대로 개인과 시민사회는 비트코인과 같은 탈중앙 디지털 자산을 통해 프라이버시와 자율성을 지키려 할 가능성이 크다.

이것은 단순한 투자 자산 선택이 아니라, 감시 자본주의와 디지털 권위주의 시대에 어떤 형태의 '디지털 시민권'을 선택할 것인가에 관한 투쟁에 가깝다.

8. 쥐구멍은 필요한가

비트코인은 완벽과는 거리가 멀다. 가격은 극단적으로 널뛰고, 네트워크를 유지하는 채굴에는 연간 수십~수백 TWh에 이르는 전력이 소모되어 스위스 같은 소국 전체 전력 소비에 맞먹는다는 비판도 나온다.

또한 랜섬웨어, 암시장, 제재 회피 등에 사용되는 등 범죄에 악용되는 사례도 존재한다. 다만 체이널리시스 등 분석에 따르면 최근 기준 전체 암호화폐 거래 중 명백히 불법 활동으로 분류되는 비중은 1% 안팎, 혹은 그 이하 수준으로 추정되며, 시간이 갈수록 이 비중은 감소하는 추세라는 보고도 있다. 즉, "범죄 전용 통화"라는 이미지는 현실보다 과장된 면이 있다.

그럼에도 불구하고, 전 세계가 디지털 ID, 실시간 결제, 빅데이터 기반의 사회 신용 시스템으로 수렴하면서 '거대한 감시 사회'의 위험이 커지는 지금, 비트코인은 시스템이 오작동하거나 국가가 폭주할 때 개인이 탈출할 수 있는 가장 중요한 디지털 '비상 탈출구' 가운데 하나로 남아 있다.

모든 문이 잠길 때, 열려 있는 쥐구멍 하나가 생명을 구할 수 있다. 비트코인은 디지털 전체주의 시대를 우려하는 인권 단체와 활동가들에게, 아직 완벽하지는 않지만 작고 단단한 쥐구멍, 즉 마지막까지 남아 있을 수 있는 금융적 탈출 경로로 간주된다.

[Off the Record: 기사 밖의 진실] 이것은 투기판이 아니라, 국가를 향한 기술적 시위다

경제부 금융 담당 기자 시절, 나는 여의도의 전문가들에게 비트코인에

대해 물을 때마다 조소 섞인 답변을 들었다. "내재 가치가 없는 튤립 버블이다." "범죄자들이나 쓰는 검은 돈이다." 그들의 말은 경제학 교과서적으로는 틀린 말이 아니었다. 하지만 그들은 비트코인의 가격만 보았지, 그 탄생의 '배경'은 보지 못했다.

비트코인의 첫 번째 블록(Genesis Block)에는 사토시 나카모토가 남긴 기묘한 메시지가 숨겨져 있다. "2009년 1월 3일, 재무장관이 은행들을 위한 두 번째 구제금융을 앞두고 있다." 이것은 단순한 날짜 기록이 아니다. 국가가 마음대로 돈을 찍어내 은행의 빚을 갚아주고, 그 대가로 개인의 화폐 가치를 쓰레기로 만드는 시스템에 대한 '선전포고'였다.

내가 보기에 비트코인은 화폐라기보다 하나의 거대한 '기술적 시위'다. 역사상 처음으로 인간은 국가의 허락 없이, 은행의 장부를 거치지 않고, 지구 반대편으로 가치를 전송할 수 있는 수단을 갖게 되었다. 이것은 근대 국가의 가장 강력한 권력인 '화폐 발행권'과 '금융 통제권'을 정면으로 부정하는 행위다.

우크라이나 전쟁이 터졌을 때, 피난민들의 은행 계좌는 동결되었고 현금 인출기는 멈췄다. 금덩이를 들고 국경을 넘는 것은 자살 행위였다. 그때 유일하게 국경을 넘어 가져갈 수 있었던 전 재산은 머릿속에 외운 12개의 비밀번호 문구뿐이었다. 국가 시스템이 붕괴했을 때, 비트코인은 투기 자산이 아니라 '가장 절박한 생존의 도구'가 되었다.

이것이 바로 비트코인의 본질인 '검열 저항성'이다. 독재자가 아무리 싫어해도, 법원이 아무리 압류 명령을 내려도, 수학(Math)으로 보호받는 비트코인 네트워크는 멈출 수 없다. 누구도 "이 송금은 불법이니 취소하라."고 명령할 '관리자'가 없기 때문이다.

물론 비트코인의 가격은 미친 듯이 널뛴다. 하지만 그 변동성 너머에 있는 철학은 단단하다. "우리는 더 이상 국가를 신뢰하지 않는다. 우리는 수학과 코드를 신뢰한다." 16세기 종교개혁이 교회와 국가를 분리했듯(정교분리), 비트코인은 화폐와 국가를 분리하려는(정경분리) 21세기의 급진적 실험이다.

국가 입장에서 비트코인은 눈엣가시다. 세금을 걷기도 힘들고, 자금 흐름을 통제하기도 어렵다. 그래서 끊임없이 규제하고 금지하려 든다. 하지만 비트코인은 죽지 않았다. 오히려 국가의 화폐 시스템이 불안해질수록, 사람들은 이 '디지털 방주'에 올라탄다.

당신이 비트코인을 샀다면, 그것은 단순히 돈을 벌기 위한 투자가 아닐지도 모른다. 그것은 "국가가 내 돈의 가치를 지켜줄 능력이 있는가."라는 질문에 대해, "아니오."라고 베팅한 것이다. 비트코인은 국가의 무능을 먹고 자라는 괴물이기 때문이다.

22장

유리 지갑의 시대

― 당신의 소비 내역은 권력의 빅데이터

1. "당신이 어디에 돈을 썼는지 보여 달라"

19세기 미식가 브리아 사바랭은 "당신이 무엇을 먹는지 말해 달라. 그러면 당신이 어떤 사람인지 말해 주겠다."고 했다. 21세기에 이 명언은 이렇게 바뀐다. "당신이 어디에 돈을 썼는지 보여 달라. 그러면 당신의 정치 성향, 건강 상태, 친밀한 관계의 상황, 심지어 불륜 가능성까지 추정하려는 시도가 가능해진다."

우리는 하루에도 수십 번씩 카드를 긁고 삼성페이를 댄다. 편의점에서 4,500원짜리 담배를 사고, 밤 11시에 강남의 바에서 15만 원을 결제하고, 새벽 2시에 숙박 앱을 이용한다. 이 파편화된 결제 정보들은 개별적으로는 하찮아 보이지만, 이것들을 시계열로 합쳐 다른 데이터(위치, 검색, SNS 기록 등)와 결합하는 순간, 놀라울 정도로 정밀한 '인격의 지도'가 만들어진다.

2. 메타데이터의 공포: 숨길 수 없는 동선

미국과 유럽의 여러 연구는, 이름이 지워진 신용카드·위치 데이터도 몇 개의 시공간 좌표만 알면 높은 확률로 특정 개인을 다시 식별할 수 있다고 보여 준다. 데이터에는 "A라는 사용자가 오전 9시에 커피를 사고, 오후 7시에 산부인과에서 결제했다."는 기록 정도만 있을 뿐이지만, 이를 공개된 SNS 위치 정보·인구통계 데이터와 결합하면 개인 신원과 연결되는 것이다.

카드 내역은 단순한 숫자가 아니다. 그것은 나의 하루 24시간을 분 단위로 기록한 '재정적 지문'이다. 현금 시대에는 내가 모텔에 가든 서점에 가든, 그 행위는 금세 휘발되었다. 그러나 '유리 지갑'의 시대에는 거의 모든 소비가 카드·간편결제·계좌이체로 남고, 그 데이터는 여러 서버와 데이터 브로커를 거치며 지워지지 않는 디지털 문신처럼 복제된다.

3. 타깃(Target)의 전설: 알고리즘이 먼저 아는 몸의 변화

미국 유통 기업 타깃(Target)은 여성 고객의 구매 패턴을 분석해 임신 가능성이 높은 고객군을 찾아내는 알고리즘을 실제로 운용했다. 연구진은 특정 로션, 무향 보습제, 비타민·영양제, 대용량 물티슈 등 20여 개 품목의 조합과 시점을 분석해, "임신 몇 주 차일 기능성이 높은 고객 세그먼트"에 유아용품·임산부용 상품 쿠폰을 보내도록 설계했다.

이 과정에서 "아버지보다 먼저 10대 딸의 임신을 알아챈 타깃"이라는 일화가 언론을 통해 전설처럼 퍼졌다. 다만 이후 데이터 과학자들의 분석에 따르면, 이 구체적인 사건이 실제로 있었는지는 확인되지 않았고, '익명의 상징적 사례'가 과장된 신화로 굳어진 측면이 크다. 중요한 사실은, 가족조차 눈치채지 못한 신체 변화도 '소비 데이터'는 통계적으로 감지할 수 있는 수준에 이르렀다는 점이다.

4. 데이터 브로커: 어둠 속의 거래자들

그렇다면 우리가 카드사·쇼핑몰·앱에 "동의합니다."를 눌러 넘긴 데이터는 어디로 갈까.

상당 부분은 데이터 브로커들의 손에 넘어가 상품으로 가공된다. 액시엄(Acxiom), 익스피리언(Experian), 오라클, 코어로직 같은 거대 브로커 기업들은 전 세계 수억~수십억 명에 대한 소비·이동·디지털 행동 프로필을 보유하고 있으며, 일부는 1인당 수천~수만 개 특성을 붙여 관리하는 것으로 알려져 있다.

이들은 이렇게 만든 프로필을 술·담배·운전 패턴 등 생활 습관을 근거로 보험료를 조정하기 위해 보험사에 판다, 대출 한도·금리·사기 위험을 평가하기 위해 은행과 핀테크에 판다, 특정 이슈에 민감한 집단을 골라 광고·선거 메시지를 노출하기 위해 마케팅 기업과 정치 캠프에 판다.

우리는 소비의 주체이면서도, 동시에 소비 데이터라는 원료를 생산해 넘기는 '디지털 소작농'이 되었다. 우리의 욕망과 불안, 습관과 약점은 채굴되어, 우리가 알지 못하는 곳에서 가격표가 붙은 데이터 패키지로 거래된다.

5. 나이젤 패라지의 계좌 폐쇄와 '디뱅킹'

2023년 영국에서는 브렉시트를 주도했던 정치인 나이젤 패라지가 자산가 고객이 주로 이용하는 은행 Coutts로부터 갑작스러운 계좌 폐쇄 통보를 받으면서 큰 논란이 일었다. 초기에는 "잔고·자산이 은행 기준에 못 미쳐서"라는 익명 브리핑이 나왔지만, 이후 패라지가 정보공개 청구를 통해 확보한 40페이지 분량 내부 문건에는 다른 이유가 적혀 있었다.

문건에서 Coutts는 패라지의 계좌가 상업적으로는 유지 가능하다고 평가하면서도, 그의 정치적 견해와 대중적 이미지가 은행의 "포용적인 가치"와 맞지 않고, 은행에 "상당한 평판 리스크를 초래한다."고 적고 있다. 이 사건은 자금세탁이나 채무불이행 같은 재무적 이유가 아니라, '정치적 견해'와 '평판'이 계좌 폐쇄 사유가 될 수 있음을 드러낸 사건으로, 영국·유럽에서 '디뱅킹(De-banking)'이라는 단어를 본격적인 사회 논쟁으로 끌어올렸다.

6. 사유화된 사회 신용 시스템

중국에만 사회 신용 시스템이 있는 것은 아니다. 서구 자본주의 사회에도 '사유화된 사회 신용 시스템'이 이미 부분적으로 작동하고 있다. 페이팔(PayPal), 카드 네트워크(비자·마스터카드 등), 크라우드펀딩·결제 게이트웨이 사업자 상당수는 약관을 통해 "불법·증오·극단주의 활동"과 연루된 계정의 결제를 중단하거나 제한할 수 있는 권한을 가지고 있으며, 실제로 일부 혐오단체·극단주의 단체에 대한 결제를 차단해 왔다.

문제는 그 '논란'과 '위험'의 기준을 누가, 어떻게 정하느냐는 것이다.

투명한 공적 규칙과 사법 심사가 아니라, 기업 내부의 평판 리스크 위원회·규정에 따라 어떤 단체는 결제가 되고, 어떤 행동은 "위험한 고객"으로 분류될 수 있기 때문이다. 이 구조에서 "특정 시민단체나 정당에 후원했다는 이유로, 혹은 SNS에서 한 발언이 기업의 가치와 맞지 않는다는 이유로 결제가 막힌다면 어떨까?"라는 질문은, 더 이상 과장이 아니라 충분히 현실적인 우려가 된다. 현대 사회에서 결제 수단을 잃는다는 것은 경제적 시민권을 부분적으로 박탈당하는 것과 비슷한 타격이기 때문이다.

7. 금융 판옵티콘과 CBDC 이후

우리는 이미 편리함을 위해 프라이버시의 상당 부분을 포기했다.

"토스에서 내 모든 계좌를 한눈에 보니 편하다.", "삼성페이·네이버페이로 지갑 없이 다니니 좋다."는 말 뒤에는, 모든 계좌·거래·소비가 하나의 화면, 하나의 서버 안에서 통합 모니터링될 수 있다는 사실이 숨어 있다. 국가(국세청, 수사기관)는 범죄 예방·조세 정의를 명분으로, 기업(빅테크, 카드사, 통신사)은 마케팅과 리스크 관리를 명분으로 우리의 지갑 속을 상시 들여다본다.

이제 현금이라는 마지막 도피처마저 축소되고, 각국 중앙은행이 도입을 검토하는 CBDC(중앙은행 디지털화폐)가 광범위하게 보급되면, 이 감시망은 한층 더 조밀해질 수 있다. CBDC는 설계에 따라 익명성을 어느 정도 보장할 수도 있지만, 이론상 모든 소액 거래까지 중앙 시스템에 기록해 실시간 분석하는 것도 가능하기 때문에,

인권단체와 학계는 이를 "금융 판옵티콘"의 위험으로 지목한다. 유리지갑은 단지 투명해서 무서운 것이 아니라, 밖에서 언제든 깨뜨릴 수 있고, 안에 든 것을 마음대로 들여다볼 수 있기 때문에 더 무서운 구조다.

8. 그 데이터를 먹고 자라는 괴물

마윈의 몰락, 디지털 위안화, 코인 전쟁, 그리고 유리 지갑까지. 이 책

이 앞에서 따라온 서사는 결국 하나의 지점으로 모인다. 데이터는 돈의 흐름을 장악했고, 돈의 흐름은 곧 삶의 흐름, 관계의 흐름, 정치의 흐름을 장악했다.

그렇다면, 이 방대한 데이터(금융, 통신, 위치, 검색, 플랫폼 행동)가 모두 한곳으로 모이면 무슨 일이 벌어질까. 이 데이터를 연료 삼아, 인간의 지능을 뛰어넘는 연산 능력을 가진 AI가 스스로 패턴을 찾아내고 판단하고 결정하는 구조가 만들어진다면 어떤 세계가 열릴까. 이 질문은 아직 전면적으로 실현된 현실은 아니지만, 이미 국가와 빅테크가 행정·치안·마케팅·선거에서 "대규모 생활 데이터 + AI" 조합을 실험하고 있다는 점에서, 결코 먼 미래의 공상만은 아니다.

[Off the Record: 기사 밖의 진실] 영수증은 일기장보다 솔직하다

셜록 홈즈는 범인을 잡기 위해 흙 묻은 신발과 담뱃재를 뒤졌다. 하지만 21세기의 셜록 홈즈는 돋보기를 들지 않는다. 대신 피의자의 '신용카드 결제 내역'을 엑셀 파일로 열어본다. 그 엑셀 시트 안에는 한 인간의 동선, 취향, 건강 상태, 심지어 정치적 성향까지 적나라하게 기록되어 있다.

기자 생활을 하며 깨달은 신리가 하나 있다. "사람은 말로 거짓말을 하지만, 돈으로는 거짓말을 하지 못한다." 인터뷰에서는 자신을 검소하고 도덕적인 사람으로 포장할 수 있다. 하지만 새벽 2시에 강남의 유흥주점에서 긁은 카드 내역, 매달 정기 결제하는 성인 사이트 구독료, 심야에 편의점에서 숙취해소제는 그가 누구인지 숨김없이 폭로한다.

우리는 흔히 '유리 지갑'이라는 말을 월급쟁이의 비애를 표현할 때 쓴다. 세금을 떼어 가는 국가 입장에서 투명하다는 뜻이다. 하지만 빅데이터 시대의 유리 지갑은 세금 문제를 넘어선다. 그것은 '인격의 투명성'을 의미한다.

데이터 브로커들에게 당신의 소비 내역은 단순한 영수증 쪼가리가 아니다. 그것은 당신을 완벽하게 프로파일링할 수 있는 'DNA 지도'다. 서점에 가서 어떤 책을 샀는지를 보면 당신의 정치 성향을 알 수 있다. 약국에서 무엇을 샀는지를 보면 당신이 우울증을 앓고 있는지, 탈모가 있는지를 알 수 있다. 기부금 내역을 보면 종교를 알 수 있다. 이 모든 정보를 조합하면, 나는 당신보다 더 정확하게 당신을 정의할 수 있다.

한국은 이 분야에서 세계에서 가장 앞서 있는 나라다. 우리는 '연말정산 소득공제'라는 몇 푼의 세금 환급을 받기 위해, 국가에게 자발적으로 1년 치 소비 내역을 엑셀로 정리해서 바친다. 전 세계 어느 독재 국가도 이렇게 효율적으로 국민의 경제 활동을 전수 조사하지는 못한다. 우리는 "현금영수증 끊어 주세요."라는 말과 함께, 우리의 프라이버시를 국가의 국세청 서버로 전송한다.

현금이 사라진다는 것은 단순히 지폐가 사라지는 것이 아니다. '익명성'이 사라지는 것이다. 현금은 흔적을 남기지 않는다. 현금으로 산 책은 내가 읽고 버리면 그만이다. 하지만 카드로 산 책은 영원히 '구매 기록'으로 남아 나를 따라다닌다. 먼 훗날 권력이 바뀌어 특정 사상을 탄압하는 시대가 온다면, 10년 전 당신이 긁은 카드 내역은 당신을 사상범으로 모는 가장 강력한 증거가 될 것이다.

우리는 편리함을 얻었다. 지갑 없이 스마트폰 하나면 어디서든 밥을 먹고 차를 탄다. 하지만 그 대가로 우리는 '금융적 나체(Financial Nudity)'

상태가 되었다. 기업은 내 지갑 속을 훤히 들여다보며 마케팅을 하고, 국가는 내 계좌를 들여다보며 통제를 한다.

　누군가 당신의 일기장을 훔쳐본다면 당신은 분노할 것이다. 하지만 당신의 카드 명세서는 일기장보다 훨씬 더 솔직하고 내밀한 당신의 치부다. 그런데 우리는 왜 그 명세서가 공공재처럼 팔려나가는 것에 대해서는 분노하지 않는가? 유리 지갑 속의 돈은 안전할지 몰라도, 그 주인의 자유는 안전하지 않다.

5부

AI 패권 전쟁: 통제 불능의 지성

튜링의 장례식

— 챗GPT와 생성형 AI의 충격

1. 조용한 혁명: "그저 연구용 프리뷰일 뿐입니다"

2022년 11월 30일, 샌프란시스코의 한 스타트업 CEO가 트위터에 짧은 글과 링크 하나를 올렸다. "오늘 우리는 ChatGPT라는 것을 출시합니다. 여기 링크가 있습니다."라는 샘 알트만 OpenAI CEO의 이 공지는, 당시만 해도 내부에서도 "연구용 프리뷰"를 세상에 내놓는 정도의 의미로 받아들여졌다.

그러나 불씨는 5일 만에 거대한 불길로 번졌다. 알트만이 직접 밝힌 수치에 따르면 챗GPT는 출시 후 단 5일 만에 100만 명의 이용자를 모았고, 넷플릭스가 약 3.5년, 인스타그램이 약 2~3개월을 들여 도달한 사용자 규모를 훨씬 짧은 시간에 따라잡았다는 분석이 뒤따랐다. 출시 약 두 달 무렵에는 월간 기준 1억 명 수준의 이용 규모에 이르렀다는 통계가 나왔고, 이후 "챗GPT 이전/이후"를 가르는 상징적 사건으로 자리 잡았다.

사람들은 이 서비스를 기존의 단순 챗봇이 아닌, 시를 쓰고 코드를 짜고 논문 요약과 철학 토론까지 수행하는 "새로운 언어적 인터페이스"로 경험했고, 링크 목록을 던져주는 검색엔진의 시대에서, 질문을 던지면 답 자체를 생성해 주는 "생성의 시대"로 넘어가고 있음을 직감했다.

2. 튜링의 장례식: 이미테이션 게임 이후

1950년, 컴퓨터 과학의 선구자 앨런 튜링은 "Computing Machinery and Intelligence"라는 논문에서 "기계는 생각할 수 있는가?"라는 질문과 함께 이른바 '이미테이션 게임', 오늘날의 튜링 테스트로 알려진 기준을 제안했다.

물리적으로 분리된 상대와 텍스트로 대화를 나눴을 때, 그 존재가 사람 인지 기계인지를 구별할 수 없다면, 그 기계에 '지능이 있다'고 볼 수 있다 는 아이디어였다. 이후 70여 년 동안 수많은 챗봇과 AI 시스템이 이 벽을 넘으려 했지만, 대부분은 특정 도메인에 한정된 대화나 짧은 속임수에 머 물렀다.

2022년 겨울 등장한 챗GPT는 이 지형을 크게 흔들었다. 공식·표준화 된 튜링 테스트를 통과했다는 인증이 있는 것은 아니지만, 많은 사용자들 이 실제 대화 경험에서 사람과의 경계를 인지하기 어려울 정도의 언어 능 력을 체감하며 "사실상 튜링 테스트를 넘어있다."는 평가를 내리기 시작 했다. 사람들은 이 챗봇에게 고민을 털어놓고, 진로 상담을 받으며, 때로 는 그 지적 능력에 매혹과 공포를 동시에 느꼈다.

이 지점에서 "튜링의 장례식"이라는 표현은 상징적 의미를 갖는다. 너 이상 기계가 인간을 흉내 내는지 여부를 따지는 시험은 중심 질문이 아니 다. 기계는 이미 많은 영역에서 인간보다 더 빠르고, 더 방대하며, 때로는 더 유창한 언어를 생산하고 있고, 인간만의 고유 영역이라 여겨졌던 '언어'와 '창의성'의 방어선이 실제로 얼마나 견고한지 되묻는 단계에 접어들었기 때문이다.

3. 다음 단어를 맞히는 기계, 그리고 '확률적 앵무새'

챗GPT의 내부 원리는 겉으로 보이는 '지능'의 화려함에 비해 놀랄 만큼 단순해 보인다.

그것은 근본적으로 "다음에 올 토큰(단어·기호)의 확률 분포"를 예측하는 거대한 통계 모델이다. "나는 오늘 아침에 밥을 [?]"이라는 문장이 주어졌을 때, '먹었다'가 올 확률이 매우 높고 '날았다'가 올 확률은 극히 낮다는 식으로, 수천억 개 규모의 토큰으로 이루어진 방대한 텍스트 코퍼스를 학습해 가장 그럴듯한 다음 토큰을 골라내도록 훈련된 확률기계인 셈이다.

언어학자 놈 촘스키는 2023년 뉴욕타임스 기고에서 챗GPT와 같은 시스템을 "첨단 표절 시스템"에 비유하며, 의미 이해 없이 통계적 패턴만을 모사하는 도구로 비판했다. 한편 에밀리 벤더와 팀니트 게브루 등 연구자들은 2021년 논문 "On the Dangers of Stochastic Parrots"에서 대형 언어모델을 '확률적 앵무새'라고 부르며, 방대한 데이터를 뱉어낼 수 있지만 실제 세계 이해와는 다른 차원의 존재라는 점, 편향·오용·환경 비용 등의 위험을 경고했다. 촘스키와 '확률적 앵무새' 논문이 공통적으로 지적하는 것은, 이런 모델들이 "말을 이해하는 존재"라기보다 "언어 패턴을 압축해 재생성하는 통계적 엔진"에 가깝다는 점이며, 바로 그 간극이 오늘날 AI 논쟁의 핵심 중 하나가 되었다.

4. 환각: 거짓과 창의성 사이

이 '다음 토큰 예측'이라는 구조는 치명적 결함과 놀라운 창발성을 동시에 낳는다.

모델은 사실상 모든 질문에 대해, 그럴듯한 답변을 만들어 내도록 설계되어 있다. 이때 실제 근거가 희박하거나 전혀 없는 주제에 대해서도, 통계적으로 그럴듯해 보이는 서사를 지어내는 현상이 바로 '환각(hallucination)'이다.

예를 들어 존재하지 않는 사건을 물었을 때도 실존 인물·연도·문헌을 섞어 가짜 역사를 구성하거나, 학계에 없는 논문을 진짜인 것처럼 인용하는 식이다. 사용자 입장에서는 이것이 "모르는 것도 아는 척 거짓말하는" 행동처럼 보이지만, 기술적으로는 모델이 "항상 응답을 생성해야 한다."는 목표 아래 학습되어, 자신이 '모른다'고 판단하는 메커니즘이 제한적이기 때문에 발생하는 확률적 산출물이다.

흥미로운 점은, 이 환각이 단순한 오류를 넘어 '새로운 서사를 만들어 내는 능력'으로도 읽힌다는 것이다. 소설가나 예술가가 현실의 사실에 매이지 않고 허구의 세계를 구성하듯, 모델 역시 엄밀한 팩트에서 벗어난 이야기들을 조합해 낸다. 일부는 이것을 "창의성의 증거"로 해석하지만, 다른 연구자들은 "검증·책임 없는 생성 시스템의 한계"로 본다. 현재 연구의 주류는 출처 연결, 근거 제시, 외부 도구 결합 등 환각을 줄이는 방향에 초점을 맞추고 있으며, '창의적 허구'와 '위험한 허구'를 어떻게 구분·통제할지에 대한 기준은 아직 형성 중이다.

5. 구글의 딜레마와 "Code Red"

챗GPT의 등장은 검색 제국 구글에게 일종의 '스푸트니크 쇼크'로 비유될 만큼 전략적 위기감을 안겼다.

2017년 "Attention Is All You Need" 논문으로 트랜스포머 아키텍처를 처음 제안한 것도 구글 연구진이었고, 이후 구글은 LaMDA 등 강력한 대화형 모델을 내부적으로 개발해 왔다. 그러나 구글은 혐오 발언, 잘못된 정보 확산, 브랜드 신뢰 훼손 등의 '평판 리스크'를 우려해 이를 전면 공개하는 데 매우 신중했다.

반면 상장사이지만 상대적으로 잃을 것이 적은 OpenAI는 ChatGPT라는 대화형 인터페이스로 이 기술을 대중에게 먼저 풀어놓았고, 그 파급 효과가 눈앞에서 실현되자 뉴욕타임스 등은 순다르 피차이 CEO가 검색 비즈니스에 대한 위협을 심각하게 받아들이며 사내에 사실상 'Code Red'에 해당하는 비상 대응을 지시했다고 보도했다. 이후 피차이 본인도 인터뷰에서 챗GPT가 구글 내부적으로 '코드 레드'를 촉발했음을 인정했다. 이는 '혁신가의 딜레마'라는 고전적 프레임을 다시 떠올리게 한다. 기술 선도 기업이 위험 관리를 이유로 파괴적 혁신의 상용화에는 주저하는 사이, 외부의 도전자가 규범과 리스크를 감수하고 시장의 판을 바꾸어 버리는 패턴이다.

6. MS의 베팅: 제국의 역습

이 판을 크게 설계한 쪽은 마이크로소프트(MS)였다.

MS는 2019년 이후 여러 차례에 걸친 투자와 클라우드 파트너십을 통해 OpenAI에 총 100억~130억 달러 규모로 추정되는 자금을 투입했고, 오픈

AI 모델을 자사 클라우드와 생산성 제품군 전반에 통합하는 전략을 취했다. 워드·엑셀·파워포인트·아웃룩·깃허브·빙에 이르는 제품들에 GPT 계열 모델을 탑재한 '코파일럿(Copilot)' 브랜딩은, 사실상 "모든 소프트웨어를 AI 어시스턴트가 깔려 있는 도구로 다시 정의하겠다."는 선언에 가까웠다.

사티아 나델라 CEO는 인터뷰에서 "우리가 구글을 춤추게 만들었다."는 취지의 발언을 하며, 검색 시장의 영원한 1위였던 구글을 기존 검색 광고 모델의 수익성과 윤리·안전 문제 사이에서 딜레마에 빠뜨렸다고 강조했다. 그 순간부터 실리콘밸리는 "누가 더 크고 더 똑똑한 모델을 먼저 내놓느냐."는 속도전 단계로 급가속했고, 훈련 비용과 환경 비용, 안전성 검증·인권 영향 평가 같은 브레이크가 제대로 작동할 수 있는지에 대한 우려가 커지기 시작했다.

7. AGI의 불꽃과 논쟁

2023년 3월, 마이크로소프트 연구팀은 GPT-4를 분석한 논문 "Sparks of Artificial General Intelligence"를 공개하며, 이 모델이 범용 인공지능(AGI)의 '불꽃'을 보여 준다고 주장했다. AGI는 알파고처럼 특정 작업에만 특화된 협의 인공지능과 달리, 인간처럼 다양한 지적 업무를 폭넓게 수행할 수 있는 일반 지능을 가리키는 개념이다.

OpenAI의 GPT-4 기술 보고서에 따르면, GPT-4는 모의 변호사 시험에서 상위 10% 수준의 점수를 기록했고, SAT·GRE 등 여러 학업·전문 시험에서 인간과 유사하거나 그 이상에 해당하는 성적을 보여 "대부분의 전문·학술 시험에서 인간 수준의 성과를 낸다."고 평가되었다. 이후 추가 연구에서는 이 '상위 10%' 주장에 대해 샘플링·비교 집단에 따라 실제 백분위가 달라진다는 재평가도 나왔지만, GPT-4급 모델이 상당수 화이트칼라 업무의 일부를 자동화할 수 있는 능력을 갖췄다는 점은 대체로 인정되고 있다.

동시에 수천억 개의 파라미터와 방대한 학습 데이터가 얽힌 거대 신경망 내부에서 특정 능력이 어느 지점에서, 어떤 메커니즘으로 나타나는지에 대해 연구자들이 충분히 설명하지 못하는 현실도 드러났다. 일부는 이런 현상을 '창발(emergence)'이라 부르며, 뇌세포 하나로는 의식을 설명할 수 없지만 수백억 개가 모이면 새로운 속성이 나타나는 것과 비슷한 비유를 든다. 그러나 다른 연구자들은 "창발"이라는 표현이 측정 방식의 인공적인 불연속을 과장하는 것일 수 있다고 비판하며, AGI에 대한 성급한 선언을 경계하고 있다.

8. 우리는 무엇을 소환했는가

이와 같은 가속에 대한 반작용도 빠르게 나타났다.

2023년 3월, 비영리단체 Future of Life Institute는 "Pause Giant AI Experiments: An Open Letter"를 발표하며, GPT-4보다 강력한 AI 시스템의 훈련을 최소 6개월간 즉시 중단하라고 전 세계 연구소와 기업에 요구했다.

이 서한에는 일론 머스크, 유발 하라리, 스튜어트 러셀, 요슈아 벤지오, 스티브 워즈니악 등 다수의 연구자와 기업인이 서명했으며, AI가 인간 수준의 지적 능력을 갖추고도 통제에서 벗어날 경우, 사회 전체가 통제력을 상실하는 위험을 초래할 수 있다는 우려를 담고 있었다. 일부 논객과 서명자들은 인터뷰와 칼럼에서 '신급 AI', '디지털 신'과 같은 표현으로 이런 위험을 묘사하기도 했다.

그러나 일시 정지 요구는 글로벌 경쟁의 현실을 바꾸지 못했다. 미국이 멈추면 중국과 다른 국가들이 앞서갈 것이라는 지정학적 계산 속에서, 기업과 국가들은 오히려 더 빠르게 모델 규모를 키우고 멀티모달(텍스트·이미지·음성·영상)과 물리 로봇, 자율 시스템으로 AI를 확장하고 있다.

GPT-4급 모델은 이미 문서 작성, 코딩, 요약, 번역, 분석 등 인간의 지적 작업 상당 부분을 자동화·증강하고 있으며, 앞으로 나올 더 강력한 모델들은 이러한 역할을 더 넓은 직무와 산업으로 확장할 가능성이 크다. 다만 현재 상용 모델들은 스스로를 개선하거나 재훈련하는 자율적 존재라기보다, 여전히 인간이 설계·훈련·배포·업데이트하는 도구이며, '스스로 진화하는 AI'는 아직 현실이라기보다 미래 시나리오에 가깝다.

튜링의 테스트는 어느 정도 의미를 다했다. 이제 시험대에 오른 것은 AI가 아니라 인류다. 인간은 자신이 만든 이 강력하지만 불완전한 지적 도구를 어떻게 규율하고, 어떻게 함께 사용할 것인지에 대한 집단적 선택을 요구받고 있다. 우리는 이 새로운 지성과 공존할 규칙과 제도를 만들 준비가 되어 있는가, 아니면 또 한 번 기술이 규칙을 압도하는 시대를 반복할 것인가.

[Off the Record: 기사 밖의 진실] 앨런 튜링의 묘비명: "기계는 생각하지 않는다, 다만 흉내 낼 뿐이다"

1950년, 천재 수학자 앨런 튜링은 흥미로운 제안을 하나 던졌다. "벽 뒤에 있는 존재와 대화를 나눴을 때, 그가 인간인지 기계인지 구분할 수 없다면, 그 기계는 지능이 있는 것으로 간주해야 한다." 이것이 그 유명한 '튜링 테스트'다. 지난 70년 동안 인류는 이 테스트가 기계에게는 넘을 수 없는 거대한 벽이라고 믿었다.

하지만 2022년 11월 30일, 오픈AI가 챗GPT를 공개한 순간, 그 벽은 무너진 것이 아니라 증발해 버렸다. 나는 그날을 '튜링의 장례식'이라고 부른다.

테크부장으로서 처음 챗GPT와 대화를 나눴을 때 느꼈던 감정은 경이로움이 아니라 '섬뜩함'이었다. 기계가 너무 똑똑해서가 아니었다. 기계가 너무나 능청스럽게 '거짓말'을 했기 때문이다. 챗GPT는 모르는 것도 아는 척했고, 없는 사실을 그럴듯한 문장으로 지어냈다. 그것은 계산기가 보여 주던 딱딱한 정답이 아니라, 인간만이 할 수 있다고 믿었던 '유연한 헛소리'의 영역이었다.

우리는 오랫동안 착각했다. AI가 인간을 넘어서려면 자의식이나 영혼이 필요할 것이라고. 하지만 생성형 AI는 증명했다. 영혼이 없어도, 감정이 없어도, 그저 '다음에 올 단어의 확률'을 계산하는 통계학만으로도 기계는 시를 쓰고, 코드를 짜고, 인간을 위로할 수 있다는 것을.

이것이 주는 충격은 실존적이다. 기자가 기사를 쓰고, 작가가 소설을 쓰는 행위는 인간 지성의 최후 보루였다. 우리는 육체 노동은 로봇에게 내어 주더라도, 정신 노동만큼은 인간의 성역으로 남을 것이라 자위했다. 하지만 챗GPT는 그 성역의 문을 발로 차고 들어와 이렇게 선언했다. "언어는 영혼의 울림이 아니라, 그저 수학적으로 패턴화할 수 있는 데이터일 뿐이다."

이제 우리는 튜링 테스트가 무의미해진 시대를 살아가야 한다. 기계가 진짜로 생각하는지 아닌지는 중요하지 않다. 기계가 '생각하는 척'을 너무 완벽하게 해서 우리가 구분할 수 없다면, 사회적 파장은 똑같기 때문이다.

인터넷은 이제 '인간이 쓴 글'과 '기계가 뱉은 글'이 뒤섞인 혼돈의 바다가 되었다. 우리는 화면 너머의 상대가 따뜻한 심장을 가진 사람인지, 아니면 차가운 GPU 서버인지 확신할 수 없다. 앨런 튜링은 기계가 인간처럼 되기를 꿈꿨지만, 그 꿈의 끝에서 우리는 기계와 인간의 경계가 지워지는 악몽을 마주하고 있다.

장례식은 끝났다. 이제 우리는 스스로에게 물어야 한다. 언어를 뺏긴 인간에게 남은, 기계가 흉내 낼 수 없는 마지막 '인간다움'은 과연 무엇인가?

24장

엔비디아(NVIDIA)

― AI 시대의 새로운 석유, GPU를 선점하라

1. 게이머의 장난감에서 인류의 두뇌로

2023년 타이베이 '컴퓨텍스(Computex)' 등에서 젠슨 황 엔비디아 CEO는 거대한 기판을 들고 "많이 살수록 많이 절약하게 된다."는 이른바 'CEO Math'를 반복해 소개하며, GPU를 많이 깔수록 성능·전력 효율 면에서 총비용이 절감된다고 강조했다.

챗GPT 같은 거대언어모델(LLM)은 수천·수만 개의 연산 유닛이 동시에 행렬 곱셈을 수행해야 하는데, 범용 CPU만으로는 사실상 수년이 걸릴 대규모 학습 작업을, 대규모 GPU 클러스터는 수 주~수 개월 단위로 단축해 버리면서 AI 개발자들에게 이 말은 현실이 되었다.

원래 GPU는 비디오 게임의 화려한 그래픽을 처리하기 위해 픽셀을 대량 병렬 계산하도록 설계된 칩이었지만, 이 병렬 처리 구조가 딥러닝의 행렬 연산과 거의 완벽하게 맞물리면서 AI 가속기라는 새로운 역할을 얻게 되었다.

게임용으로 설계된 칩 아키텍처가 우연히 인류의 지능을 키우는 학습 엔진으로 재발견된 셈이다.

2. 1조 달러 클럽: CPU 제왕에서 GPU 제국으로

엔비디아는 2023년 5월 말 전통적 반도체 기업 가운데 최초로 시가총 액 1조 달러를 돌파한 뒤, 2024~2025년에는 3조 달러 수준까지 치솟으며 마이크로소프트, 애플과 함께 글로벌 시총 상단부에 이름을 올렸다.

같은 기간 인텔과 삼성전자는 여전히 각각 CPU·메모리 분야의 거인이 지만, 생성형 AI라는 '돈 되는 워크로드'의 기준으로만 보면 시장의 스포 트라이트는 명백히 엔비디아 측으로 이동했다.

일반적인 웹·엔터프라이즈 서버에서는 여전히 x86 CPU가 핵심이지 만, 거대 모델 학습·추론과 같은 고부가가치 연산에서는 GPU 중심의 가 속 컴퓨팅 구조가 표준으로 자리 잡아 가고 있다. 데이터센터 투자에서도 CPU만으로 이루어진 전통적 서버 랙보다는 GPU를 대량으로 장착한 AI 클러스터의 증설이 기업 가치와 직결되는 시대가 열린 것이다.

3. 금보다 귀한 H100: "제발 팔아만 주세요"

엔비니아의 H100은 2023~2024년 생성형 AI 열풍의 상징이 됐는데, 기 업용 시장에서 GPU 한 장 가격이 대략 2만5천~4만 달러(약 3천만~5천만 원) 수준으로 형성됐고, 공급 부족이 심했던 2023년에는 중고·암시장에 서 이보다 훨씬 높은 가격이 붙기도 했다.

일론 머스크가 "지금은 GPU가 마약보다 구하기 어렵다."고 말했을 정 도로, 실리콘밸리 빅테크와 스타트업 모두가 H100·A100 확보 경쟁에 뛰어들었다는 일화는 실제 발언과 당시 분위기를 잘 대변한다.

메타, 테슬라 등은 공개 석상에서 '수십만 개 규모의 엔비디아 GPU 클러스터' 구축 계획을 언급하며 투자 전쟁을 벌였고, 보유한 GPU 개수와 데이터센터 규모가 곧 'AI 전투력'의 대표적인 신호로 받아들여졌다. 누구는 모델을 무료로 풀고, 누구는 가격을 내리며 경쟁해도, 그 뒷단에서 학습을 돌리는 H100 수요만큼은 줄지 않았고, 엔비디아의 데이터센터 매출과 순이익은 2023 회계연도 이후 폭발적으로 뛰어올랐다.

4. 골드러시의 승자: 곡괭이 장수의 수익률

19세기 캘리포니아 골드러시에서 금을 캐러 온 광부보다 청바지와 곡괭이를 판 상인이 더 많이 벌었다는 이야기는, 21세기 AI 골드러시의 엔비디아를 설명할 때 가장 자주 소환되는 비유다. 구글(Gemini), 오픈AI(GPT), 메타(Llama) 등은 점유율 경쟁을 위해 모델을 공격적으로 무료·저가로 제공하는 반면, 엔비디아는 누구 편도 들지 않고 이들 모두에게 칩과 시스템, 소프트웨어 스택을 판매해 왔다.

그 결과 엔비디아의 전체 사업은 2023~2025년 사이 여러 분기에서 70% 안팎의 매출총이익률과 50%를 넘나드는 영업이익률을 기록하며, 'AI 인프라 공급자'라는 포지션의 수익성을 입증했다. 누가 모델 경쟁에서 이기든, 전쟁이 길어지고 격렬해질수록 가장 안정적으로 돈을 버는 쪽은 총포·곡괭이를 파는 무기상, 곧 엔비디아라는 인식이 시장에 확산된 것이다.

5. A100 금지령: 중국의 AI를 말려 죽여라

GPU의 전략적 가치가 커지자 미국 정부는 고성능 AI 칩을 사실상 '전략 물자'로 다루기 시작했다.

2022년 8월 미국 상무부는 엔비디아에 A100과 향후 H100을 중국·홍콩 등으로 수출할 때 새로운 라이선스 요건을 부과한다고 통보했고, 같은 해 10월 이른바 '10·7 규제'로 중국의 첨단 반도체·슈퍼컴퓨터·AI 역량 전반을 겨냥한 포괄적 수출 통제를 도입했다.

당국은 고성능 GPU가 미사일 유도·군사 시뮬레이션·사이버 작전 등 중국군의 군사력을 비약적으로 끌어올릴 수 있다는 점을 명시하며, 이들 칩을 중국이 확보하지 못하게 하는 것이 국가 안보 차원의 과제라고 설명했다.

정책 분석가들은 이를 두고 "중국의 AI 두뇌를 물리적으로 차단해 '굶겨 죽이려는' 전략"이라고 평가하기도 했는데, 아무리 뛰어난 알고리즘을 개발해도 학습을 돌릴 하드웨어가 없으면 대규모 모델 경쟁에서 뒤처질 수밖에 없기 때문이다.

6. 선전의 회색시장: 칩 밀수 작전

통제가 강화되자 중국에서는 즉시 우회 수급 경로가 만들어졌다.

로이터 등은 2023년 이후 선전(深圳) 화창베이 일대에서 A100·H100 등 미국이 제한한 GPU를 제3국을 거쳐 들여와 되파는 브로커·유통업자·수리 업체 네트워크가 형성됐다는 사실을 잇따라 보도했다.

공식 공급이 막히면서 암시장 가격은 정가의 두 배 이상으로 치솟는 경우도 있었고, 일부 업체는 고객 시스템에서 떼어낸 칩을 '수리' 명목으로 다시 유통하는 방식까지 동원했다.

엔비디아의 고성능 게임용 그래픽카드인 RTX 4090은 상대적으로 규제가 느슨했던 틈을 타 AI 워크로드용으로 재조립·개조돼 쓰이기도 했고, 결국 미국 정부는 2023년 10월 발표한 추가 규제에서 RTX 4090과 A800·H800 등 우회용 제품까지 수출 통제 범위에 포함시켰다. GPU는 더 이상 자유롭게 사고파는 소비재가 아니라, 미국과 동맹국이 라이선스를 통해 접근을 관리하는 전략 자산이 된 셈이다.

7. 고양이와 쥐: A800·H800과 규제의 칼날

엔비디아는 중국 매출이 전체의 상당 부분을 차지하는 만큼 시장을 완전히 포기할 수 없었고, 그래서 미국이 설정한 성능 기준 바로 아래에 맞춘 중국 전용 칩 A800·H800을 설계해 판매했다. "A100을 성능만 낮춘 A800"이라는 설명에서 알 수 있듯, 이 칩들은 수출 통제를 피할 만큼 스펙을 줄였지만 여전히 상당한 AI 연산 능력을 제공했다.

그러나 지나 러몬도 미국 상무장관은 2023년 하반기 인터뷰에서 "규제 기준을 교묘히 피하는 식의 맞춤형 칩이 또 나온다면, 바로 다음 날 그것도 규제할 것"이라고 경고했고, 10월 개정 규정에서는 실제로 A800·H800까지 통제 대상에 포함됐다. 이로써 엔비디아의 중국용 '우회 칩 전략'은 큰 제약을 받게 되었고, 고성능 AI GPU는 허가받은 국가·기업만 접근할 수 있는 통제 품목으로 굳어졌다.

8. 소프트웨어의 성벽: 쿠다(CUDA)는 해자

엔비디아가 두려운 진짜 이유는 하드웨어만이 아니다.

2006년부터 배포된 GPU 컴퓨팅 플랫폼 '쿠다(CUDA)'는 개발자가 C·C++·파이썬 등 익숙한 언어로 GPU를 쉽게 프로그래밍할 수 있게 해 주었고, 이후 10여 년 동안 딥러닝 프레임워크와 과학계산 코드의 상당 부분이 쿠다 위에 쌓였다.

그 결과 AI 연구자와 기업들은 자연스럽게 "엔비디아 GPU + 쿠다"를 기본 선택으로 삼아 왔고, 대규모 서비스 코드·연구 코드가 이 생태계에 맞춰 최적화돼 있다.

AMD ROCm, 구글 TPU, 아마존 Trainium, 테슬라 Dojo 등 대안 생태계도 빠르게 성장하고 있지만, 이미 축적된 소프트웨어·도구·노하우를 생각하면 한 번에 갈아타기는 쉽지 않다. 수십억 줄의 코드를 몽땅 다시 짜야 한다는 표현은 비유일지라도, 핵심적인 프레임워크와 서비스 코드를 이식·재최적화해야 하는 전환 비용이 막대하다는 점에서 '쿠다는 해자'라는 평가는 여전히 유효하다.

9. 소버린 AI와 컴퓨팅 주권

최근 몇 년 사이 젠슨 황과 엔비디아는 '소버린 AI(Sovereign AI)'라는 표현을 전면에 내세우며, 각국이 자국의 언어·문화·데이터로 학습한 AI 모델과 이를 구동할 컴퓨팅 인프라를 자국 내에 확보해야 한다고 주장해 왔다. 엔비디아 공식 자료와 인터뷰에서도 소버린 AI는 "국가가 자체적으로 통제·운영하는 AI 인프라와 생태계"로 정의되며, AI 팩토리·AI 인프라 산업이라는 개념과 함께 정치·경제 담론으로 확산되고 있나.

프랑스·일본·사우디아라비아, 그리고 한국을 포함한 여러 국가가 엔비디아와 손잡고 국가급 GPU 데이터센터·AI 팩토리 구축을 추진하겠다고 발표하면서, 식량·에너지 안보에 이어 '컴퓨팅 안보'가 새로운 전략 아젠다로 부상했다.

GPU와 AI 데이터센터는 원자력 발전소처럼 '지능을 생산하는 인프라'로 간주되기 시작했고, "컴퓨팅 파워가 곧 국력"이라는 말은 과장된 수사이면서도 현재 국제정치·산업 전략의 방향을 상징적으로 요약하는 표현이 되었다.

10. 우리가 만든 괴물에 대한 두려움

이처럼 GPU와 AI 인프라가 국가 전략과 안보의 중심으로 떠오르자, AI 개발자와 연구자들 사이에서는 "우리가 감당하기 어려운 속도로 너무 강력한 도구를 만들어 버린 것은 아닌가?"라는 불안이 동시에 커지고 있다.

대형 언어모델과 멀티모달 AI가 인간 수준에 근접한 성능을 일부 영역에서 보여 주면서, 일자리·정보 생태계·안보에 미칠 파장을 우려하는 목소리 역시 커지고 있기 때문이다.

엔비디아는 한편으로는 'AI 골드러시의 곡괭이 장수'이지만, 다른 한편으로는 각국 정부·기업·연구자와 함께 이 기술을 어느 속도와 방향으로 키워야 할지 고민해야 하는 파트너의 자리에 서 있다.

GPU가 21세기의 새로운 석유이자 원자로가 되어 가는 지금, 이 에너지를 어디까지, 어떻게 사용할지에 대한 사회적 합의가 AI 시대의 다음 과제가 되고 있다.

[Off the Record: 기사 밖의 진실] 가죽 재킷을 입은 21세기의 록펠러

19세기 미국 서부에서 금광이 발견됐을 때, 가장 큰돈을 번 사람은 금을 캔 광부가 아니라 그들에게 청바지와 곡괭이를 판 상인이었다. 이 오래된 '골드러시의 법칙'은 2024년 실리콘밸리에서 완벽하게 재연되고 있다. 다만 청바지가 검은 가죽 재킷으로, 곡괭이가 초록색 반도체 칩으로 바뀌었을 뿐이다.

테크 업계를 취재하며 수많은 기업의 흥망성쇠를 지켜봤지만, 지금의 엔비디아 같은 사례는 본 적이 없다. 이것은 단순한 독점이 아니다. 전 세계의 내로라하는 천재들과 억만장자들이 단 한 사람, 젠슨 황의 입만 쳐다보고 있는 기이한 '숭배'에 가깝다.

일론 머스크, 마크 저커버그, 래리 페이지. 이 거만한 테크 거인들이 자존심을 버리고 엔비디아의 문 앞에서 "제발 칩 좀 팔아 달라."며 줄을 선다. 이유는 명확하다. 엔비디아의 H100 칩 없이는 AI라는 미래로 가는 기차에 탑승조차 할 수 없기 때문이다. 지금 실리콘밸리에서 GPU는 반도체가 아니라 '산소 호흡기'다. 없으면 기업이 죽는다.

나는 젠슨 황을 '21세기의 존 D. 록펠러'라고 부른다. 20세기 산업혁명이 석유(Oil)를 태워 돌아갔다면, 21세기 AI 혁명은 GPU를 태워 돌아간다. 록펠러가 스탠더드 오일을 통해 미국의 에너지 혈관을 장악했듯, 엔비디아는 전 세계 데이터센터의 연산 혈관을 장악했다. AI가 똑똑해질수록, 챗GPT가 더 많은 말을 할수록, 그 모든 부가가치는 결국 엔비디아의 금고로 빨려 들어간다.

더 섬뜩한 것은 이 기술이 '전략 물자'가 되었다는 점이다. 미국 정부가 H100의 중국 수출을 금지했을 때, 그 조치는 전투기 판매 금지와 똑같은

무게감을 가졌다. 워싱턴의 관료들은 정확히 알고 있었다. 고성능 GPU 1 만 개를 가진 나라는 핵무기를 가진 나라보다 더 강력한 사이버 무기를 만들 수 있다는 것을.

엔비디아 칩은 이제 단순한 하드웨어가 아니다. 국가의 '지능 총량'을 결정하는 쿼터다. 사우디아라비아와 UAE가 오일머니를 싸 들고 와서 칩을 사재기하는 풍경은, 미래의 국력이 어디서 나오는지 보여 주는 상징적인 장면이다.

우리는 지금 인공지능이라는 새로운 신(God)을 만들고 있다. 하지만 아이러니하게도 그 신을 소환하기 위한 제단은 오직 엔비디아라는 단 하나의 기업이 만든 벽돌로만 쌓을 수 있다. 인류의 미래가 특정 기업의 생산 라인 속도에 종속되어 있다는 사실. 이것은 기술적 병목을 넘어, 전 지구적인 안보 리스크다.

가죽 재킷을 입은 록펠러는 지금 웃고 있다. 하지만 그 웃음 뒤에는 "나 없이 너희가 무엇을 할 수 있는데?"라는 서늘한 질문이 깔려 있다.

25장

오펜하이머 모멘트

— 개발자들의 공포와 실리콘밸리의 내전

1. 2023년 11월 17일, 왕이 쫓겨나다

2023년 11월 17일 금요일 오후, 실리콘밸리에 핵폭탄급 뉴스가 떨어졌다. 챗GPT의 얼굴이자 오픈AI CEO였던 샘 알트만이 이사회 결정으로 전격 해임된 것이다.

오픈AI 이사회는 공식 블로그에서 해임 사유를 "이사회와의 소통에서 일관되게 솔직하지 않았다."는 한 줄로 요약했다. 회사의 대형 손실, 회계 부정, 횡령 등은 어느 공식 문서에도 언급되지 않았고, 내부 COO 메모에서도 세무·보안 문제 때문은 아니라는 취지의 설명이 나왔다.

다만 왜 이런 표현까지 써야 했는지, 구체적 내용은 여전히 공개된 바가 거의 없다. 해임 당시 오픈AI 비영리 이사진의 구성과 내부 메모, 이후 보도를 종합하면 "알트만이 시나치게 공격적인 상업화·거버넌스 전략을 밀어붙였고, 이를 이사회의 일부가 더 이상 감당할 수 없다고 본 것"이 주요 갈등 축이었다는 분석이 제기된다.

2. 둠스데이의 공포 vs 상업적 속도

알트만은 GPT-4와 GPT-4 Turbo, 챗GPT 엔터프라이즈 등 점점 더 강력한 모델과 서비스를 빠르게 출시하며 상업화를 가속해 왔다. 반면 오픈AI 수석 과학자이자 공동 창업자인 일리아 수츠케버는 장기적 위험과 통제 가능성에 대해 훨씬 더 보수적인 입장을 가진 인물로 알려져 있다.

여러 보도에 따르면, 수츠케버는 내부적으로 알트만이 "너무 멀리, 너무 빨리 나아가고 있다."고 우려하며, 안전·거버넌스 체계를 정비하지 않은 상태에서의 급가속에 반대했던 핵심 인물 중 하나다. 내부 연구 중이던 차세대 모델에서 초기 단계의 수학 추론 능력 등 새로운 성질이 관찰되자, 일부 연구진은 "이제는 인간을 능가하는 지능, 나아가 잠재적 '초지능'으로 이어질 수 있는 궤도에 본격 진입했다."고 보고 속도 조절을 주장했다는 보도도 있다.

이사회가 실제 회의실에서 "인류를 보호하기 위해, 회사를 파괴하더라도 알트만을 멈춰야 한다."고 말했다는 기록은 없다. 그러나 효과적 이타주의(EA)와 존재론적 위험을 중시하던 일부 이사들의 성향, 그리고 후속 인터뷰·칼럼들을 바탕으로 보면, 비판적 관측자들은 이 결정을 "기업 경영권 분쟁이 아니라, 인류의 미래를 둘러싼 철학적 내전의 한 장면"으로 해석해 왔다.

3. 효과적 이타주의(EA): "멈추지 않으면 다 죽는다"

실리콘밸리의 엘리트 네트워크 한 축에는 '효과적 이타주의'와 인류 장기 미래를 우선시하는 사상이 자리 잡고 있다.

이들은 AI를 기후 위기나 핵전쟁과 비견되는, 또는 그 이상일 수도 있는 '존재론적 위협(x-risk)'으로 본다. 인간 수준을 넘어선 시스템이 자기 보존이나 목표 극대화를 추구하기 시작하면, 인간을 방해 요소 또는 자원으로 취급하고 제거할 수 있다는 시나리오를 진지하게 검토한다.

포춘 등은 "알트만을 해임했다가 다시 복귀시키게 된 비영리 이사들 중 최소 두 명이 EA 및 x-risk 커뮤니티와 밀접한 연관이 있다."고 지적한다. EA 진영 주변에서는 "속도를 늦추는 것은 선택이 아니라 도덕적 의무"라는 주장도 꾸준히 제기돼 왔다. 오픈AI 이사들의 동기가 EA 교리에 의해서만 결정되었다고 단정하기는 어렵지만, 이 철학이 해임 결정의 중요한 사상적 배경 가운데 하나였다는 점은 여러 분석에서 공통적으로 지적된다.

4. 효과적 가속주의: "엑셀을 밟아라"

반대편에는 소셜미디어와 일부 VC 커뮤니티를 중심으로 형성된 '효과적 가속주의(e/acc)'가 있다. X(트위터)에서 'e/acc'를 프로필에 내건 이들은, 기술 발전을 가능한 한 빠르게 밀어붙이고, 발생하는 부작용도 다시 기술로 해결해야 한다는 테크 낙관주의를 공유한다.

마크 앤드리슨 같은 유명 벤처투자자들은 대규모 규제를 "번영의 가능성을 질식시키는 행위"로 규정하며, AI 안전·규제 담론을 신랄하게 비판해 왔다. e/acc 진영의 일부는 "규제를 통해 AI의 잠재적 혁신을 막는 것이야말로 비윤리적"이라는 역설을 펼치며, 인간 수명 연장, 암 정복, 에너지 문제 해결, 우주 이주 같은 장기적 비전을 앞세운다.

알트만 축출 사태는 이런 의미에서 "브레이크를 밟으려는 자들(safety·EA)"과 "엑셀에 더 힘을 주려는 자들(speed·e/acc)"이 실리콘밸리 한복판에서 충돌한 대표적인 사건으로 상징화되었다고 볼 수 있다.

5. 제프리 힌튼의 사임: AI의 아버지, 집을 떠나다

2023년 5월, '딥러닝의 아버지'로 불리는 튜링상 수상자 제프리 힌튼이 10여 년 몸담았던 구글을 떠났다. 형식상 은퇴였지만, 그는 뉴욕타임스 등과의 인터뷰에서 "회사와 이해상충 없이 AI 위험에 대해 자유롭게 말하기 위해" 구글을 떠난 것이라고 밝혔다.

힌튼은 "내 평생의 업적 일부를 지금은 후회한다."고 말하며, 그 이유로 다음과 같은 우려를 들었다. 첫째, 강력한 언어모델이 가짜 정보·선전의 대량 생산을 가속화해 사회적 진실성을 훼손할 수 있다는 점. 둘째, 많은 직업이 자동화되면서 심각한 노동시장 충격이 발생할 수 있다는 점. 셋째, 스케일업 속도가 너무 빨라 우리가 통제·이해할 수 있는 범위를 벗어날 수 있다는 점이다.

이런 감정은 종종 로버트 오펜하이머가 원자폭탄 실험을 지켜보며 인용했다는 말, "나는 죽음이요, 세상의 파괴자가 되었다."에 빗대어 설명된다.

힌튼 스스로 이 구절을 직접 인용한 것은 아니지만, 핵과 AI 개발자의 도덕적 딜레마를 설명하는 메타포로 널리 쓰인다.

6. 6개월만 멈추자: 1,000명을 넘어선 서명

힌튼만 불안해했던 것은 아니다. 2023년 3월, Future of Life Institute (FLI)는 "Pause Giant AI Experiments: An Open Letter"라는 공개 서한을 발표했다.

이 서한은 "GPT-4보다 강력한 시스템 훈련을 최소 6개월간 즉시 중단하라."고 요구하며, 강력한 AI가 가져올 선전·가짜 정보, 극단적 자동화, 인간의 역할 축소, 통제 상실의 위험을 지적했다.

이 서한에는 일론 머스크와 스티브 워즈니악, 요슈아 벤지오, 스튜어트 러셀, 유발 하라리 등 1,000명을 훨씬 넘는 학자·산업계 인사들이 서명했다. 유발 하라리는 이 서한과 별도로 여러 칼럼과 인터뷰에서 "문해력·정치 시스템을 붕괴시킬 수 있는 딥페이크·챗봇 등 가짜 인간의 등장"을 경고해 왔다. 그러나 주요 빅테크나 선두 연구소 가운데 실제로 6개월 모라토리엄을 이행한 곳은 사실상 없었고, 이후 6개월 동안 오히려 경쟁이 더 치열해졌다는 평가가 많다.

7. 알트만의 귀환과 슈퍼얼라인먼트 팀의 와해

오픈AI 사태의 5일짜리 드라마는 "알트만의 복귀"로 끝났다.

마이크로소프트와 대부분의 직원이 알트만 지지를 공개 선언하면서, 이사회는 강한 역풍에 직면했고, 결국 알트만은 CEO 자리로 돌아왔다. 이 과정에서 해임을 주도했던 이사 상당수가 물러났고, 이사회 구조는 투자자 친화적으로 재편되었다.

한편 알트만이 2023년 7월 발표했던 '슈퍼얼라인먼트(Superalignment)' 팀은, "향후 4년 안에 초지능에 가까운 시스템을 인간 가치에 정렬시키는 핵심 기술 문제를 풀겠다."는 야심 찬 목표를 내걸고, 확보된 컴퓨트 자원의 20%를 투입하겠다고 약속한 조직이었다. 수츠케버와 얀 리이케가 공동 리더로 참여했다.

그러나 2024년 5월, 수츠케버와 라이케 모두 오픈AI를 떠났고, 슈퍼얼라인먼트 팀은 사실상 와해된 것으로 알려졌다. 라이케는 X(트위터)에서 "지난 몇 년 동안 안전 문화와 프로세스는 반짝이는 제품들에 밀려 뒷전으로 밀려났다."고 공개 비판하며, "인간보다 똑똑한 머신을 만드는 건 본질적으로 위험한 일이며, 오픈AI는 인류를 대신해 막대한 책임을 지고 있다."고 적었다. 이 발언은, 알트만 복귀 이후 오픈AI 내부의 힘의 균형이 안전·정렬보다 제품·성장에 더 기울었다는 상징적 장면으로 받아들여졌다.

8. 죄수의 딜레마와 '중국'이라는 핑계

그렇다면 왜 이처럼 우려를 표하는 연구자들이 있어도, AI 개발은 계속해서 가속되는가.

그 배경에는 국제정치적 '죄수의 딜레마'가 있다. 미국 정치권 청문회에서 샘 알트만과 에릭 슈미트 전 구글 CEO는 여러 차례 "미국이 중국 등 경쟁국보다 먼저, 그리고 더 나은 방식으로 AI를 개발해야 한다."는 논리를 강조했다.

알트만은 미 상원 청문회와 인터뷰에서 "미국이 중국에 겨우 한발 앞서 있다."고 말하며, 지나친 규제가 미국 AI 경쟁력을 떨어뜨릴 수 있다고 경고했다. 슈미트 역시 "슈퍼지능 수준의 AI를 민주주의 가치와 거리가 먼 국가가 먼저 갖게 두는 것은 더 위험하다."고 주장하며, 방어적 냉전 논리를 전개했다.

이 논리는 오펜하이머 시대의 핵 경쟁과 유사한 구조를 갖는다.

"우리가 먼저 만들지 않으면, 상대가 만든다."는 두려움이 브레이크를 밟을 정치적 여지를 줄여버리는 것이다. 다만 현재의 AI 경쟁에도 국제

규범·협력 논의가 병행되고 있고, 모든 정책이 '중국'만을 이유로 정당화
되는 것은 아니라는 점에서 핵 개발기와 완전히 동일시할 수는 없다.

9. 브레이크가 약해진 질주

알트만의 복귀, 투자자 중심으로 재편된 오픈AI 이사회, 슈퍼얼라인먼
트 팀의 와해, 안전 우선파 핵심 인사들의 잇따른 퇴사, 그리고 미국 정치
권에서 반복되는 '중국을 이겨야 한다'는 담론을 종합하면, 현재의 힘의
균형이 "속도와 제품" 쪽으로 기울어져 있는 것은 분명해 보인다.

그렇다고 해서 브레이크가 완전히 사라진 것은 아니다.

오픈AI 내부에는 여전히 안전·정렬을 담당하는 팀이 남아 있고, 구
글·메타·앤트로픽 등 다른 빅테크와 연구소들도 각자의 책임 AI 조직과
외부 자문 구조를 유지하고 있다. 그러나 EA를 비롯한 비관론적인 진영의
목소리가 경영 의사결정의 최전선에서 후퇴한 것만은 부인하기 어렵다.

한편, 미국·EU·중국·영국·한국·중동 주요국 등은 모두 "빅테크에만
의존하지 않는 자국 AI 역량"을 확보하기 위해, 국가 차원의 대형 언어모
델과 컴퓨팅 인프라를 서둘러 구축하고 있다. 이 경쟁의 끝이 유토피아
로 향할지, 디스토피아로 향할지는 아직 알 수 없다. 분명한 것은, 안전벨
트를 제대로 매기도 전에 인류가 고속도로에 진입했다는 데 대해, 힌튼과
EA, 그리고 일부 개발자들은 깊은 불안을 공유하고 있다는 사실이다.

[Off the Record: 기사 밖의 진실] 핵무기 버튼을 누른 아이들

1945년, 줄리어스 로버트 오펜하이머는 트리니티 핵실험의 버섯구름

을 보며 힌두 경전을 읊조렸다. "나는 이제 죽음이요, 세상의 파괴자가 되었도다."

2023년 11월, 실리콘밸리에서 벌어진 기이한 쿠데타를 지켜보며 나는 오펜하이머의 그 탄식이 80년 만에 디지털 언어로 번역되어 울려 퍼지고 있음을 느꼈다. 챗GPT의 아버지, 샘 알트만이 자신이 만든 회사에서 쫓겨난 사건은 단순한 경영권 다툼이 아니었다. 그것은 "이 기술이 너무 위험하니 속도를 늦춰야 한다."는 안전파와 "인류를 위해 더 빨리 개발해야 한다."는 가속파 사이에 벌어진 최초의 이념 전쟁, 즉 '실리콘밸리의 내전'이었다.

내가 만난 AI 개발자들은 깊은 모순에 빠져 있다. 그들은 낮에는 "우리 AI가 세상을 구원할 것"이라고 투자자들을 설득하지만, 밤에는 술잔을 기울이며 'P(doom)'을 이야기한다. 이것은 'AI가 인류를 멸망시킬 확률'을 뜻하는 은어다. 자신이 만드는 제품이 인류를 멸종시킬 확률이 10%라고 믿으면서도, 그 제품을 완성하기 위해 밤을 새우는 사람들. 이것이 오펜하이머들의 초상이다.

그들의 공포는 구체적이다. 그들은 자신들이 만드는 AI의 속을 들여다볼 수 없다. 딥러닝은 수조 개의 파라미터가 얽힌 '블랙박스'다. 왜 AI가 거짓말을 하는지, 어떻게 코드를 짜는지 개발자조차 완벽하게 설명하지 못한다. 그들은 이해하지 못하는 존재를 창조하고, 통제할 수 없는 지성에 권한을 이양하고 있다.

알트만 축출 사태가 남긴 가장 서늘한 교훈은 '브레이크가 없다'는 사실이다. 이사회는 인류 안전을 이유로 CEO를 해고했지만, 자본(MS)과 직원들의 욕망은 단 5일 만에 그를 복귀시켰다. 이 사건은 명확한 메시지를 던진다. "그 어떤 윤리적 경고도, 돈이 되는 기술의 질주를 막을 수 없다."

냉전 시대에는 핵무기를 통제하는 '핵확산금지조약(NPT)'이라도 있었다. 발사 버튼은 대통령이 쥐고 있었다. 하지만 AI라는 디지털 핵무기의 버튼은 선출되지 않은 30대 엔지니어들과 이익을 좇는 주주들의 손에 쥐어져 있다. 그들은 서로 먼저 버튼을 누르기 위해 경쟁한다. "우리가 안 만들면 중국 또는 구글이 먼저 만들 테니까"라는 논리는 모든 안전장치를 무력화시키는 마법의 주문이다.

우리는 지금 '오펜하이머 모멘트'를 지나고 있다. 차이가 있다면, 1945년의 과학자들은 적어도 폭탄이 터지면 어떻게 되는지는 알고 있었다는 점이다. 하지만 지금의 AI 개발자들은 이 디지털 폭탄이 터졌을 때, 세상이 천국이 될지 지옥이 될지조차 모른 채 카운트다운을 시작했다.

실리콘밸리의 내전은 자본의 승리로 끝났다. 브레이크는 파괴되었고, 엑셀러레이터 위에는 돌덩이가 올려졌다. 이제 우리 앞에는 멈추지 않는 폭주 기관차에 올라타야 하는 운명만이 남았다.

26장

소버린 AI(Sovereign AI)

― 왜 모든 국가는 자신의 AI를 가져야 하는가

1. 챗GPT는 백인 남성인가?

"독도는 누구 땅입니까?"라는 질문에 초기 챗GPT가 영토 분쟁의 양측 주장을 병기하거나 모호하게 답해 논란이 된 사례들이 있었다. 이는 모델이 국제 정치·영토 분쟁 이슈에 대해 '중립적' 요약을 지향하면서도, 학습 데이터와 안전 정책의 편향을 그대로 드러낸 전형적 예다.

현재 상용 거대언어모델(LLM) 대부분은 학습 데이터에서 영어의 비중이 압도적으로 크지만, OpenAI 등은 정확한 언어 비율을 공개하지 않아 "90% 이상이 영어"라는 식의 수치는 공개된 '팩트'라기보다 업계 추정에 가깝다. 이때 영어 데이터는 북미·영국 중심 인터넷 문화와 규범을 비롯해, 실리콘밸리 기업이 설정한 콘텐츠 정책·안전 필터의 가치관을 함께 품고 들어온다.

그래서 많은 연구자들이 오늘날 범용 LLM을 "미국 서부, 특히 캘리포니아의 중산층 리버럴 백인 남성의 세계관이 강하게 반영된 시스템"이라고 비판적 비유로 설명한다. 이는 모델이 실제로 특정 인구통계의 '자아'를 가졌다는 뜻이 아니라, 데이터 구성과 정책 설계가 그 집단의 가치·정치적 입장을 과대표현할 위험이 크다는 지적이다. 만약 전 세계 아이들이 이런 모델에게 역사를 배우고 윤리를 묻는다면, 인류의 정신세계는 눈에 보이지 않는 방식으로 '미국화'·'앵글로색슨화'될 수 있다.

프랑스의 에마뉘엘 마크롱 대통령은 "프랑스어로 된 데이터베이스를 만들지 않으면, 앵글로색슨으로부터 상속된 편향을 가진 모델을 쓰게 된다."며, 언어·문화가 AI 시대의 주권 문제라고 강조했다. 이 지점에서 많은 지식인과 정치인들이 오늘의 AI를 "21세기형 문화 제국주의" 혹은 "AI 식민지화"의 잠재적 도구로 보는 이유가 나온다. 이런 표현들은 과장된 은유이지만, 글로벌 상용 AI가 특정 언어·문화의 기본값을 전 세계에 사실상 '수출'한다는 현실을 날카롭게 짚는다.

2. "우리말을 할 줄 아는 노예"가 아닌, 소버린 AI

그렇다면 소버린 AI(Sovereign AI)는 무엇인가. 단순히 "한국어를 할 줄 아는 AI"가 아니다. 보다 정확하게는 "우리 사회의 데이터로 학습하고, 우리 법과 규범에 따라 통제되며, 우리 언어·문화·가치의 맥락을 이해하는 AI"를 뜻한다.

미국 빅테크가 만든 범용 AI를 그대로 가져다 쓰는 것은, 밀 질하는 외국인 용병을 고용해 국가의 두뇌를 맡기는 것과 비슷하다. 평시에는 매우 유능하지만, 결정적인 순간에 그는 자국(미국) 기업의 성책과 이해권계, 혹은 자국 규제 체계를 우선하고, 우리 사회 고유의 역사·정치·법 문화 맥락을 제대로 이해하지 못한 채 조언을 내놓을 수 있다.

그래서 여러 국가 지도자·정책가들은 "조금 덜 영리하더라도, 내 말을 제대로 알아듣는 우리 집 자식을 키워야 한다."고 말한다. 이는 기술적 국산화 문제가 아니라, 법·감독·책임의 관점에서 "누가 이 AI의 행동과 오류에 대해 정치적·법적 책임을 질 수 있는가?"라는 질문이다. 소버린 AI는 결국, 책임과 주권의 문제다.

3. 삼성 사건이 보여 준 것: 기업 기밀과 AI

2023년 초 삼성전자 반도체 부문 직원들이 버그 수정·회의록 정리 등을 위해 챗GPT에 소스 코드와 회의 내용을 입력했다가, 민감한 회사 정보가 외부 서비스로 전송된 사실이 알려졌다. 코드 조각, 회의록, 장비·수율 관련 데이터 등이 포함됐고, 삼성은 이후 사내에서 챗GPT 사용을 금지하고 자체 AI 도입을 검토하기 시작했다.

OpenAI의 기본 정책상 별도의 설정을 하지 않으면 사용자가 입력한 내용은 서비스 개선 및 모델 학습에 활용될 수 있으며, 사용자는 민감 정보를 입력하지 말 것을 안내받는다. 따라서 삼성 사례는 "입력된 정보가 실제 학습 파이프라인에 들어갔는지 여부"와 무관하게, 기업 입장에서는 사실상 외부 유출로 간주할 수밖에 없는 사건이었다.

이 사건은 기업과 정부에 뚜렷한 질문을 남겼다.

"우리 회사의 핵심 기술, 정부의 민감 회의록, 군대의 작전 계획을 해외 빅테크 서버 위에서, 그들의 정책과 계약에 의존해 처리하는 것이 과연 가능한가?"라는 점이다. 국가안보나 1급 기밀은 대다수 국가에서 여전히 폐쇄망·온프레미스(On-premise)나 최소한 자국 영토 내 데이터센터에서 처리하는 것이 원칙이다. 소버린 AI 논의는 이렇게 "어디에 저장할 것인가(데이터 주권)"를 넘어 "어떤 뇌에서, 누구의 법과 계약 안에서 처리할 것인가(모델·운영 주권)"로 확장되고 있다.

4. 데이터 주권에서 모델 주권으로

이전 세대의 클라우드 주권 논의는 "데이터를 어느 나라, 어떤 사업자의 서버에 둘 것인가?"에 초점을 맞췄다.

오늘의 소버린 AI 논의는 한 단계 더 나아가, "그 데이터를 어떤 뇌(AI 모델)로 처리하고, 그 뇌를 누가 통제하는가?"를 묻는다.

예를 들어 우리 정부나 공공기관이 챗GPT API에 깊게 의존해 행정 서비스·민원 시스템을 구축했다고 가정해보자. 어느 날 공급자가 정책을 바꾸어 특정 국가의 사용을 제한하거나, 가격을 몇 배로 인상하거나, 특정 유형의 발화를 차단하겠다고 하면, 그 위에 쌓인 서비스는 단기간에 마비될 수 있다. 이는 전통적인 클라우드·ERP에서 이미 반복된 "벤더 락인" 문제를, 훨씬 더 두꺼운 인텔리전스 계층에서 겪게 되는 것이다.

이 때문에 각국은 독자 LLM 개발뿐 아니라, 여러 모델·사업자를 분산해 쓰는 멀티 벤더 구조와, 오픈소스 LLM을 활용한 자국 인프라 구축을 동시에 모색한다. 핵심은 "한 번 남의 뇌에 의존하기 시작하면 영원히 빌려 쓰게 된다."는 절망론이 아니라, 모델 주권을 확보해 어느 정도까지라도 독자 선택권과 협상력을 유지하려는 전략이다.

5. 프랑스의 자존심: Mistral AI와 유럽의 디지털 주권

소버린 AI 논의를 가장 적극적으로 정치 의제로 끌어올린 국가 중 하나가 프랑스다.

마크롱 대통령은 비바테크(VivaTech) 연설에서 "프랑스어 데이터베이스를 만들지 않으면, 앵글로색슨 편향을 상속받은 모델을 쓰게 된다."며 프랑스어·유럽 언어 기반의 대형 언어모델을 국가 주권의 문제로 규정했다. 그는 Mistral AI와 같은 스타트업을 언급하며 "프랑스·유럽의 AI 챔피언"을 키우겠다고 공언했고, 프랑스 정부는 오픈소스 AI 모델과 슈퍼컴퓨터 클러스터에 수억 유로 규모 투자를 약속했다.

Mistral AI는 Google DeepMind·Meta 출신 연구자들이 만든 스타트업으로, 영어와 더불어 프랑스어·유럽 언어를 강하게 지원하는 오픈소스·오픈 가중치 LLM 전략으로 주목받고 있다. 프랑스 정부와 EU는 GDPR 등 규제만으로 미국 빅테크를 견제하는 수준을 넘어, 자체 LLM과 컴퓨팅 인프라를 확보해 "미·중 기술 패권 사이의 디지털 종속"을 피하겠다는 목표를 분명히 하고 있다.

물론 "프랑스어·유럽 언어를 가장 잘 이해하는 모델"이라는 표현은 아직까지는 마케팅·언론의 수사에 가깝다. 실제로는 영어 성능도 동시에 강화하면서, 유럽 규제 환경에 맞는 소버린 AI·오픈소스 LLM의 대표 주자로 자리매김하는 과정에 있다. 중요한 것은, 유럽이 단지 미국 모델을 규제하는 데 그치지 않고 "우리 뇌를 직접 만들겠다."고 선언했다는 정치적 메시지다.

6. 중동의 오일머니: Falcon과 사우디의 AI 도약

석유 부국 UAE는 돈으로 시간을 샀다.

아부다비의 Technology Innovation Institute(TII)는 대규모 GPU 클러스터를 구축해 Falcon 40B 등의 거대언어모델을 학습시킨 뒤, 2023년부

터 상업적 사용까지 허용하는 오픈소스 라이선스로 공개했다. 이후 더 작
은·더 최신 아키텍처의 Falcon 3 계열 모델까지 추가 공개하며, "중동·글
로벌 남반구를 위한 오픈소스 LLM"이라는 브랜드를 구축하고 있다.

사우디아라비아 역시 비전 2030 전략 아래 AI·반도체·클라우드 인프
라에 대규모 투자를 선언했고, 2025년에는 KAIST와 킹사우드대가 공동
AI 연구소·오픈소스 AI 모델 개발 협력 계획을 공식 발표했다. 이들 국가
는 아랍어·지역 언어에 특화된 모델을 키우면서, 석유 이후 시대에 자신
들의 경제·정치적 영향력을 뒷받침해 줄 "디지털 무기"로 AI를 선택하고
있다.

여기서 중요한 메시지는, 이들 나라가 미국 빅테크 서비스를 단순 소비
하는 대신 자국 GPU 인프라, 자국어 데이터, 오픈소스 LLM을 묶어 자신
들만의 지적 기반시설을 갖추려 한다는 점이다. 오일머니는 더 이상 단
지 미국·유럽 회사 지분을 사는 데 그치지 않고, 아예 자국의 뇌를 짓는
데로 향하고 있다.

7. 일본의 각성: 잃어버린 30년을 넘어

디지털 인프라와 LLM 경쟁에서 일본이 뒤처졌다는 자성은 일본 정
부·산업계에서도 반복적으로 세기돼 왔디.

소프트뱅크 손정의 회장은 일본의 AI·반도체 인프라 투자가 부족했다
는 점을 지적하며, 엔비디아 칩을 활용한 초대형 GPU 데이터센터 구축
과 일본어 특화 LLM 개발에 대규모 투자를 선언했다. 보도에 따르면 소
프트뱅크는 수천억 엔 규모의 AI 인프라 투자 계획을 내놓았고, 향후 1조
엔 수준으로 확대될 가능성도 언급된다.

동시에 NTT, NEC 등 일본 대기업들도 정부 지원을 받아 일본어 LLM과 자국산 AI 인프라 프로젝트를 추진하고 있다. 일본 정부는 2025년 이후 국가 차원의 GPU 인프라·데이터센터 투자 계획을 발표하며, "일본어·일본 사회에 최적화된 AI"를 여러 기업과 함께 개발하겠다는 방침을 밝혔다.

"네이버와의 결별"이라는 표현은, 과거 라인·야후 재편과 소프트뱅크의 독자 AI 인프라 강화 움직임을 압축한 정치적 수사에 가깝다. 보다 정확하게는, 일본은 한국·미국 빅테크에만 의존하지 않고 자국 GPU·모델·서비스를 키워 "일본어 디지털 영토"를 지키려는 방향으로 정책과 투자를 조정하고 있다고 보는 편이 적절하다.

8. 한국의 저력: 네이버·LG와 소수 국가의 LLM 생태계

놀랍게도 우리나라는 미국·중국과 더불어, 자체 대형 상용 LLM과 관련 클라우드·서비스 생태계를 동시에 운영하는 소수 국가 중 하나로 꼽힌다.

영국·프랑스·UAE·일본 등도 빠르게 추격하고 있지만, 우리나라처럼 자국어 시장 규모가 상대적으로 작음에도 불구하고 검색·포털·커머스·메신저·슈퍼앱과 연결된 LLM 플랫폼을 굴리는 국가는 많지 않다.

네이버의 HyperCLOVA X는 "GPT 계열 모델보다 6,500배 많은 한국어 데이터를 학습했다."는 점을 강하게 내세우고 있으며, 언론·기술 문서에서도 이 수치가 반복 언급된다. 이 수치는 네이버가 공개한 비교 방식(한국어 코퍼스 규모 기준)에 의존하는 마케팅 수치이지만, 한국어 데이터·뉴스·블로그·지식iN 등을 대규모로 활용해 "한국어·한국 사회 맥락에 최적화된 LLM"을 만들었다는 핵심 방향은 분명하다. 실제 벤치마크에서도 HyperCLOVA X는 한국 관련 지식 질문에서 GPT-4 등 글로벌 모델보다 높은 정확도를 보인 사례가 보고된다.

LG의 Exaone은 과학 논문·산업 데이터를 강하게 학습해 연구·디자인·엔지니어링 등 전문 영역에 특화된 멀티모달 LLM으로 발전하고 있다. 두 모델 모두, 구글·MS가 수십조·수백조 원 규모의 자본과 인프라를 투입하는 것에 비하면 상대적으로 적은 투자로 구축된 "국산 방파제"다.

그 결과 한국은 구글 지도·아마존·우버가 점령하지 못한 자국 플랫폼 생태계를 유지해온 것처럼, AI 시대에도 어느 정도 독자적인 디지털 영토를 지킬 가능성이 있는 소수 국가가 되었다고 평가할 수 있다.

다만 "한국이 세계 3번째로 LLM 생태계를 가진 국가"라는 표현은 정의에 따라 논쟁적이다. DeepMind·OpenAI와 밀접한 영국, Mistral을 앞세운 프랑스, Falcon을 내세운 UAE 등도 자국 기반 LLM 생태계를 주장할 수 있다. 보다 정확하게는 "미국·중국과 함께 자국어·자국 플랫폼에 밀착된 상용 LLM 생태계를 조기에 구축한 소수 국가 중 하나" 정도로 보는 것이 타당하다.

9. AI는 21세기의 핵무기인가: 주권과 안보의 관점

초대형 LLM을 개발·운영하는 데는 막대한 GPU 구매 비용, 전기료, 데이터센터 구축비가 들어간다. 미국과 중국 빅테크는 수십조 원 단위의 자본을 투입해 LLM과 전용 데이터센터를 확장하고 있고, EU·일본·한국·중동 국가들도 국가 예산과 정책 금융을 동원해 뒤쫓는 형국이다. 우리 기업들이 언제까지 이런 물량 공세를 버틸 수 있을지는 불확실하다.

그럼에도 각국이 소버린 AI를 포기하지 못하는 이유는 단지 "성장 산업"이어서가 아니다. 프랑스·EU 지도자들은 "유럽이 미·중의 디지털 '속국'이 되어선 안 된다."고 강조하고, 디지털 주권과 데이터·클라우드·AI 주권을 한 묶음으로 다룬다. 이는 "자신의 AI를 갖지 못한 국가는, 장기적으로 타국 AI의 결정과 규칙에 종속될 위험이 크다."는 우려에서 나온다.

"AI는 21세기의 핵무기"라는 표현은 이런 맥락에서 나온 정치적·담론적 비유다.

이는 AI가 실제 핵무기처럼 물리적 파괴력을 갖는다는 뜻이 아니라, 경제·정보·여론·사이버 안보에 걸쳐 국가의 전략적 자율성과 억지력을 좌우하는 핵심 인프라가 될 수 있다는 의미다. 핵무기가 물리적 침략을 억지했다면, 소버린 AI는 데이터와 알고리즘, 플랫폼을 통한 정신적·경제적 '침공'과 종속을 막아주는 새로운 방어선이 될 수 있다.

이 거대한 AI를 돌리기 위해 인류는 이제 또 다른 형태의 전쟁을 치른다.

AI는 전기를 먹는 하마이기 때문이다. 어느 나라가 이 전기를 감당하고, 어느 나라가 독자적인 뇌를 키우며, 어느 나라가 남의 뇌를 빌려 쓰는 데 만족할 것인가. 소버린 AI를 둘러싼 싸움은 결국, 21세기형 주권과 안보의 지형을 다시 그리는 과정이다

[Off the Record: 기사 밖의 진실] 식민지 지식인의 비극을 반복할 것인가

일제 강점기, 조선의 지식인들이 겪었던 가장 큰 비극은 무엇이었을까. 나라를 뺏긴 것도 서러웠지만, 자신의 사상을 표현할 언어를 뺏겨 '남의 나라 말(일본어)'로 사고하고 글을 써야 한다는 자괴감이 아니었을까.

21세기, 나는 실리콘밸리가 만든 AI를 보며 그 기시감을 다시 느낀다. 챗GPT는 한국어를 유창하게 구사한다. 하지만 그 유창함에 속지 말아야 한다. 챗GPT의 '뇌'를 구성하는 학습 데이터의 90% 이상은 영어권 자료다. 한국어 데이터는 0.1%도 되지 않는 변방의 언어일 뿐이다.

이 불균형은 단순한 번역의 문제가 아니다. '가치관의 식민지화'를 의미한다. 우리가 챗GPT에게 "독도는 누구 땅인가?"라고 물었을 때, 혹은 "임진왜란의 성격은 무엇인가?"라고 물었을 때, AI가 내놓는 답은 한국인의 역사 인식보다는 위키피디아 영문판이나 서구권의 시각을 반영할 확률이 높다. 겉모습은 한글이지만, 그 알맹이와 영혼은 캘리포니아의 백인 남성 엔지니어들이 설정한 가치관을 따르고 있는 셈이다.

이것이 바로 프랑스의 마크롱 대통령과 젠슨 황 엔비디아 CEO가 입을 모아 '소버린 AI(Sovereign AI, 주권 AI)'를 외치는 이유다. 소버린 AI란 다른 나라의 기술을 빌려 쓰는 것이 아니라, 자기 나라의 데이터와 인프라로, 자기 나라의 언어와 문화를 이해하는 독자적인 AI를 갖는 것을 뜻한다.

혹자는 묻는다. "미국이 만든 게 성능도 좋고 싼데, 굳이 수조 원을 들여 토종 AI를 만들 필요가 있나?" 경제 논리로만 보면 맞는 말이다. 하지만 안보와 문화의 논리로 보면 그것은 '디지털 자살 행위'다.

국가의 행정, 교육, 법률 시스템을 미국 기업의 API(응용프로그램 인터페이스)에 의존한다고 상상해보라. 워싱턴의 정책이 바뀌거나 오픈AI의 서버가 멈추는 순간, 한국의 디지털 행정은 마비된다. 더 무서운 것은 미래 세대의 사고방식이다. 어려서부터 미국 AI가 골라주는 답, 미국 AI가 추천하는 역사관에 길들여진 아이들은, 몸은 한국에 있어도 정신은 실리콘밸리의 51번째 주에 살게 될 것이다.

언어는 존재의 집이다. 그리고 이제 그 집을 짓는 건축가는 AI다. 우리 손으로 만든 설계도(파운데이션 모델)를 갖지 못한 나라는, 영원히 남이 지어준 월세방에서 눈치를 보며 살아야 한다.

네이버가 막대한 적자를 감수하며 '하이퍼클로바X'를 놓지 않는 이유, 프랑스와 일본이 정부 돈을 쏟아부어 자체 LLM(거대언어모델)을 만드는 이유는 하나다. "우리의 말과 얼을 데이터의 형태로라도 지켜내겠다."는 절박함이다. 이것은 기술 경쟁이 아니다. 21세기의 한글 창제이자, 독립 운동이다.

27장

전력 전쟁

— AI는 전기를 먹는 하마

1. 구름(Cloud)은 석탄으로 돌아간다

우리는 스마트폰 화면 속의 AI가 마법처럼 가볍게 작동한다고 느낀다. 하지만 그 이면에서 지구가 감당하기 만만치 않은 물리적 비용이 발생하고 있다. 국제에너지기구(IEA)가 인용한 분석에 따르면, 일반적인 구글 검색 한 번에 쓰이는 전력은 약 0.3Wh 수준인 반면, 챗GPT와 같은 생성형 AI에 질의 한 번을 보낼 때는 최대 2.9Wh 정도가 소모되는 것으로 추정된다. 구글 검색이 전구 하나를 잠깐 켰다 끄는 정도라면, LLM과의 대화는 같은 전구를 훨씬 더 오래 켜 두는 셈이다.

물론 최근에는 검색·AI 서비스 모두 효율이 개선되고 있어 정확한 배수는 계속 변하지만, "생성형 AI가 전통적인 검색보다 대체로 약 10배 안팎의 전력을 쓴다."는 평가는 여전히 유효하다는 게 여러 분석의 공통된 결론이다. 만약 전 세계 수십억 인구가 대부분의 온라인 검색·질의를 AI로 대체한다면, 현재의 전력·송전 인프라만으로는 상당한 추가 투자 없이 감당하기 어렵다는 경고가 IEA·ECB 등에서 잇따라 나오고 있다.

2. H100 칩 하나가 소도시를 키운다

엔비디아 H100과 같은 최신 GPU 칩 하나는 최대 약 700W에 이르는 전력을 소비한다.

이런 칩이 수십 개씩 꽂힌 서버 랙이 수천 대 모인 하이퍼스케일 데이터센터는, 더 이상 '정보 도서관'이 아니라 실제로는 수십~수백MW급의 전력 설비를 삼키는 거대한 산업 설비에 가깝다. IEA는 100MW급 데이터센터 하나가 최대 10만 가구가 사용하는 전기와 맞먹을 수 있으며, 건설 중인 초대형 시설 중 일부는 이보다 최대 20배까지 전력을 쓸 수 있다고 추정한다.

샘 알트만은 "우리가 상상하는 미래의 AI는 지금보다 훨씬 더 많은 에너지를 필요로 할 것"이라고 인정한 바 있다. AI 모델의 매개변수와 연산량이 기하급수적으로 늘어날수록, 그 뒤에서 돌아가는 GPU와 전력 설비역시 기하급수적으로 커지는, 소위 '지능의 비용'이 폭등하는 시대가 열린셈이다.

3. 버지니아 북부의 정전 경고

미국 버지니아주 북부, 일명 '데이터센터 앨리(Data Center Alley)'는 아마존, 마이크로소프트, 구글 등 하이퍼스케일 사업자의 데이터센터가 밀집한 지역으로, 글로벌 인터넷·클라우드 트래픽의 상당 부분이 이곳을 지나간다.

그런데 2022년, 지역 전력회사 도미니언 에너지는 이 지역 송전망이 데이터센터 신규 수요를 감당하기 어려운 수준에 이르렀다며, 일부 신규 대형 데이터센터의 전력 공급이 수년간 지연될 수 있다고 경고했다. "더 이상 전기를 공급할 수 없다."는 영구 중단 선언이라기보다는, 송전망 포화로 인한 공급 여유 소진과 대규모 지연 경고에 가까운 내용이었다.

유럽에서도 비슷한 조짐이 나타난다.

아일랜드에서는 데이터센터가 국가 전체 전력 사용량의 20% 안팎을 차지하면서, 규제 당국이 신규 데이터센터 인허가를 엄격히 제한하고 있고, 향후 2030년까지 데이터센터 전력 수요가 두 배 가까이 뛸 수 있다는 전망이 나와 있다. 런던 서부 일대에서는 기존 송전망에 여유가 거의 없어, 데이터센터를 포함한 대규모 전력 수요 증가 탓에 일부 주택·상업 개발 프로젝트 인허가가 지연되거나 제한되는 사례가 보고되고 있다. "데이터센터가 전기를 다 가져가서 주택 건설이 중단됐다."는 과장된 문장 뒤에는, 그렇게 빡빡해진 전력망의 현주소가 놓여 있다.

4. 21세기 러다이트: "내 전기를 뺏지 마라"

이제 일부 지역 주민들은 데이터센터 신규 건립에 노골적으로 반대하기 시작했다.

소음과 열기, 부지 문제뿐 아니라, "저 거대한 건물들이 들어오면 우리 지역의 전기요금이 오르고, 정전 위험이 커지는 것 아니냐."는 불안이 쌓여 있기 때문이다. 실제로 송전망이 이미 한계에 가까운 지역에서는 대형 데이터센터 하나가 추가될 때 필요한 송전선·변전소·변입기 증설이 수년 단위 병목으로 이어지고, 변압기 공급 리드타임이 3년 이상 길어졌다는 분석도 나온다.

AI 기업들은 이제 "땅(부지)이 있느냐."보다 "전기를 끌어올 송전망 여유가 있느냐."를 먼저 따지게 됐다. 전력망 붕괴(블랙아웃)와 전압 강하 리스크는 더 이상 전력회사나 규제기관만의 고민이 아니라, 데이터센터·AI 산업의 성장 속도를 직접 제약하는 현실적 한계로 떠올랐다.

5. 마이크로소프트, 스리마일 섬을 깨우다

전기 부족을 체감한 빅테크들은, 태양광·풍력 같은 재생에너지 만으로는 AI의 허기를 채우기 어렵다는 사실을 빠르게 체득했다. 날씨와 시간대에 따라 발전량이 크게 출렁이는 재생에너지로는 24시간 풀가동해야 하는 GPU 클러스터를 안정적으로 먹여 살리기 어렵기 때문이다. 그들이 눈을 돌린 곳은, 한동안 '퇴출' 상징처럼 여겨지던 원자력이다.

2024년, 마이크로소프트는 미국 역사상 최악의 원전 사고 현장으로 꼽히는 스리마일 섬(Three Mile Island) 원전 1호기 재가동을 전제로, 약 835MW 규모의 전력을 20년간 공급받는 계약을 발전사 컨스텔레이션과 체결했다. 규제 승인을 전제로 2027~2028년 재가동을 목표로 하는 이 계약은, 재가동된 원전 전력을 마이크로소프트의 AI·클라우드 데이터센터 운영에 장기간 투입하겠다는 선언이기도 하다.

아마존(AWS)은 펜실베이니아의 원전 옆 데이터센터 캠퍼스를 인수하고, 약 1.9GW 규모의 원전 전력을 장기 공급받는 PPA를 체결했다. 초기에는 데이터센터를 발전소에 사실상 '직결'하는 모델을 추진했지만, 미국 연방 에너지규제위원회(FERC)의 반복된 제동으로 현재는 전력망을 거치는 방식으로 구조를 재설계하는 중이다. "원전 옆 데이터센터"라는 그림은 그대로지만, 법·규제 현실 속에서의 배선 방식은 훨씬 복잡하다.

6. SMR: 데이터센터용 개인 원전의 꿈

오픈AI의 샘 알트만은 소형 모듈 원자로(SMR) 및 마이크로리액터 스타트업 Oklo의 이사회 의장을 맡아 왔고, 데이터센터·AI 인프라용 SMR 상용화를 내세운 채 대규모 투자를 끌어 모으고 있다.

빌 게이츠 역시 TerraPower를 통해 차세대 원자로와 SMR 개발에 나서며, 향후 대규모 산업·데이터센터 수요를 겨냥한 프로젝트를 추진 중이다. 그들의 비전은 명확하다. "장기적으로는 주요 데이터센터 단지마다 별도의 소형 원전을 붙여, 안정적이고 탄소가 적은 전기를 직접 공급하겠다."는 구상이다.

다만 이 그림은 아직 본격적인 상용화가 아니라, 2030년 전후를 목표로 한 프로젝트·파일럿 단계에 머물러 있다. 친환경을 외치던 실리콘밸리가 생존을 위해 가장 논쟁적인 에너지인 원자력에 다시 베팅하고 있는 것, 그리고 그 과정에서 AI가 탈탄소 전환을 앞당길 도구가 될지, 아니면 원전·화석연료 인프라를 연장시키는 촉매가 될지에 대한 논쟁은 한층 더 거세지고 있다.

7. 에너지 주권이 곧 AI 주권

AI 시대에 국가 경쟁력의 공식은 이미 바뀌고 있다.

AI 파워 = (반도체 + 데이터) × 에너지. 아무리 좋은 칩(엔비디아), 좋은 데이터(국가·플랫폼이 쌓아온 언어·서비스 데이터)가 있어도, 싸고 안정적이며 저탄소인 전기를 지속적으로 공급할 수 없다면, 고성능 AI를 대규모로 돌릴 'AI 주권'은 확보하기 어렵다.

전기요금이 높고 인허가·송전망이 촘촘하게 제약된 유럽 일부 국가는 하이퍼스케일 데이터센터 유치 경쟁에서 불리하다는 평가를 받고 있으며, 실제로 아일랜드·덴마크 등에서는 데이터센터 전력 수요가 국가 전력의 10~20%를 넘나들 수 있다는 경고가 나온다.

반대로 미국과 중국, 그리고 원전 생태계와 고밀도 전력 인프라를 보유한 한국·프랑스 등은 "반도체 클러스터 + 데이터센터 단지 + 탄탄한 전력망·원전·재생에너지"를 묶어 새로운 산업 기회를 잡을 수 있는 후보군으로 자주 거론된다. 누가 반도체와 데이터뿐 아니라, 가장 싸고 안정적이며 탄소집약도가 낮은 전기를 많이 확보하느냐가 곧 AI 패권 경쟁의 핵심 축으로 떠오르고 있다.

8. 물 부족: 또 다른 복병

전기만의 문제가 아니다. 뜨거워진 서버를 식히기 위해 데이터센터는 엄청난 양의 물을 마신다. IEA와 여러 연구는 전 세계 데이터센터가 냉각용으로만 연간 수백억~수백십억 리터의 물을 사용한다고 추정하며, 이는 수십만 개의 올림픽 수영장에 해당하는 규모로 환산된다. 일부 분석에 따르면, 대표적인 하이퍼스케일 클라우드 기업들이 2023년 한 해 사용한 물만 수만 개의 올림픽 풀을 채울 만큼에 달한다는 계산도 있다.

구글과 마이크로소프트의 환경 보고서에는 특정 데이터센터 단지 하나가 하루 수십만~수백만 갤런의 물을 허가받아 취수하는 사례가 등장한다.

가뭄과 물 부족에 시달리는 지역에서 이런 시설이 들어오면, 농업·가정용 수요와의 긴장과 갈등이 커질 수밖에 없다. "전기 전쟁"에 이어 "물 전쟁"이 데이터센터를 둘러싼 다음 갈등의 축이 될 것이라는 전망이 나오는 이유다.

9. 기계가 먹어 치우는 것들

우리는 AI가 단순한 코드가 아니라, 반도체, 인간의 욕망, 국가의 자존심과 패권 경쟁, 그리고 막대한 전기·물·토지로 이루어진 거대한 물리적 실체임을 확인했다. 이 거대한 기계는 지금도 전기가 공급되는 만큼 돌아가고, 더 많은 칩이 깔리는 만큼 똑똑해지고, 더 큰 데이터센터가 지어지는 만큼 지구의 에너지와 자원을 빨아들인다.

그렇다면 이 기계는 앞으로 무엇을 할까. 가장 먼저 하는 일은 인간의 일자리를 재편하고, 사회의 계층을 다시 나누는 일일지 모른다. 이제 기술과 자본의 전쟁터에서 잠시 눈을 돌려, 이 거대한 전기·데이터 기계의 충격을 몸으로 맞게 될지도 모르는 우리 인간의 이야기로 들어가 보자.

[Off the Record: 기사 밖의 진실] 디지털은 깨끗하지 않다, 뜨겁고 배고픈 괴물이다

국내의 한 거대한 데이터센터 단지를 방문했을 때, 나를 압도한 것은 서버의 깜박이는 불빛이 아니었다. 그것은 건물 전체를 진동시키는 거대한 냉각팬의 소음과, 그 굴뚝에서 뿜어져 나오는 뜨거운 열기였다. 그 앞에서 나는 깨달았다. "아, 디지털은 차가운 0과 1이 아니구나. 이것은 활활 타오르는 불이구나."

우리는 흔히 IT 산업을 '굴뚝 없는 산업'이라 부르며 친환경적이라고 착각한다. 하지만 생성형 AI 시대에 이 말은 새빨간 거짓말이 되었다. 챗GPT와 대화 한 번을 나누는 데 드는 전력은 구글 검색을 열 번 하는 것보다 10배에서 100배가 더 든다. AI가 그림을 한 장 그릴 때마다 스마트폰

을 완충할 수 있는 전기가 사라진다.

지금 인류는 역사상 가장 똑똑한 지성을 만들고 있지만, 동시에 역사상 가장 배가 고픈 '전기 하마'를 키우고 있다. 샘 알트먼이 오픈AI의 CEO이면서 동시에 핵융합 스타트업의 투자자인 것은 우연이 아니다. 그는 알고 있는 것이다. 엔비디아의 칩을 아무리 많이 사 모아도, 그것을 돌릴 전기가 없으면 AI는 1억 원짜리 고철 덩어리에 불과하다는 사실을.

이제 빅테크 기업들의 경쟁 상대는 다른 IT 기업이 아니라 '전력 회사'다. 마이크로소프트와 아마존이 폐쇄된 원자력 발전소를 다시 사들이고, 소형모듈원전(SMR)에 천문학적인 돈을 쏟아붓는 기이한 풍경이 펼쳐지고 있다. "데이터센터 옆에 전용 원자력 발전소를 짓겠다."는 그들의 계획은, 21세기의 데이터 공장이 19세기 매연을 내뿜던 제철소와 본질적으로 다르지 않음을 자인하는 꼴이다.

더 큰 문제는 '물'이다. 뜨거워진 GPU를 식히기 위해 데이터센터는 하루에 수백 톤의 물을 마셔 댄다. 미국 애리조나 사막 한가운데 지어진 데이터센터들이 지역 주민들의 식수원을 고갈시키며 갈등을 빚는 모습은, SF 영화가 아니라 현재 진행형인 '자원 전쟁'이다.

AI는 우리에게 풍요로운 미래를 약속했다. 하지만 그 약속을 지키기 위해 우리는 더 많은 석탄을 태우고, 더 많은 우라늄을 쪼개고, 더 많은 강물을 끌어와야 한다. 기후 위기를 해결해 줄 것이라 믿었던 AI가, 오히려 기후 위기를 가속화하는 주범이 되고 있는 '녹색의 역설(Green Paradox)'이다.

반도체 공급난은 언젠가 해결될 것이다. 하지만 전력난은 물리학의 법칙이라 쉽게 해결되지 않는다. 앞으로 국력을 결정하는 것은 "얼마나 좋은 AI 모델을 가졌느냐."가 아니라, "그 AI를 24시간 돌릴 수 있는 전기가 있느냐."가 될 것이다. 전기가 끊기는 순간, 인공지능도 멈춘다. 신(God)이 되려던 기계는, 결국 콘센트 앞에서 무릎 꿇을 운명이다.

6부

인간의 위기: 데이터 계급 사회

28장

노동의 종말

― 화이트칼라의 몰락과 인지 혁명

1. 작가들이 펜 대신 피켓을 든 이유

2023년 5월, 미국 할리우드의 작가조합(WGA)이 2007-2008년 이후 15년 만에 전면 파업에 돌입했다. 보통 파업의 이유는 임금 인상이나 복지 개선이지만, 이번 피켓에는 스트리밍 시대의 공정 보상과 함께 "AI 시대, 인간 작가의 자리를 어떻게 지킬 것인가?"라는 새로운 질문이 적혀 있었다.

WGA는 최종 합의에서 생성형 AI를 "작가로 인정하지 않는다.", "제작사가 일방적으로 AI로 대본 초안을 작성해 인간 작가에게 단순 리라이트만 시키는 것을 막는다."는 취지의 조항을 관철했다. 넷플릭스 드라마의 초안을 챗GPT에게 쓰게 하고, 인간은 '하청 리라이터'로 전락할 수 있다는 공포가 공식 협상의 테이블 위로 올라온 것이다. 이 파업은 임금 갈등을 넘어, 인류 역사상 최초로 '기계에 맞선 인간 지성의 파업'이라는 상징을 얻게 되었다.

2. 모라벡의 역설이 흔들리다

1차·2차·3차 산업혁명은 인간의 '근육'을 기계로 치환하는 과정이었다. 증기기관과 컨베이어 벨트가 육체노동(블루칼라)을 대체했지만, 화이트칼라 지식노동은 "적어도 생각과 창의성만큼은 안전지대"라고 여겨졌다.

이 믿음을 떠받친 개념이 바로 '모라벡의 역설(Moravec's paradox)'이다. "인간에게는 너무 당연해서 쉽게 느껴지는 감각·운동 능력(걷기, 잡기, 표정 읽기)이 로봇에게는 가장 어렵고, 인간에겐 고난도인 계산·암기·논리 추론은 오히려 컴퓨터에게 쉬운 영역"이라는 통찰이다.

하지만 생성형 AI의 등장은 이 역설의 '안전지대 해석'을 허물고 있다.

챗GPT류 모델은 걷지도, 물건을 집지도 못하지만, 글을 쓰고, 코드를 짜고, 시험 문제를 푸는 등 고급 인지 테스트에서 인간에 근접한 성능을 보이기 시작했다. "근육 → 먼저 대체, 지식노동 → 나중에"라는 서사가 흔들리면서, 화이트칼라 역시 더 이상 성역이 아니라는 인식이 확산되고 있다.

3. "평범한 인간은 필요 없다"?

골드만삭스는 2023년 보고서에서 생성형 AI가 전 세계 약 3억 개의 풀타임 일자리를 자동화 영향권에 놓을 수 있다고 추정했다. 여기서 의미하는 것은 "3억 개가 즉시 사라진다."가 아니라, 이만큼의 일자리가 업무의 일부 또는 상당 부분을 AI가 수행할 수 있는 구조로 바뀔 수 있다는 것이다.

흥미로운 점은 이 자동화 리스크가 트럭 운전사나 공장 노동자만이 아

니라, 법률, 금융, 행정, 기술 설계 등 고학력·고임금 화이트칼라 직무에
더 강하게 걸쳐 있다는 분석이다.

- 주니어 변호사: 수천 페이지의 판례·계약서를 요약·분류하는 일
- 초급 개발자: 기본적인 웹·앱 코드를 생성하고 디버깅하는 일
- 금융 애널리스트: 기업 실적 보고서를 읽고 엑셀이나 모델에 구조화
  하는 일

이 일들은 과거 중산층으로 입문하는 '사다리의 첫 칸'이었다. 초보 시
절 이런 반복적 인지 노동을 하며 도메인 지식과 감각을 익혀 시니어 전
문가로 성장했다. 그러나 생성형 AI는 이 '중간 단계의 인지 노동'을 인간
보다 훨씬 빠르고, 지칠 줄 모르고, 낮은 한계비용으로 수행할 수 있는 잠
재력을 보여 준다. 문제는 "모든 일이 사라진다."가 아니라, "초보가 배울
수 있는 자리부터 먼저 잠식된다."는 점이다.

4. 샌드위치 신세가 된 주니어들

기업 입장에서 보면 유혹은 분명하다. "간단한 리서치·요약·초안 작성
은 AI에게 시키고, 사람은 검토·결정만 맡기면 되지 않을까?" 실제로 AI
를 도입한 기업일수록 고숙련 인력 비중을 늘리면서, 동시에 루틴 업무
포지션의 신규 채용은 줄이는 방향으로 인력 구조를 재편하는 경향이 관
찰된다.

그 결과, 고숙련·AI 활용 능력이 있는 상위 인력과, 물리적으로 대체가
쉽지 않은 돌봄·배관·현장 서비스 같은 일부 블루칼라 직무만 남고, 그

사이에서 "적당히 공부해서, 적당히 사무실에서 루틴 업무를 하던" 대규모 중간층의 자리가 압박을 받는다는 것이 다수 연구가 말하는 노동시장 '양극화'다. 이는 단순히 실업 몇 %의 문제가 아니라, '중산층 붕괴의 서막'이 될 수 있다는 경고에 가깝다.

5. 켄타우로스(Centaur) 모델의 빛과 그림자

낙관론자들은 말한다. "AI는 인간을 대체하는 것이 아니라, 돕는 도구다. AI와 결합한 인간(켄타우로스)이 더 강력해질 것이다." 실제 연구에서도 코딩 보조 도구나 문서 작성 지원 도구를 쓴 노동자는 작업 속도가 수십 퍼센트 개선되는 결과가 반복적으로 보고되고 있다.

그러나 생산성이 올라가는 방향이 항상 '더 많은 고용'으로 이어지지는 않는다.

이론상 같은 일을 처리하는 데 필요한 인원이 줄어들면, 기업은 비용 절감을 위해 인력을 축소할 유인이 생긴다. 동시에, AI 덕분에 상품·서비스 가격이 내려가고 품질이 좋아지면 수요가 늘어나고, 새로운 제품·서비스(예: AI를 활용한 전혀 새로운 서비스 영역)가 생겨 새로운 일자리를 만들기도 한다.

즉, "생산성이 2배 → 고용이 절반"처럼 단순하게 떨어지지는 않는다.

다만, 단기적으로 특정 직무·직급(득히 '중간 단계' 업무)을 줄이는 방향의 인력 조정이 먼저 나타나고, 새로운 일자리는 "다른 산업·다른 지역·더 높은 기술 요구"를 전제로 등장하기 때문에, 사람 입장에서는 '해고는 지금, 기회는 나중'이라는 비대칭을 체감하게 된다.

6. 당신은 AI를 가르치고 있다

더 섬세한 문제는, AI를 쓸수록 '나의 노하우'가 모델 속으로 스며든다는 점이다.

많은 상용 AI 서비스는 이용 약관에서 사용자 입력과 피드백을 품질 개선과 모델 고도화에 활용할 수 있음을 명시하고 있다.

번역가가 AI 번역 결과를 보며 "여기는 이렇게 고쳐야 해."라고 수정하는 순간, 그 패턴은 서비스 제공자의 데이터 자산에 축적된다. 고객 상담원이 챗봇 답변을 정정하고, 개발자가 자동 생성 코드 일부를 손보는 행위도 마찬가지다. 우리는 오늘의 업무 속에서 AI라는 '후배'에게 우리 직무의 핵심 패턴을 전수하고 있는 셈이다. 다만, 기업용 폐쇄형 모델이나 온프레미스 환경에서는 고객 데이터가 학습에 직접 재사용되지 않도록 분리하는 사례도 늘고 있다는 점은 함께 봐야 한다.

문제는, 이 후배가 충분히 똑똑해지는 순간, "우리 업무의 100%는 아닐지라도 상당 부분"을 맡을 수 있게 되고, 그 과정에서 노동자 개인의 협상력과 임금은 약해질 수 있다는 구조적 위험이다.

7. "생각"의 한계비용이 0에 가까워지는 시대

역사적으로 지식과 정보처리는 비싼 자원이었다. 변호사를 만나 상담을 받으려면 시간당 고액의 비용을 지불해야 했고, 의사의 소견서 하나에도 높은 전문성이 가격으로 반영됐다. 그러나 이제 법률·의학·코딩 지식의 상당 부분은 누구나 챗GPT와 같은 도구를 통해 거의 무료에 가깝게 접속할 수 있다.

물론, 실제 법률 자문이나 진료 행위에는 여전히 규제와 책임이 따르

고, AI 답변은 오류·편향·책임 소재 문제로 인해 인간 전문가의 검증이
필수적이다.

그럼에도 불구하고, 정보 검색·초기 조언·기초 문서 초안 작성의 한계
비용이 0에 가까워지고 있는 것은 부정하기 어렵다. 암기력과 단순 계산
능력만으로 먹고살던 시대는 빠르게 저물고 있다.

이제 인간에게 남은 가치는 AI가 주는 '답'을 그대로 받아 적는 능력이
아니라, 좋은 '질문'을 던지고, 그 답이 윤리적·사회적으로 괜찮은지 판단
하는 '통찰력', 그리고 여러 이해관계자 사이에서 책임 있는 결정을 내리
는 판단과 책임의 능력이다.

8. 쓸모없는 계급의 가능성?

역사학자 유발 하라리는 21세기에 '쓸모없는 계급(Useless Class)', 즉
경제 시스템이 필요로 하지 않는 사람들의 집단이 나타날 수 있다고 경고
했다. 착취당하는 노동자는 파업이라도 할 수 있지만, 아예 필요조차 없
어진 노동자는 싸울 상대조차 없다는 것이다.

자동화·AI의 확산으로 지역·연령·숙련도에 따라 장기 실업과 소득 정
체가 나타나는 현상은 이미 여러 나라에서 관찰되고 있다. 다만, 이것이
곧바로 하라리가 말한 완결된 '쓸모없는 계급'이 이미 형성됐다는 뜻은 아
니다. 현재는 "위험 신호와 초기 징후"들이 포착되고 있는 단계에 가깝다.

화이트칼라의 불안은 단순한 경제 지표의 문제가 아니다.

"나는 생각한다, 고로 존재한다."던 데카르트의 명제를 떠받치던 '생각
하는 능력'이 기계와 경쟁해야 하는 순간, 인간의 존엄성은 새로운 방식
으로 시험대에 오른다. 기계가 나보다 더 많은 정보를 더 빨리 처리할 수

있는 시대에, 나의 존재 가치는 무엇으로 정의되어야 하는가.

우리가 마주한 것은 '노동의 종말'이라기보다, 노동의 내용과 계급 구조, 소득 분배 방식이 급격히 재설계되는 과도기에 가깝다. AI를 소유·통제하는 자본과, AI에게 업무 일부를 넘겨주며 불안정해지는 노동 사이의 간극이 어디까지 벌어질 것인지, 그리고 그 사이를 메울 제도와 연대, 재분배의 설계를 어디까지 할 수 있을지가 앞으로의 핵심 질문이 될 것이다.

[Off the Record: 기사 밖의 진실] 넥타이를 맨 기계, 그리고 증발하는 중간 계급

지난 200년 동안 자본주의의 약속은 명확했다. "열심히 공부해서 대학을 나오고 기술을 익히면, 에어컨이 나오는 사무실에서 펜대를 굴리며 중산층으로 살 수 있다." 부모들은 등골이 휘도록 아이들을 학원에 보냈고, 청년들은 고시원 쪽방에서 젊음을 바쳤다. 그것이 '화이트칼라'라는 안전한 성(Castle)으로 들어가는 입장권이라 믿었기 때문이다.

하지만 2023년, 생성형 AI의 등장은 이 오랜 믿음을 산산조각 냈다. 인류는 로봇이 공장 노동자나 청소부의 일자리를 먼저 뺏을 것이라 예상했다. 그것이 우리가 배운 기술 발전의 역사였으니까. 하지만 AI는 인간의 뒤통수를 쳤다. 기계는 육체노동 현장이 아니라, 가장 임금이 높고 안정적이라 믿었던 변호사 사무실, 회계 법인, 그리고 프로그래머의 책상 위를 가장 먼저 습격했다.

이 기이한 현상을 학계에서는 '모라벡의 역설(Moravec's Paradox)'이라고 부른다. "인간에게 어려운 일(체스, 주식 투자, 법률 검토)은 로봇에게

쉽고, 인간에게 쉬운 일(걷기, 요리하기, 짐 나르기)은 로봇에게 어렵다."
는 것이다.

챗GPT는 1초 만에 100페이지짜리 계약서의 독소 조항을 찾아내고, 신
입 개발자가 3일 걸릴 코드를 10초 만에 짜준다. 반면, 헝클어진 빨래를
개거나 복잡한 배관을 수리하는 로봇은 여전히 걸음마 단계다. 결과적
으로 배관공은 살아남았지만, 주니어 변호사와 번역가는 멸종 위기에 처
했다.

이것은 단순한 일자리 감소의 문제가 아니다. '사회적 사다리'의 붕괴를
의미한다. 그동안 화이트칼라 직군은 사회를 지탱하는 허리, 즉 중산층
의 핵심이었다. 그런데 기업들이 비용 절감을 위해 이 '중간 관리자'급 업
무를 AI로 대체하기 시작했다. 이제 회사에는 결정을 내리는 소수의 임
원과, AI를 보조하는 소수의 오퍼레이터만 남고, 그 사이를 채우던 수많
은 대리, 과장들은 설 자리를 잃고 있다.

우리는 지금 '넥타이를 맨 기계'와 경쟁해야 한다. 밥도 안 먹고, 잠도
안 자고, 불평도 하지 않는 이 경쟁자 앞에서 인간의 지성은 더 이상 비싼
값을 받기 힘들어졌다.

사무실에서 쫓겨난 지식 노동자들은 어디로 가야 하는가? 다시 육체노
동으로 돌아갈 것인가, 아니면 기본소득을 요구하는 '잉여 인간'으로 남을
것인가. 노동이 곧 자아실현이자 생존 수단이었던 호모 사피엔스에게,
'노동의 종말'은 축복이 아니라 실존적 재앙으로 다가오고 있다. 당신의
책상은 지금 안전한가?

29장

딥페이크와 진실의 죽음

— 민주주의를 위협하는 가짜 정보

1. "무기를 내려놓고 가족에게 돌아가라"

2022년 3월 중순, 우크라이나 침공 초기. 한 해킹당한 우크라이나 TV 채널(Ukraine 24)의 웹사이트와 방송에 충격적인 영상이 등장했다. 볼로디미르 젤렌스키 대통령이 연단에 서서 침통한 표정으로 국민에게 항복을 권유하는 내용이었다.

"나는 무기를 내려놓기로 결정했습니다. 여러분도 가족에게 돌아가십시오."라는 취지의 메시지를 담은 이 영상에서, 화면 속 인물은 젤렌스키 얼굴을 하고 있었고 목소리도 젤렌스키를 흉내 내고 있었다. 그러나 머리 비율·조명·입 모양 등이 부자연스럽고 음성도 어색해, 전문가와 플랫폼에 의해 곧 딥페이크로 판명됐다.

만약 전쟁 중 통신이 끊긴 극도의 혼란 상황에서 최전선 군인들이 이 영상을 접했다면, 실제 전투 의지와 전선 유지에 심각한 혼선을 초래했을 것이라는 우려가 제기됐다.

이 사건은 인류에게 매우 선명한 경고를 보냈다. "보이는 것을 그대로 믿지 마라." 전통적으로 "백문이 불여일견"이라 여겨지던 '눈으로 본 것'의 권위가 기술에 의해 근본부터 흔들리고 있음을 상징적으로 보여 준 첫 사례 가운데 하나다.

2. 1달러로 만든 대통령의 목소리

2년 뒤인 2024년 1월, 미국 뉴햄프셔주 민주당 예비선거를 앞둔 시점. 수천 명의 당원과 유권자에게 자동 음성 전화가 걸려왔다. 수화기 너머로 들리는 것은 조 바이든 대통령의 매우 익숙한 목소리였다.

"정말 중요한 건 11월 본선입니다. 이번 예비선거에는 투표하지 말고 힘을 아껴두세요."라는 취지의 메시지를 담은 이 로보콜은, 특유의 말투와 억양까지 상당히 자연스러워 처음 들으면 실제 대통령 발언처럼 들릴 정도였다.

하지만 이 음성은 뉴올리언스에 사는 마술사이자 디지털 아티스트 폴 카펜터가 AI 음성 합성 도구를 활용해 만든 딥페이크였고, 그는 한 민주당계 정치 컨설턴트에게 고용돼 약 20분 만에, 자신의 말에 따르면 1달러 비용으로 음성을 완성했다고 증언했다.

과거 선거 조작이 '댓글 부대'나 가짜 뉴스 기사로 여론을 간접적으로 흔드는 수준에 머물렀다면, 이제는 후보자가 하지 않은 말을 실제 육성으로 "직접 말하게 만드는" 차원으로 진화한 것이다.

이 사건을 계기로 미국 연방통신위원회(FCC)는 AI 생성 음성을 이용한 로보콜을 사실상 금지하는 강력한 규제와 벌금을 추진하고 있으며, 관련자들에 대한 형사 처벌 절차도 진행 중이다.

3. 회의실의 유령들

딥페이크의 위협은 정치 선전·선거 조작을 넘어 기업의 일상 업무 영역까지 깊숙이 파고들었다.

2024년 초, 홍콩에 있는 한 다국적 기업 지사 직원은 본사 최고재무책임자(CFO) 명의로 온 화상 회의 초대를 받았다. 회의에 접속하니 CFO뿐 아니라 본사 임원 여러 명이 화면에 나타나 있었다.

그들은 평소와 다름없는 표정과 목소리로 "극비 거래이니 신속하게 송금하라."며 여러 차례에 걸친 고액 이체를 지시했고, 직원은 실제 경영진이라고 굳게 믿은 채 15건의 거래를 진행해 총 2억 홍콩달러(약 2,560만 달러)를 송금했다. 그러나 수사 결과, 화상 회의에 등장한 CFO와 임원들은 모두 공개 영상과 사진을 바탕으로 실시간 합성된 딥페이크였고, 실제 사람은 피해자인 직원 한 명뿐이었다.

사기 조직은 유튜브·웹사이트 등에 공개된 경영진의 연설·인터뷰 영상을 학습 데이터처럼 활용해 얼굴·입 모양·음성을 합성했을 것으로 추정되며, 홍콩 경찰은 이 사건을 계기로 "누구든지 화상회의 속 인물이 진짜라고 전제해선 안 된다."고 경고했다.

디지털 회의실은 어느새 유령들이 활보하는 범죄의 무대로 변하고 있다.

4. 보이스피싱의 진화: "엄마, 나야"

보이스피싱 범죄도 딥페이크와 생성형 AI의 도움을 받으며 한 단계 더 교묘해지고 있다.

이제 범죄자들은 서툰 한국어로 '검사'나 '수사관'을 사칭하는 대신, 피해자 가족의 목소리를 그대로 베낀 AI 음성을 활용한다.

SNS·영상 플랫폼 등에 올라온 수 초~수십 초 분량의 음성만으로도, 최신 음성 합성 도구는 일반인이 듣기에 상당히 자연스럽게 들리는 음성 복제를 만들 수 있다.

미국에서는 딸을 납치했다며 전화를 걸어 울며 도움을 요청하는 음성을 듣고 거액을 보내려 했던 사건처럼, 피해자가 "내가 아는 그 목소리"라고 믿게 만드는 AI 납치·공갈 사례가 이미 다수 보고됐다.

"엄마, 나 핸드폰 고장 나서 다른 번호로 연락했어. 급한데 돈 좀 보내 줘."라는 떨리는 목소리가, 실제 딸의 발화 패턴과 감정 표현까지 어느 정도 흉내 내고 있다면, 부모가 이를 의심 없이 받아들이는 것은 인간적으로 자연스러운 반응일 수밖에 없다.

기술은 범죄의 문턱을 대폭 낮추고, 그 대가를 치르는 것은 평범한 시민들이다.

5. 테일러 스위프트와 N번방의 악몽

2024년 1월 말, 팝스타 테일러 스위프트의 얼굴이 합성된 노골적인 딥페이크 포르노 이미지들이 X(옛 트위터)를 통해 폭발적으로 퍼졌다.

일부 게시물은 약 17시간 동안 삭제되지 않은 채 남아 있으면서 4,500만~4,700만 회 수준의 조회수를 기록했고, 플랫폼은 초기 대응 실패로 거센 비판을 받았다.

전 세계 팬들은 "Protect Taylor Swift"를 외치며 대규모 신고·해시태그 캠페인에 나섰고, 이후에야 X는 관련 이미지를 제거하고 'Taylor Swift' 검색을 일시적으로 차단하는 등 뒤늦은 조치를 취했다.

이 사건은 유명인조차도 얼굴이 인터넷에 널리 노출돼 있다는 이유만으로, 동의 없는 성적 이미지의 표적이 될 수 있다는 현실을 적나라하게 드러냈다.

그러나 딥페이크 성범죄는 유명인에게만 일어나는 일이 아니다.

한국에서는 이른바 '서울대 딥페이크(제2의 N번방)' 사건에서, 서울대 동문 등 일반 여성들의 얼굴을 나체 사진에 합성해 텔레그램 채널로 유포한 가해자들이 적발돼, 주범은 징역 10년, 공범들도 상당한 실형을 선고받았다. 피고인들은 "장난" "놀이"였다며 죄책감을 축소하려 했지만, 피해자들은 일상의 인간관계와 미래를 송두리째 위협받는 심리적 파괴를 호소했다.

AI 기술은 성범죄를 '터치 몇 번과 프롬프트 몇 줄'로 실행 가능한 행위로 격하시켰고, 익명성과 암호화 메신저는 가해자들의 도덕 감수성을 마비시키는 방패막이가 되고 있다.

그럼에도 법원은 N번방 이후 딥페이크 성착취를 중대한 디지털 성범죄로 인식하며 점차 무거운 형을 선고하는 추세다.

6. 거짓말쟁이의 배당금

딥페이크가 가져온 더 근본적인 문제는, "진실이 힘을 잃는 효과"다.

미국 법학자 로버트 체즈니와 다니엘 시트론은 이를 '거짓말쟁이의 배당금(Liar's Dividend)'이라고 명명했다. 고도로 발달한 합성 기술 덕분에, 정치인이나 기업인이 실제로 부패·폭언·범죄 행위를 저질러도, 그 장면이 영상으로 공개되는 순간 "저건 AI가 만든 가짜다."라고 주장하며 빠져나갈 여지가 커진다는 것이다.

딥페이크와 합성 미디어가 일상화되면, 시민들은 어느 순간 "이 영상이 진짜인지 어떻게 알아?"라는 회의에 빠진다.

일부는 아무 것도 믿지 않는 냉소주의로, 또 다른 일부는 "내가 믿고 싶은 것만 믿는" 확증 편향으로 흘러가고, 그 사이에서 책임을 회피하려는 거짓말쟁이들은 오히려 구조적 이득을 취한다. 진실의 권위가 무너질수록, 책임·설명·사과를 요구하는 민주적 메커니즘이 약화되는 것이다.

7. 민주주의는 공유된 현실 위에서만 작동한다

민주주의는 서로 다른 선호·이념을 가진 시민들이 최소한 동일한 '사실의 토대'를 공유한다는 전제 위에서 작동한다. 지지 정당과 정책은 달라도, "어제 투표율이 얼마였다." "이 사건에서 누가 무엇을 발언했다." 같은 기초적 팩트가 일치해야 토론이 가능하다.

그러나 소셜미디어 알고리즘과 개인화된 추천 시스템은 각자의 과거 클릭·관심사에 맞춰 서로 다른 정보 조각과 해석을 보여 주며, 점차 "서로 다른 현실을 사는 시민들"을 만들어 낸다는 연구 결과가 축적되고 있다. 어떤 사람의 타임라인에서는 트럼프가 '체제에 맞서는 영웅'으로, 다른 사람의 타임라인에서는 '민주주의를 훼손한 범죄자'로 일관되게 묘사되는 식이다.

딥페이크는 이 분열을 시각적·청각적 수준에서 더욱 공고히 한다. 한 쪽에서는 상대 진영 후보가 "내란을 선동하는 영상"이, 다른 쪽에서는 "완전히 다른 버전의 현실"이 동시에 떠돌 때, 서로를 공통의 시민으로 인식하며 대화하는 것이 갈수록 어려워진다. 남는 것은 혐오, 음모론, 그리고 제도적 신뢰의 붕괴뿐이다.

8. 진실을 검증할 수 있는가

유럽연합(EU)은 2024년 AI법을 채택하면서, 생성형 AI가 만든 콘텐츠와 딥페이크에 대해 "AI가 생성·조작한 것임을 명확히 표시하라."는 투명성 의무를 도입했다.

특히 AI법 제50조는 이미지·오디오·비디오를 생성하거나 조작해 딥페이크를 만드는 시스템의 활용 시, 해당 콘텐츠가 인공지능에 의해 인공적으로 생성되거나 조작되었다는 사실을 가시적 표시·워터마크·메타데이터 등으로 명시하도록 요구하고 있다.

빅테크 기업과 연구자들도 워터마킹, 메타데이터 삽입, 이상 탐지 모델 등 다양한 탐지 기술을 개발 중이지만, 생성 기술과 탐지 기술의 "창과 방패" 경쟁에서 언제나 창이 한 발 앞선다는 평가가 많다. 결국 기술적 해결책만으로는 충분치 않으며, 디지털 문해력이 생존을 위한 시민의 핵심 역량으로 부상하고 있다.

이제 이용자 각자는 눈앞의 영상과 음성을 곧이곧대로 믿지 않는 건강한 의심, 출처와 맥락을 확인하는 습관, 그리고 나의 분노와 공포가 알고리즘과 합성 미디어에 의해 조작된 것은 아닌지 한 번 더 성찰하는 태도를 갖추어야 한다.

진실이 붕괴된 사회에서 민주주의와 공론장은 쉽게 무너지고, 그 빈자리를 채우는 것은 거짓말과 선동, 그리고 인간 심리의 가장 취약한 부분인 '도파민 중독'을 겨냥한 각종 상업·정치적 조작일 것이다.

[Off the Record: 기사 밖의 진실] 우리는 이제 눈을 믿을 수 없다, 민주주의는 실명했다

"백문이 불여일견(百聞不如一見)." 백 번 듣는 것보다 한 번 보는 것이 낫다는 이 오래된 격언은 21세기에 이르러 공식적으로 사망 선고를 받았다. 인공지능이 만들어낸 딥페이크(Deepfake) 기술은 인류가 수천 년간 쌓아온 '시각적 증거'의 권위를 산산조각 냈다.

기자 생활을 하며 내가 가장 두려워하는 순간은 특종을 잡지 못했을 때가 아니다. 명백한 영상 증거를 보고도 "이게 진짜인가?"라고 의심해야 하는 순간이다. 젤렌스키 우크라이나 대통령이 항복을 선언하는 가짜 영상이 퍼지고, 펜타곤 옆에서 폭발이 일어나는 가짜 사진에 주식 시장이 출렁였다. 기술은 이제 현실을 복제하는 수준을 넘어, 현실을 '창조'하고 있다.

딥페이크가 민주주의에 가하는 위협은 단순히 사람들을 속이는 데 그치지 않는다. 진짜 위험은 학계에서 말하는 '거짓말쟁이의 배당(Liar's Dividend)' 현상이다.

과거에는 정치인의 비리 영상이 공개되면 그는 사퇴해야 했다. 하지만 딥페이크 시대의 부패한 정치인은 뻔뻔하게 고개를 들고 이렇게 말한다. "저거 AI가 만든 조작입니다." 명백한 신실조차 '가짜'라는 프레임을 씌워 빠져나갈 구멍을 주는 것, 이것이 바로 거짓말쟁이들이 기술 발전의 대가로 챙겨가는 배당금이다.

민주주의는 합의된 사실 위에서 토론하고 타협하는 시스템이나. "물가는 올랐다.", "대통령은 저 말을 했다."라는 기초적인 사실에 동의해야 그 다음 논의가 가능하다. 하지만 딥페이크는 이 공통의 기반을 무너뜨린

다. 내 편이 하는 말은 진실이고, 네 편이 보여 주는 증거는 조작이라고 믿는 세상. 이런 '진실의 부족주의' 속에서 토론은 불가능하고 정치는 내전이 된다.

더 섬뜩한 것은 이 기술이 노리는 최종 목표다. 러시아나 중국의 선전 전문가들은 사람들이 가짜 뉴스를 진짜로 믿게 만드는 것에 만족하지 않는다. 그들의 진짜 목표는 사람들이 "세상에 믿을 것은 아무것도 없다."고 체념하게 만드는 것이다.

아무리 충격적인 뉴스를 봐도 "또 조작이겠지."라며 냉소하게 만드는 것. 진실을 추구하는 에너지를 고갈시켜 대중을 정치적 무기력증에 빠뜨리는 것. 이것이야말로 독재자들이 꿈꾸는 지상낙원이다.

우리는 지금 인류 역사상 처음으로 '보이는 것을 믿어서는 안 되는 시대'에 진입했다. 눈과 귀라는 감각 기관이 해킹당한 상태에서, 우리는 어떻게 참과 거짓을 구별할 것인가? 진실이 죽어 버린 사회에서 투표함은 아무런 의미가 없다. 우리의 민주주의는 지금 서서히 시력을 잃어가고 있다.

30장

도파민 경제

— 우리의 집중력은 어떻게 팔려나가는가

1. "당신의 눈동자를 팝니다"

인간에게 하루는 24시간뿐이고, 그중 잠과 노동을 제외하면 가용 주의력은 매우 제한적이다. 유튜브, 인스타그램, 틱톡 같은 플랫폼은 이 한정된 주의력을 두고 경쟁하며, 사용자가 더 오래 머무를수록 광고·결제·데이터 수집으로 더 많은 수익을 올린다.

이 서비스들이 '무료'인 이유는 단순하다. 우리가 돈을 내지 않는 대신, 집중력과 행동 데이터가 광고주에게 판매되는 상품 역할을 하기 때문이다.

2. 슬롯머신이 된 스마트폰

한 조사에서는 일부 스마트폰 사용자가 하루 평균 약 2,617회 화면을 탭·스와이프·클릭하는 것으로 나타났다. 표본·시기·국가가 제한된 연구지만, 현대인이 얼마나 빈번하게 스마트폰을 만지는지 상징적으로 보여 준다.

앱 설계에는 슬롯머신과 비슷한 가변적 보상 구조가 녹아 있다는 분석이 많다.

당겨서 새로고침을 한 뒤 잠시 기다렸다가 재미있는 콘텐츠가 뜨거나, 붉은 알림 배지가 불안을 자극해 즉각 확인하게 만드는 방식은, 불확실한 보상이 행동을 더 강하게 유지시킨다는 행동심리학 원리와 맞닿아 있다.

"실리콘밸리 설계자들이 슬롯머신 원리를 의도적으로 심어 넣었다."는 식의 표현은 확인된 내부 문서라기보다 비판적 해석에 가깝다. 보다 정확하게는, 사용자의 체류 시간을 늘리기 위해 심리학·행동과학을 활용한 설계가 도입되었고, 그 패턴이 슬롯머신의 가변 보상 구조와 유사하다는 비판이 제기된다 정도가 적절하다.

3. 15초의 도파민: 숏폼의 가변 보상

B.F. 스키너의 실험에서 쥐는 레버를 눌렀을 때 항상 먹이가 나올 때보다, 나올지 말지 모를 때 레버를 더 집요하게 눌렀다. 이런 가변적 보상이 도박·게임·SNS에서 중독적 행동을 강화하는 메커니즘이라는 점은 심리학과 행동경제학에서 널리 인정된다.

틱톡, 유튜브 쇼츠, 인스타그램 릴스 같은 숏폼 플랫폼은 사용자가 엄지손가락으로 영상을 넘길 때마다 "이번에는 더 재미있을지도 모른다."는 기대를 불러일으키는 구조를 갖고 있다. 몇 개는 시시하지만, 어느 순간 강렬하게 재미있는 '당첨 영상'이 나오면 뇌의 보상 회로가 강하게 반응하고, 이 랜덤한 당첨 경험이 "하나만 더"를 반복하게 만든다.

알고리즘은 사용자가 이탈하려는 시점에 더 관심을 끌 만한 콘텐츠를 보여 주도록 최적화되고 있다는 분석이 늘고 있다. 이 때문에 사용 행태는 단순한 의지의 문제가 아니라, 도파민 보상 시스템과 맞물려 개인 의지만으로 끊기 어려운 구조가 되기 쉽다.

4. 팝콘 브레인: 잃어버린 깊이

'팝콘 브레인(popcorn brain)'은 디지털 시대에 짧고 강한 자극에 과도하게 익숙해져, 생각이 이리저리 튀고 오래 한 가지에 집중하기 어려운 상태를 가리키는 비공식적 개념이다. 최근 전문가들은 숏폼·SNS·알림에 지속적으로 노출될수록, 긴 글이나 10분 이상 집중이 필요한 작업에 어려움을 겪는 사람들이 늘고 있다고 경고한다.

젊은 세대의 문해력 저하를 숏폼 때문이라고 단정할 수는 없지만, 짧은 하이라이트 위주의 콘텐츠에 익숙해진 미디어 환경이 '기승전결'이 있는 긴 텍스트를 읽고 이해하는 능력에 부담을 준다는 우려는 다수 보도와 연구에서 반복된다. 이런 맥락에서 도파민 경제가 인류의 '깊게 생각하는 능력'을 약화시킬 위험이 있다는 문제 제기는 충분히 근거가 있다.

5. 멈춤 신호가 없는 타임라인

종이신문은 한 부를 다 읽으면 끝이고, TV는 편성표에 따라 프로그램이 끝나는 '정지 신호'가 있었다. 그러나 오늘날 SNS와 동영상 피드는 무한 스크롤을 통해 사실상 끝이 없는 흐름으로 설계되어 있다.

무한 스크롤을 제품 수준으로 구현·대중화한 인물로 알려진 아자 라스킨은 이후 인터뷰에서 이 기술이 사용자의 시간을 과도하게 소모시키는 데 쓰이게 된 점을 두고 "그런 결과를 예상하지 못했고, 후회한다."는 취지의 발언을 여러 차례 했다. 기업 입장에서는 사용자가 오래 머무를수록 수익이 늘어나기 때문에, 이용자가 스스로 '이제 그만'이라고 멈출 수 있는 신호가 제거된 설계가 확산됐다는 비판이 제기된다.

6. 분노를 수익화하는 알고리즘

여러 연구에서 분노·공포·혐오 같은 부정적 감정을 자극하는 콘텐츠가 긍정적 콘텐츠보다 더 오래 주목을 끌고, 더 많이 공유되는 경향이 있다는 결과가 보고된다. 플랫폼 알고리즘이 시청 시간·참여도를 극대화하도록 설계된 이상, 이런 콘텐츠가 구조적으로 유리해지는 '주의력 시장의 편향' 문제가 발생한다.

유튜브 등에서 사용자가 정치·사회 관련 영상을 계속 시청할수록 점차 더 자극적·극단적인 내용을 추천받는 경향이 있었다는 조사·폭로가 이미 여러 차례 공개되었다. "항상 극단 콘텐츠를 추천한다."라고 단정하기는 어렵지만, 기업의 체류 시간 극대화 전략이 사회적 갈등·혐오 증폭과 맞물려 있다는 비판은 충분히 근거를 갖고 있다.

7. "상품에 대가를 지불하지 않으면, 당신이 상품이다"

구글, 메타(페이스북·인스타그램) 등 플랫폼은 이용자에게 무료에 가까운 서비스를 제공하는 대신, 광고·데이터 기반 비즈니스 모델로 막대한 수익을 올린다. 사용자의 검색 기록, 클릭·시청 이력, 위치 정보, 기기 정보 등 행동 데이터는 정교한 프로파일링과 광고 타기팅에 활용된다.

쇼샤나 주보프는 이를 "인간 경험을 무료 원료로 삼아 행동 데이터를 추출·예측·판매하는 새로운 축적 체제"로 규정하고, '감시 자본주의' 라는 개념으로 이 구조를 비판했다.

광고·플랫폼 업계에서는 사용자의 상황·맥락에 맞춰 반응 가능성이 높은 광고를 보여 주려는 시도가 진행 중이지만, "지금 배가 고프다.", "지금 우울해서 곧 쇼핑을 할 것이다."를 실시간으로 정확히 읽어내는 수준이 광범위하게 상용화되었다고 보기는 어렵다.

따라서 "우리는 고객이 아니라 상품이다."라는 문장은 문자 그대로의 사실이라기보다, 사용자가 상품처럼 취급되는 구조를 비판하는 은유로 이해하는 것이 정확하다. 중요한 포인트는, 우리가 지불하는 것이 돈이 아니라 데이터와 주의력이라는 점이다.

8. 디지털에 연결되지 못한 자들의 비극

"스마트폰을 끄는 순간 사회에서 완전히 지워진다."는 표현은 디지털 격차의 심각성을 강조하는 수사로는 강력하지만, 팩트 차원에서는 과장에 가깝다. 보다 정확하게는, 디지털 연결에서 소외된 사람들일수록 정보·금융·교육·행정 서비스와 사회적 관계에서 구조적인 불이익을 겪는 경향이 있다는 의미로 이해하는 편이 맞다.

도파민 경제는 연결된 이들의 주의력을 착취하는 동시에 연결되지 못한 이들을 보이지 않는 곳으로 밀어내는 이중의 압력을 만든다. 이 구조를 이해하고, 스스로의 시간과 집중력을 의식적으로 회수하는 일이 앞으로 개인과 사회 모두에게 중요한 과제가 되고 있다.

[Off the Record: 기사 밖의 진실] 우리는 디지털 실험실의 쥐가 되었다

1930년대 심리학자 스키너는 상자 안에 쥐를 넣고 실험을 했다. 레버

를 누를 때마다 먹이가 나오게 하면 쥐는 배가 부르면 멈췄다. 하지만 레버를 누를 때 '랜덤'하게, 즉 줄 때도 있고 안 줄 때도 있게 만들자 쥐는 미친 듯이 레버에 매달렸다. 언제 나올지 모르는 보상이 주는 기대감, 바로 '도파민'이 뇌를 지배했기 때문이다.

2024년, 우리 손에 들린 스마트폰은 스키너의 상자(Skinner Box)와 완벽하게 닮았다.

우리는 습관적으로 화면을 당겨 새로고침을 한다. 인스타그램의 피드를 내리고, 틱톡의 화면을 넘긴다. 이번엔 재미있는 영상이 나올까? 이번엔 누가 내 사진에 좋아요를 눌렀을까? 이 '무한 스크롤' 기능은 개발자가 실수로 만든 것이 아니다. 실리콘밸리의 행동 심리학자들이 인간의 도파민 회로를 가장 효율적으로 자극해, 화면에서 눈을 떼지 못하게 하려고 치밀하게 설계한 '디지털 슬롯머신'이다.

우리는 구글이나 메타, 틱톡의 서비스를 '무료'라고 생각한다. 돈을 내지 않으니까. 하지만 경제학에는 공짜 점심은 없다는 철칙이 있다. 우리가 돈을 내지 않는다면, '우리 자체가 상품'이라는 뜻이다. 빅테크 기업들은 우리의 눈동자가 머무는 시간, 즉 '주의력'을 채굴해 광고주들에게 비싼 값에 판다.

이것을 '주목 경제(Attention Economy)'라고 부른다. 이 경제 시스템에서 당신의 수면 시간, 친구와의 대화, 멍하니 창밖을 보는 시간은 기업의 매출을 갉아먹는 비효율적인 시간이다. 그래서 그들은 넷플릭스 다음 화가 5초 뒤에 자동으로 재생되게 만들고, 유튜브 쇼츠가 끝나지 않고 계속 이어지게 만든다. 잠시도 뇌가 쉴 틈을 주지 않는 것이다.

싸움은 애초에 불공평하다. 당신의 원시적인 뇌는 쾌락을 좇도록 진화했는데, 상대방은 슈퍼컴퓨터와 수천 명의 천재 엔지니어들을 동원해 당신의 뇌 약점을 공략한다. 내가 의지력이 약해서 스마트폰을 못 놓는 게 아니다. 상대가 너무 강력한 것이다.

그 결과 우리는 '사색'을 잃어버렸다. 엘리베이터를 기다리는 30초, 신호등을 기다리는 1분을 견디지 못하고 주머니를 뒤적인다. 뇌는 끊임없는 자극에 절여져, 긴 글을 읽거나 깊이 생각하는 능력을 상실한 '팝콘 브레인'이 되어간다.

타임라인을 훑으며 시간을 죽이고 있다고 생각하는가? 천만에. 당신의 시간이 죽임당하고 있는 것이다. 거대 기술 기업이라는 포식자에게, 당신의 인생에서 가장 소중한 자산인 '집중력'을 헐값에, 그것도 아주 달콤하게 뜯기고 있는 중이다.

스마트폰을 내려놓고 주위를 둘러보라. 지금 당신은 주체적인 사용자인가, 아니면 다음 보상을 기다리며 레버를 당기는 실험실의 쥐인가.

31장

데이터 빈곤층

— 연결되지 못하면 존재하지 않는다

1. 엄마의 눈물: 터치스크린이라는 벽

어느 날 한 온라인 커뮤니티에 이런 글이 올라왔다. "엄마가 햄버거가 먹고 싶어서 매장에 갔다가, 주문을 못 하고 그냥 집에 와서 울었다고 한다." 직원이 따로 안내해 주지 않는 매장에서 70대 노인은 키오스크 앞에 서서 작은 글씨와 복잡한 메뉴를 한참 들여다보다가, 뒤에 줄 선 젊은 손님들의 눈치를 이기지 못하고 결국 빈손으로 돌아왔다. 그는 "이제는 햄버거 하나도 내 힘으로 못 사 먹는 쓸모없는 사람이 되었구나."라는 자괴감을 안고 집에 와서 울음을 터뜨렸다고 한다.

이런 사연은 과장이 아니라 많은 노인이 실제로 겪는 장면의 상징이다. 서울시 조사에 따르면 55세 이상 고령층의 57.1%가 키오스크를 이용해 본 경험이 있지만, 그 중 59.6%가 "이용 중 어려움을 겪었다."고 답했다. 어려운 이유로는 '뒷사람 눈치가 보여서'(53.6%), '선택 항목 적용이 어려워서', '용어가 어려워서'가 상위에 올랐다. 한국보건사회연구원 분석에서

도 전체 노인 중 키오스크로 주문·접수가 가능하다고 답한 비율이 17.9%
에 불과해, 특히 75세 이상에서 디지털 주문 장벽이 매우 높다는 점이 지
적된다.

기업 입장에서 키오스크는 인건비를 줄이고, 주문 실수를 줄이며, 효율
을 높이는 수단이다. 그러나 그 과정에서 "화면 앞에 서 있는 시간이 곧
능력과 인내심의 시험"이 되었고, 디지털 기기에 익숙하지 않은 세대는
매장의 문턱에서 자연스럽게 걸러진다. "디지털을 모르면 밥도 먹지 말
라."는 말은 사실 진술이 아니라, 이들이 체감하는 사회의 메시지를 요약
하는 수사에 가깝다. 중요한 지점은, 이 변화가 단순한 '불편함'이 아니라
존엄감과 자기효능감에 타격을 준다는 점이다.

2. 현금 없는 사회의 그림자

더 무서운 흐름은 '현금을 받지 않는 매장'이 일상으로 스며들고 있다는
점이다.

스타벅스는 2018년부터 일부 점포에서 시범 운영한 뒤, 2020년 기준
전체 매장 1460곳 중 약 870곳(약 60%)을 '현금 없는 매장'으로 운영했다.
전국 1350여 개 매장 중 800~870여 개, 서울만 보면 70%가 넘는 점포가
현금을 받지 않는 구조였다는 분석도 나온다. 다른 커피 프랜차이즈와
편의점 일부도 카드·모바일 결제 중심의 무현금 매장을 도입하며 "현금
을 내면 오히려 눈치가 보인다."는 소비자 반응이 보도됐다.

평생 현금만 써온 노인, 신용카드를 발급받기 어려운 저소득층, 통장이
압류된 채 금융 시스템 바깥을 떠도는 사람들에게 이런 변화는 실제 생활
에서 체감되는 장벽이 된다.

카드·모바일 전용 매장은 아직 전체의 다수는 아니지만, 도심·프랜차이즈 위주로 늘어나면서 "돈이 있어도 현금만으로는 일부 물건·서비스를 이용하기 어렵다."는 상황이 나타나기 시작했다.

디지털 결제 인프라가 표준이 될수록, 아날로그 지갑을 든 사람들은 점점 더 많은 장소에서 "괜찮으시면 카드 없으세요?"라는 질문을 듣게 된다. 이는 현금을 고집하는 개인의 취향 문제가 아니라, 금융 접근성 자체가 결제 수단에 따라 차등화되는 구조라는 점에서 '생존의 거부'에 가까운 경험으로 이어질 수 있다.

3. 손을 흔들어도 서지 않는 택시

강남대로의 금요일 밤, 20대 청년들은 스마트폰 앱(카카오T 등)을 켜고 따뜻한 실내에서 택시를 부른다. 몇 분 뒤 도착한 택시에 아무 말 없이 올라타고 떠난다. 반면, 같은 시간 대로변에는 60~70대 노인들이 찬바람을 맞으며 손을 흔들고 서 있다. 빈차 표시를 켠 택시들이 그들 앞을 그대로 지나쳐 가는 모습은 더 이상 낯선 풍경이 아니다. 이미 앱을 통해 콜을 잡은 택시들은 길가의 손짓에 응답할 이유가 없고, 기사 입장에서도 심야·악천후에는 앱 호출이 더 안정적인 수입원이 된다.

"길거리에서 손을 흔들어 택시를 잡는 시대는 끝났다."는 말은 과장이지만, 대도시 심야·출퇴근 시간대의 체감 현실은 그에 가깝다.

호출 앱을 사용할 줄 모르거나, 스마트폰 자체가 없는 사람들은 병원 진료나 야간 이동처럼 시급한 상황에서도 택시를 잡지 못해 발을 동동 구르는 경우가 반복된다. 교통권·이동권은 헌법과 국제인권규범이 보장하는 기본권의 일부인데, 앱 호출 시스템이 택시 배차의 기본값이 된 도시에서 디지털 취약계층은 사실상 '모빌리티 난민'에 가까운 위치로 밀려난다. 이들에게 스마트 시티는 편리한 유토피아가 아니라, '앱을 사용할 줄 아는 사람만 자유롭게 움직일 수 있는 감옥'처럼 느껴질 수 있다.

4. 기차표는 매진입니다

명절 기차표 예매 전쟁도 디지털 능력에 따라 결과가 갈리는 대표적 공간이다.

KTX·SRT 명절 특별 편성분은 온라인·앱 예매가 시작되면 몇 초에서 수 분 안에 주요 시간대 좌석이 매진되는 경우가 많다. 포털 실시간 검색어에 "코레일 접속 오류", "앱 터졌다."는 말이 오를 만큼, 고속 인터넷·앱 사용이 사실상 예매의 필수 조건이 되었다.

이 와중에 역 창구를 찾는 고령층에게 남는 것은 대부분 입석이나 비인기 시간대 좌석뿐이다. 인터넷·앱 예매가 먼저 열리고, 그 뒤에 창구 예매가 열리는 구조에서 '먼저 클릭할 수 있는 능력'이 곧 좋은 시간대·좌석을 확보하는 능력이 된다. 디지털 능력이 곧 '시간'과 '편리함'이 되는 세상에서, 데이터 빈곤층은 가장 비싼 비용(긴 대기 시간과 체력)을 지불하고도 가장 나쁜 서비스를 받는 역설적인 상황에 놓인다. 이때의 박탈감은 단순한 기술 격차가 아니라, "같은 국민인네 왜 누군가에게는 귀향이 더 먼 길이 되었는가?"라는 구조적 질문을 던진다.

5. 닫힌 셔터: "점포 통·폐합 안내"

은행들은 "모바일 뱅킹이 대세"라며 오프라인 점포 통폐합을 가속해 왔다.

　금융감독원 집계에 따르면 2019년부터 최근 5년간 국내 은행 점포는 1189개가 폐쇄됐다. 수도권에서 708개, 비수도권에서 481개가 사라졌고, 이 중 69%는 국민·신한·하나·우리 등 4대 시중은행 점포였다. 인구 10만 명당 은행 점포 수는 OECD 평균보다 낮은 수준까지 떨어졌다는 지적도 나온다.

　문제는 점포 폐쇄가 단순한 구조조정이 아니라 '금융 접근성의 지도'를 바꾼다는 점이다.

　특히 농촌·도시 외곽 지역에서는 가장 가까운 은행까지 10~20km 이상 떨어진 곳도 생겼다. 스마트폰 뱅킹을 신뢰하지 않거나 사용할 줄 모르는 고령층은 공과금 납부나 단순 송금을 위해 버스를 타고 읍·시 단위의 은행을 찾아가야 한다. 금융당국도 고령자·장애인·비도심 거주자의 금융 접근성 악화를 우려하며 "점포 축소 과정에서 금융사의 사회적 책무를 돌아봐야 한다."고 공개적으로 언급했다. 이런 지역을 '금융 사막'이라 부르는 이유는, ATM 부족 같은 불편을 넘어 "현금 인출·창구 상담·통장 재발급 같은 기본적 금융 서비스에 물리적 접근 자체가 어려운 상태"를 뜻하기 때문이다.

6. 빈곤의 페널티

　더 잔인한 격차는 금리와 수수료에서 드러난다.

　많은 은행이 모바일·인터넷 전용 예금·적금 상품에 더 높은 우대 금리를 제공하고, 수수료 면제 혜택도 비대면 채널 위주로 설계해 두었다. 반대로 창구에서 송금하거나 상품에 가입하면 수수료를 물리고, 금리 우대도 받지 못하는 경우가 적지 않다. 이는 디지털 금융에 익숙한 고객에게는 분명 혜택이지만, 스마트폰이 없거나 앱 사용이 어려운 고령층·저소득층에게는 '눈에 보이지 않는 추가 비용'이 된다.

결과적으로, 자산이 많고 디지털 서비스 활용도가 높은 계층일수록 더 낮은 수수료와 더 높은 금리를 적용받는 반면, 상대적으로 가난하고 디지털 접근성이 낮은 계층이 더 높은 비용을 부담하는 역진적 구조가 형성된다.

이런 현상을 영국·미국 등에서는 "빈곤의 페널티"라고 부르며, 같은 서비스라도 가난한 사람이 더 비싸게 사게 되는 메커니즘을 문제 삼는다. 한국의 디지털 금융 혁신 역시 한편에서는 비용을 줄이고 편의를 높이는 축복이지만, 다른 한편에서는 취약계층에게 새로운 형태의 수탈 구조를 만들어 낼 위험이 있다는 지적이 나오는 이유다.

7. 연결될 권리

코로나19 팬데믹 당시 한국에서는 식당·카페·다중이용시설 출입에 QR 전자출입명부가 요구되었고, 중국을 포함한 여러 나라에서는 건강코드·백신패스 없이는 대중교통이나 공공장소 출입이 어렵기도 했다. 스마트폰이 없는 노숙인·쪽방촌 주민·고령층 일부는 'QR 코드가 없어서' 방역 시스템 밖으로 밀려나거나, 식당·편의시설 입장을 거절당하는 경우를 겪었다. 이들은 실제로 존재하지만, 데이터 상으로는 존재하지 않는 '투명 인간'에 가까운 상태로 취급되는 순간이 있었다.

이제 연결은 선택이 아니라 사실상 인권에 가까운 성격을 띠기 시작했다.

교육, 취업, 행정 서비스, 의료 예약, 금융 거래, 심지어 재난 문자 수신까지 네트워크 접속을 전제로 작동하는 영역이 급속히 확대됐기 때문이다. 유엔·OECD 등 국제기구도 초고속 인터넷과 디지털 서비스 접근을 "사회·경제적 참여의 기본 인프라"로 보고, 국가가 단순히 광케이블을 까는 것(하드웨어)을 넘어 '누구나 차별 없이 쓸 수 있게 하는 디지털 포용' 정책에 예산을 투입해야 한다고 권고한다. 국가는 "망을 얼마나 빨리 깔았는가?"만이 아니라, 그 망 위에서 누구를 품고 누구를 떨어뜨리고 있는지를 함께 봐야 한다.

8. 과잉 연결의 공포

여기까지는 연결되지 못한 자들의 슬픔을 보았다.

키오스크 앞에서 얼어붙는 노인, 현금만으로는 들어갈 수 없는 무현금 매장, 호출 앱이 낯선 이들을 지나치는 택시, 앱 예매 경쟁에서 밀려 입석만 남는 기차표, 점포 폐쇄로 은행까지 몇 시간을 이동해야 하는 사람들, QR 인증이 없어 방역·행정 시스템에서 배제된 시민들. 이들은 모두 "데이터 빈곤층"이 된 사람들이다.

그러나 반대로 너무 과하게 연결된 사회, 모든 이동·결제·행정·소비가 점수와 등급으로 환산되는 사회의 위험도 존재한다. 중국의 사회신용 논쟁, 빅테크·핀테크가 결제·위치·소비 데이터를 결합해 행동 점수를 매기는 실험들은, '접속된 자들에게는 통제와 평가가 문제'가 되는 시대가 다가오고 있음을 보여 준다. 빈곤층에게는 '접속'이 문제라면, 이미 깊이 접속된 사람들에게는 '데이터를 통해 어디까지 평가·감시를 허용할 것인가'가 문제가 된다.

데이터 빈곤층의 문제는 단지 "뒤처진 사람들을 도와야 한다."는 복지의 문제가 아니다. 한쪽 끝에서는 연결되지 못한 이들이 사회에서 사라지고, 다른 쪽 끝에서는 과잉 연결된 이들이 점수와 알고리즘의 대상이 되는 이중 구조가 동시에 진행되고 있기 때문이다. 이 장이 말하고자 하는 것은, 연결될 권리와 연결되지 않을 권리, 두 가지 모두를 지키는 새로운 디지털 인권의 기준선을 고민해야 할 때가 왔다는 것이다.

[Off the Record: 기사 밖의 진실] 와이파이가 끊기면 시민권도 사라진다

과거에 가난의 척도는 '밥'이었다. 끼니를 굶는 것이 빈곤이었다. 하지만 2025년, 빈곤의 정의는 바뀌었다. 쌀독이 비어있는 것보다 더 무서운 빈곤은, 스마트폰의 데이터가 끊기고 와이파이 신호가 잡히지 않는 '디지털 단절'이다.

코로나 팬데믹 시절, 우리는 이 잔인한 현실을 목격했다. 학교 문이 닫히고 수업이 줌(Zoom)으로 전환되었을 때, 어떤 아이들은 자신의 방에서 고성능 태블릿으로 수업을 들었지만, 어떤 아이들은 스마트폰 하나를 형제와 나눠 쓰며 흐릿한 화면 속 선생님을 바라봐야 했다. 수업이 끝난 후, 두 아이의 학력 격차는 밥을 굶은 것보다 더 돌이킬 수 없는 상처를 남겼다.

더 비극적인 장면은 거리에서 펼쳐진다. 동네 식당은 사라지고 그 자리를 무인 카페와 키오스크(무인 주문기)가 채웠다. 뒷사람의 눈치를 보며 떨리는 손으로 화면을 누르다 결국 주문을 포기하고 놀아서는 노인의 뒷모습. 그것은 단순한 기계 조작의 미숙함이 아니다. 사회 구성원으로서 당당하게 밥 한 끼를 사 먹을 권리가 박탈되는 '존엄의 상실'이다.

행정은 어떤가. "자세한 내용은 앱에서 확인하세요."라는 공무원의 말은 스마트폰이 없는 사람에게는 "당신은 우리 국민이 아닙니다."라는 사형 선고나 다름없다. 은행 점포가 사라진 동네에서 노인들은 금융 난민이 되고, 백신 예약 앱을 켜지 못한 사람들은 방역 시스템에서 투명 인간 취급을 받았다.

이것이 바로 '데이터 빈곤'의 실체다. 현대 사회에서 연결되지 못한다는 것은, 단순히 불편한 것이 아니라 '사회적으로 삭제'된다는 것을 의미한다.

기술 기업들은 "누구나 연결된 세상"을 모토로 내건다. 하지만 그들이 만든 세상은 역설적으로 가장 높은 진입 장벽을 세웠다. 최신 기기를 사고, 매달 비싼 통신료를 내고, 끊임없이 업데이트되는 UI(사용자 환경)를 학습할 능력이 없는 사람들은, 디지털이라는 거대한 성벽 밖으로 밀려난다.

성 안의 사람들은 AI 비서의 도움을 받아 더 빠르고 효율적으로 부를 쌓지만, 성 밖의 사람들은 기본적인 복지 혜택조차 신청하지 못해 고립된다. 이 '디지털 격차'는 소득 격차를 가속화하고, 다시 디지털 격차를 벌리는 악순환의 고리가 되었다.

이제 우리는 인정해야 한다. 인터넷 접속권은 넷플릭스를 보기 위한 사치가 아니라, 수도나 전기처럼 인간이 생존하기 위해 반드시 공급받아야 할 '21세기의 천부인권'이다.

와이파이가 끊기는 순간, 당신은 시민에서 난민으로 전락한다. 기술의 속도전 속에서 우리는 너무 많은 사람을 '오프라인'이라는 이름의 감옥에 가둬두고 달리고 있는 것은 아닐까. 연결은 밥보다 중요하다. 연결되어야 비로소 존재하기 때문이다.

32장

디지털 전체주의

— 중국의 사회 신용 시스템

1. "당신의 점수는 950점입니까?"

중국 산둥성의 작은 도시 롱청시. 이곳의 성인 시민들은 기본 1,000점에서 시작하는 '사회 신용 점수'를 부여받는다. 이 점수는 교통법규 준수, 대출 상환, 공공질서, 봉사활동 등 일상 전반의 행위를 데이터로 수집해 가감하는 방식으로 운영된다.

+ 점수: 교통법규 준수, 헌혈·자원봉사, 고령 부모 부양 등 공익·효행 행위, 이웃 돕기.

- 점수: 교통 위반, 음주운전, 계약 불이행, 공공상소 소란, 행정 처벌 기록 등 '불성실' 행위.

롱청의 시민들은 점수에 따라 AAA·AA·A·B·C·D 등급으로 분류된다. A 등급(대체로 960~1029점)은 금융·취업·행정 서비스에서 우대받고, AAA 등급은 모범 시민으로 각종 추천·가점 대상이 된다. 반대로 C·D 등급은 대출·입찰·취업 등에서 각종 불이익과 제약을 겪는다.

중요한 점은, 이 롱청식 포인트제는 중국 전체를 관통하는 단일 점수가 아니라 중앙이 설계한 사회 신용 프레임 안에서 운영되는 지방 파일럿 모델이라는 점이다. 중국의 '사회 신용 시스템'은 중앙의 블랙리스트, 공·사 신용정보, 각 지방의 포인트제와 행정 평가가 서로 연결된 다층 구조에 가깝다.

2. 무단 횡단자의 얼굴이 전광판에 뜨다

상하이와 선전 등 대도시의 횡단보도. 한 시민이 빨간불에 길을 건넌 순간, 건너편 대형 전광판에 그의 얼굴과 성명, 일부 신분증 번호가 대문 짝만하게 뜬다. "법규 위반자: ○ ○ ○" 인근에 교통경찰이 서 있지 않아도, CCTV와 안면 인식 시스템이 위반 영상을 즉시 분석해 신원을 특정한다.

이 정보는 교통경찰 시스템과 연동되어 벌금·벌점 등 행정 처분으로 이어지고, 일부 지역에서는 위반 사실이 개인의 사회 신용 기록에도 반영된다. 벌금이 "계좌에서 곧바로 빠져나가는" 방식으로 전국에 일괄 적용된다고 보기는 어렵지만, 모바일 결제·온라인 행정 시스템과의 통합으로 위반-인식-처분의 자동화 속도는 점점 더 빨라지고 있다. 부끄러움이라는 감정조차 실시간 데이터 처리와 전광판을 통해 자동으로 연출되는 사회, 국가는 보이지 않는 곳에서도 '도덕'을 강제한다.

3. 비행기를 탈 수 없는 사람들

사회 신용이 일정 기준 이하로 떨어졌다기보다, 법원이 '실행 불이행자

(失信被執行人, 일명 라오라이)' 블랙리스트에 올리는 순간, 그 사람의 이동과 경제 활동은 눈에 띄게 제약된다. 대표 제재는 다음과 같다.

- 항공기 및 고속철도(고속열차, CRH) 티켓 구매 제한
- 일부 호텔 이용·부동산 고가 매입 제한
- 자녀의 고가 사립학교·유료 사교육 이용 제한
- 공직·고위 경영직, 고가 소비 행위에 대한 제약 등

중국 최고인민법원 통계에 따르면, 2018년 말까지 법원 판결을 이행하지 않은 개인·기업에 대해 항공권 1,746만 건, 고속철도 표 547만 건의 구매가 차단됐다. 이후 누적 기준으로는 항공·열차 합산 2,000만 건이 넘는 탑승 제한 사례가 보고된다.

돈이 있어도 표를 살 수 없다. 국가는 물리적 감옥을 추가로 세우기보다, 데이터 네트워크 속에서 특정 사람을 공적 인프라에서 분리하는 방식으로 사회적 감옥을 만든다. 여행·교육·소비 같은 현대인의 기본적 이동과 선택의 자유가, 점점 더 "사회적 신용"이라는 눈에 보이지 않는 통제 레버에 묶이고 있다.

4. "이 사람은 빚쟁이입니다"

더 노골적인 제재도 있다. 일부 지방 법원에서는 라오라이 명단에 오른 사람에게 전화를 걸면, 통화 연결음 대신 이런 메시지가 나온다.

"현재 연결 중인 번호 사용자는 ○○법원에 의해 채무 불이행자로 지정된 사람입니다. 거래에 주의하시기 바랍니다."

이른바 '벨소리의 망신' 제도다. 채무 불이행 사실을 주변 모든 사람에게 실시간으로 알리는 21세기형 '주홍글씨'. 중국 관영매체도 이 제도를 "채무자에게 심리적 압박을 주고 사회적 책임감을 상기시키기 위한 수단"으로 소개하며, 신용 회복을 유도하는 장치라고 설명한다.

하지만 효과가 어떻든 본질은 같다. 기술은 인간의 존엄을 보호하는 방패가 아니라, 사회적 낙인을 찍고 복종을 유도하는 채찍으로 사용된다. 다만 이 제도는 현재까지 전국 일괄 시행이 아니라 여러 성·시 법원의 지역적 실험이라는 점을 함께 볼 필요가 있다.

5. 6억 대의 카메라: 사각지대는 없다

이 모든 시스템을 떠받치는 인프라가 바로 중국 전역에 깔린 '톈왕(天網, Skynet)'과 '셰량(雪亮, Sharp Eyes)' 프로젝트다. 공공·민간 CCTV를 아우르는 중국의 감시 카메라는 최소 2억 대 이상으로 추정됐고, 이후 급속도로 늘어나 2020년대 중반에는 5억~7억 대 수준, 전 세계 10억 대 감시 카메라 중 상당수를 차지하는 것으로 분석된다.

센스타임(SenseTime), 메그비(Megvii), 하이크비전(Hikvision), 다화(Dahua) 등 중국 AI·영상 기업들의 안면 인식·행위 분석 기술이 이 카메라들에 탑재되어 있다. 2018년에는 수만 명이 운집한 잭키 청 콘서트장에서 경제사범 수배자를 안면 인식으로 특정해 체포한 사례가 크게 보도되었다. 군중 속에 섞여 '익명'으로 존재하는 것 자체가 점점 더 불가능해지는 풍경이다.

중국 관영매체는 톈왕 시스템이 "1초에 전국 인구를 스캔할 수 있다."는 식의 성능을 자랑하지만, 전문가들은 실제 정확도와 오인식 문제를 감안하면 이런 주장은 상당 부분 과장이라고 지적한다. 그러나 설령 기술이 완벽하지 않더라도, "언제나 누군가 보고 있다."는 인식만으로도 시민의 행동 양식을 바꾸기에 충분하다.

6. 알고리즘 독재: 예방적 통제

더 무서운 것은 '예측 치안'이다. 신장 위구르 지역에서는 '통합 합동 작전 플랫폼(IJOP)'이 주민들의 각종 데이터를 수집·분석해 '위험 신호'를 자동으로 표시한다.

- 휴대전화 사용 패턴의 급격한 변화
- 연료·전기 사용량의 비정상적 증감
- 장기간 이웃과 교류가 끊긴 것 같은 생활 패턴 변화
- 종교 활동·해외 통신·특정 암호화 메신저 사용 등

이런 일상적 행위들이 데이터베이스에 축적되면, 알고리즘은 특정 인물을 '잠재적 위협 인물'로 분류하고 현지 경찰·보안 기관에 추가 조사를 촉구한다. 인권단체와 연구자들은 이 과정에서 실제 범죄 행위가 입증되지 않은 사람들까지 대기 노로 조사·구금·재교육 수용소로 보내졌다고 보고한다.

영화 〈마이너리티 리포트〉가 그린 '범죄 발생 이전 체포'가, 신장에서는 빅데이터와 알고리즘, 군·경 통합 시스템을 통해 부분적으로 현실이 된 셈이다. 문제는, 이 모든 과정이 법률·사법적 통제보다는 안보·치안 명분의 행정·당 관료 결정에 크게 의존한다는 점이다.

7. 독재자들의 쇼핑 리스트

이러한 디지털 통제 패키지는 중국 국경 안에만 머물지 않는다. 화웨이, 하이크비전, 다화, ZTE, 센스타임 등은 '스마트 시티', '세이프 시티'라는 이름으로 AI 감시·안면 인식·도시 관제 솔루션을 세계 60여 개국에 수출하고 있다.

짐바브웨, 베네수엘라, 이란, 우간다, 미얀마, 세르비아 등 민주주의·인권 지표가 취약한 국가들 상당수가 이 기술의 구매자 명단에 올라 있다. 이들 국가에서는 대규모 CCTV·안면 인식망이 반정부 집회 참가자, 언론인, 야당 인사를 추적·식별하는 수단으로 활용됐다는 조사·보도가 잇따르고 있다.

중국이 수출하는 것은 단순한 카메라·서버 묶음이 아니라, 데이터 수집-분석-위험 점수화-제재-프로파간다까지 아우르는 통제의 운영 모델이다. 민주주의 국가가 인권과 절차적 정당성을 고려하며 사용해 온 디지털 기술이, 권위주의 체제에서는 "효율적 지배의 툴킷"으로 재포장되어 팔려나가고 있는 것이다.

8. 우리는 어떤 미래를 선택할 것인가

노동의 종말, 진실의 죽음, 집중력 착취, 데이터 빈곤, 그리고 디지털 전체주의. 이 여정은 기술이 폭주할 때 인간의 삶이 얼마나 깊은 심연까지 추락할 수 있는지를 보여 준다. 중국의 사회 신용 시스템과 디지털 감시는, 공공선·안전·효율이라는 언어를 입었지만, 그 이면에서 인간을 점수와 위험도로 환원하는 거대한 실험이다.

이제 시선을 한반도로 돌려보자. 미국은 '시장·플랫폼 중심의 디지털 권력'이, 중국은 '국가·당이 지배하는 디지털 통치'가 극단으로 치닫는 실험장이 되고 있다. 우리나라는 이 사이에서 단순히 어느 쪽을 택할 것인가가 아니라, 공공 안전과 인권·자유, 기술 혁신과 민주적 통제 사이의 균형을 어떻게 설계할 것인가를 스스로 결정해야 한다.

공공·민간 데이터와 신용 정보를 어떻게 수집·결합·활용할 것인가

안면 인식·예측 치안·위험 점수화 기술에 어떤 법적 한계를 둘 것인가

알고리즘 통치를 견제할 민주적 감시·투명성·구제 장치를 어떻게 만들 것인가

기술 식민지가 되지 않으면서, 디지털 전체주의의 함정에도 빠지지 않는 길은 존재한다. 그것은 기술 자체가 아니라, 어떤 가치와 규범을 최우선에 두고 기술을 설계·배치·통제할 것인가에 대한 사회 전체의 선택이다.

[Off the Record: 기사 밖의 진실] 점수가 된 인간, 복종의 게임화

조지 오웰이 소설 『1984』를 쓸 때, 그는 독재자가 텔레스크린을 통해 국민을 감시하는 세상을 상상했다. 하지만 21세기 중국 공산당이 만든 시스템은 오웰의 상상력을 비웃을 만큼 훨씬 더 세련되고, 더 효율적이며, 무엇보다 '자발적'이다.

중국의 '사회 신용 시스템'은 국가 통치를 거대한 RPG 게임으로 만들었다. 모든 국민에게는 기본 점수 1000점이 주어진다. 헌혈을 하거나 봉사 활동을 하면 점수가 올라간다(레벨 업). 반대로 무단횡단을 하거나, 쓰레기를 아무 데나 버리거나, 정부를 비판하는 글을 올리면 점수가 깎인다.

이것은 겉보기에 "법을 잘 지키는 사회"를 만드는 선진적인 시스템처럼 보인다. 하지만 그 이면에는 소름 끼치는 '알고리즘 독재'가 숨어 있다.

점수가 낮아지면 어떻게 될까? 감옥에 가지는 않는다. 대신 삶이 지옥으로 변한다. 비행기나 고속열차 표를 예매하려 하면 "점수가 낮아 구매할 수 없습니다."라는 메시지가 뜬다. 은행 대출이 막히고, 인터넷 속도가 느려지며, 심지어 자녀를 좋은 학교에 보낼 수도 없다. 중국 정부는 이들을 '신용 불량자'라고 부르며, 그들의 얼굴과 이름, 신분증 번호를 전광판과 인터넷에 공개해 망신을 준다.

이 시스템의 가장 무서운 점은 경찰이 몽둥이를 들고 쫓아다닐 필요가 없다는 것이다. 사람들은 점수가 깎일까 봐 스스로 입을 닫고, 스스로 행동을 검열한다. 제러미 벤담이 말한 '판옵티콘(Panopticon)', 즉 죄수가 간수를 볼 수 없어도 항상 감시받고 있다고 믿게 만드는 원형 감옥이 디지털 기술로 완벽하게 구현된 것이다.

이곳에서 인간의 존엄성은 사라진다. 인간은 도덕적 판단을 내리는 주체가 아니라, 점수를 따기 위해 알고리즘에 복종하는 'NPC(게임 속 캐릭터)'로 전락한다. "이 행동이 옳은가?"를 고민하는 것이 아니라, "이 행동이 내 점수에 도움이 되는가?"를 계산하게 된다.

우리는 중국을 비웃으며 "역시 통제 국가"라고 말한다. 하지만 안심하기엔 이르다. 우리의 삶을 돌아보라. 우버 기사의 별점, 에어비앤비의 평점, 은행의 신용 점수. 우리 역시 이미 데이터로 점수 매겨지는 세상에 살고 있다. 차이가 있다면 중국은 국가가 매기고, 우리는 기업이 매긴다는 것뿐이다.

디지털 전체주의는 탱크를 앞세워 오지 않는다. "안전하고 신뢰할 수 있는 사회를 만들자."는 달콤한 명분을 쓰고, 우리의 스마트폰 속으로 조용히 스며든다. 당신의 도덕성은 지금 당신의 것인가, 아니면 서버 속에 기록된 데이터 쪼가리인가?

7부

한국의 생존: 샌드위치 위기

33장

삼성과 하이닉스

— 칩4 동맹과 중국 공장의 딜레마

1. 반도체는 더 이상 단순 상품이 아니다

2022년, 미국 바이든 행정부는 미국·한국·대만·일본이 참여하는 이른바 '칩4(Chip 4) 협의체' 구상을 내놓았다.

미국(설계·장비), 한국(메모리), 대만(파운드리), 일본(소재·장비) 간 공급망 협력과 대중국 견제를 결합한 협의 플랫폼 성격으로, 사실상 반도체 공급망에서 중국 의존도를 낮추겠다는 정치·경제적 시그널이었다.

과거 반도체는 많이 팔아 달러를 벌어오는 '수출 효자 상품'이었지만, 미·중 기술패권 경쟁이 본격화되면서 반도체는 미사일·항공모함에 비견되는 '전략 안보 자산'으로 인식이 바뀌었다.

미국의 메시지는 단순하다. "우리 편에 서지 않으면, 핵심 장비와 기술에 접근하기 어렵게 만들겠다." 장비·EDA·IP 등에서 미국과 동맹국 의존도가 절대적인 만큼, 장비 수출이 막히면 삼성전자·SK하이닉스 공장은 신규 투자와 공정 전환이 가로막혀 3~5년 사이 경쟁력을 급속히 잃을 수밖에 없다. 한국이 오랫동안 유지해온 '안미경중(안보는 미국, 경제는 중국)'식 줄타기는 이 시점부터 구조적으로 흔들리기 시작했다는 평가가 설득력을 얻는다.

2. 가드레일(Guardrails) 조항의 진짜 의미

미국은 '반도체 지원법(CHIPS and Science Act)'을 통해 막대한 보조금을 약속하는 대신, 이른바 '가드레일(Guardrails)' 조항으로 중국 등 '우려 국가'에서의 투자를 제한했다.

핵심은 "미국 보조금을 받는 기업은 향후 10년 동안 중국 등에서 첨단 반도체 생산능력을 실질적으로 확대하지 말라."는 것으로, 일정 수준 이하의 '레거시(Legacy) 공정' 투자·유지보수에는 예외 여지를 두면서도 첨단 공정 증설과 업그레이드는 강하게 묶어 두는 구조다.

이 조항은 한국 기업들에 직격탄이 됐다. 삼성전자는 낸드플래시의 상당 부분을 중국 시안 공장에서, SK하이닉스는 D램 생산의 40% 안팎을 중국 우시 공장에서 담당해 왔다는 분석이 많다. 한국 메모리 생산능력의 큰 비중이 여전히 중국에 묶여 있는 상황에서, 미국은 이 공장들에 대해 "새로운 첨단 설비와 공정으로의 대규모 업그레이드는 하지 말라."고 요구한 셈이다.

'중국이라는 인질'에게 최신 기술과 투입 장비를 제한하는 이 구조는, 한국 반도체 전략 전체를 다시 설계하도록 강제하는 효과를 냈다.

3. 첨단 공정의 딜레마: EUV와 잠재적 좌초 자산

반도체는 1~2년만 투자가 늦어져도 공정 미세화 경쟁에서 뒤처지기 쉬운 '속도전' 산업이다.

특히 SK하이닉스 우시 공장은 미세 공정 전환을 위해 네덜란드 ASML의 EUV(극자외선) 노광 장비 도입을 검토해 왔지만, 미국의 대중 수출통제 강화로 EUV는 중국향 판매가 사실상 차단되었다.

ASML은 애초에도 가장 첨단 EUV 장비를 중국에 판매하지 못했고, 2023년 이후에는 고급 DUV 장비까지 통제 범위가 확대되면서 중국 내 첨단 공정 전환의 문턱이 더 높아졌다. 이로 인해 한국·대만 기업의 중국 공장은 시간이 지날수록 첨단 제품 대신 구형 공정 중심의 '레거시 생산 기지'로 고착될 위험이 커졌고, 대규모 자본이 투입된 설비가 중장기적으로 수익성을 상실할 수 있다는 의미에서 잠재적 '좌초 자산' 리스크로 거론되기 시작했다.

미국은 한편으로 삼성·SK하이닉스·TSMC의 중국 공장에 대해 한시적 장비 반입 예외(웨이버·VEU)를 부여해 유지·보수 및 일부 업그레이드를 허용했지만, 2025년 이후에는 이를 라이선스 기반 관리로 전환하며 증설·첨단화는 더욱 엄격히 제한하는 방향으로 움직이고 있다.

4. 중국의 반격: 마이크론 제재와 YMTC·CXMT의 추격

중국도 가만있지는 않았다.

2023년 중국 사이버공간관리국(CAC)은 미국 메모리 업체 마이크론(Micron) 제품에 대한 사이버보안 심사에서 "심각한 보안 위험"을 발견했다며, 중요 정보 인프라 운영자를 대상으로 마이크론 제품 구매를 금지했다. 공식적으로는 안보와 데이터 보호를 이유로 한 부분적 시장 차단이었지만, 미국의 반도체 제재에 대한 보복 성격이 짙다는 평가가 지배적이다.

이와 동시에 중국 정부·관영 매체 주변에서는 "마이크론의 빈자리를 한국 기업이 과도하게 메워서는 안 된다."는 취지의 경고성 발언과 여론이 반복적으로 제기됐다.

한국 메모리 기업이 미국 편에 서서 중국을 제재에 동조하면, 비슷한 제재 대상이 될 수 있다는 '간접 압박'으로 해석된다.

한편, YMTC(양쯔메모리)와 CXMT(창신메모리)는 중국 정부 지원을 등에 업고 낸드·D램 개발과 설비투자를 확대하며 기술 격차를 좁히려 하고 있으며, 한국·대만·미국 출신 반도체 엔지니어를 고연봉으로 영입하면서 인력 경쟁도 심화되고 있다. 아직 공정 세대와 품질에서 격차가 존재한다는 평가가 많지만, 중국 내수시장과 거대한 정책 지원을 바탕으로 추격 속도가 빨라지고 있다는 점은 한국 입장에서도 부담이다.

5. 파운드리 전쟁: TSMC의 빠른 선택

이 혼란 속에서 대만의 TSMC는 누구보다 빠르게 움직였다.

TSMC는 지정학 리스크를 완화하기 위해 미국 애리조나, 일본 구마모토 등에 첨단 파운드리를 건설하며 생산기지를 '탈중앙화'하는 전략을 선택했다. 2022년 애리조나 공장 행사에서 TSMC 창업자 모리스 창은 "세계화는 거의 죽었다, 자유무역도 거의 죽었다."고까지 발언하며, 사실상 미국 중심 공급망 편입이 불가피하다는 인식을 드러냈다.

그 결과 엔비디아·애플 등 빅테크 고객사는 지정학적 안정을 중시해 미국·일본 내 생산기지를 확보한 TSMC에 더 많은 주문을 배분하는 흐름을 보이고 있다는 분석이 나오고, 글로벌 파운드리 시장에서 TSMC는 60% 안팎 점유율을 유지하는 반면 삼성전자는 10%대 안팎에 머물며 격차를 좁히지 못하고 있다.

'메모리 1등' 삼성전자가 시스템 반도체·파운드리 1위를 꿈꾸며 공격적으로 투자했지만, 대규모 미국·일본 투자·고객 포트폴리오 측면에서 TSMC의 선제적 전략에 후발로 따라가는 형국이라는 평가가 우세하다.

6. HBM: 위기 속 'AI 메모리'라는 구원투수

이 절망적인 구도에서 한국 메모리 업체를 구한 것은 역설적이게도 AI 붐이었다.

챗GPT 이후 생성형 AI 열풍으로 엔비디아 GPU·AI 가속기 수요가 폭발하자, 그 옆에서 연산을 뒷받침하는 고대역폭 메모리 HBM(High Bandwidth Memory)이 공급 부족을 겪을 정도로 중요해졌다.

SK하이닉스는 2010년대 초반부터 HBM에 과감한 선제 투자를 진행해 왔고, HBM3·HBM3E 양산에서 한발 앞서 나가 엔비디아의 핵심 공급사로 자리 잡으며 시장 주도권을 확보했다. 삼성전자 역시 후발로 HBM 품질·속도 경쟁에 뛰어들며 추격에 속도를 내고 있으나, 2024~2025년 기준 시장 점유율과 엔비디아향 공급 비중에서는 SK하이닉스가 한 수 위로 평가된다.

HBM은 고집적 3D 적층·첨단 패키징·공정 제어가 복합된 기술로, 중국 업체가 단기간에 따라오기 어렵다는 점에서 한국의 '초격차 기술'로 부상했다.

이처럼 중국 내 공장 비중이 크면서도 글로벌 HBM 공급에서 한국이 핵심 축을 담당하는 현실은, 미국이 삼성·하이닉스의 중국 공장에 대해 장비 반입을 전면 차단하기보다는 웨이버·예외 규정을 통해 유지·보수와 일부 업그레이드를 허용하도록 만드는 요인 가운데 하나로 작용했다는 평가가 많다.

7. 탈중국은 선택이 아닌 '디리스킹'

이제 방향성 자체는 비교적 분명해졌다.

미국의 수출통제·가드레일, 중국 토종 업체의 추격, 그리고 대만해협·한반도 정세 등 지정학 리스크를 고려하면, 장기적으로 중국 내 첨단 생산 비중을 줄이는 '디리스킹(de-risking)' 전략은 한국을 포함한 칩4 국가들의 공통 과제가 되었다. 중국이 더 이상 무조건적 '기회의 땅'이 아니라, 기술 유출·정책 리스크·토종 경쟁자 부상이라는 복합 리스크의 공간으로 재인식되고 있는 것이다.

삼성전자는 미국 텍사스 테일러시에 첨단 파운드리 공장을, SK하이닉스는 한국 용인에 대규모 클러스터를 조성하며 공급망 축을 한·미로 옮기고 있고, 후공정·조립·테스트 등에서는 베트남·인도 등도 중요한 생산 기지로 부상하고 있다.

"탈중국은 선택이 아닌 필수"라는 표현은 다소 규범적이지만, 적어도 정책·투자 측면에서 한국·일본·대만이 '중국 의존도 축소'와 '대체 거점 확보'를 향해 움직이고 있다는 점은 분명하다.

8. 메모리를 넘어 AI 두뇌로

한국 반도체의 다음 단계는 단순한 '저장(Memory)'을 넘어 '연산(Logic)'과 결합하는 데 있다. 메모리 안에서 연산을 수행하는 PIM(Processing-in-Memory), 인간 뇌 구조를 모사한 뉴로모픽 칩, 그리고 HBM과 GPU·AI

ASIC을 2.5D/3D로 결합하는 첨단 패키징은 모두 이 흐름 위에 있다.

삼성전자와 SK하이닉스는 PIM·AI 메모리 기술을 공동 표준화하고, 온디바이스 AI·엣지 AI를 겨냥한 차세대 메모리 솔루션을 잇따라 공개하면서 '메모리 중심 컴퓨팅'이라는 새로운 패러다임을 모색 중이다.

반도체는 여전히 '산업의 쌀'이다.

쌀이 없으면 밥을 지을 수 없지만, 레시피와 요리사(소프트웨어·알고리즘·플랫폼)가 없으면 쌀은 생쌀에 머문다.

한국은 HBM과 PIM 같은 하드웨어에서 상당 부분 우위를 확보해가고 있지만, 이 위에서 돌아갈 한국형 AI 소프트웨어·플랫폼·서비스는 아직 글로벌 스케일에서 두드러진 존재를 만들지 못했다는 지적도 많다. 칩4, 가드레일, HBM, PIM 모두가 결국 한 질문으로 수렴한다. "하드웨어 초격차가 만들어낸 이 '기회 창'이 열려 있을 때, 한국은 고유한 AI 두뇌와 소프트웨어 생태계를 함께 키워낼 수 있는가?"라는 질문이다.

[Off the Record: 기사 밖의 진실] 고래의 목덜미를 쥔 독새우가 돼라

경기도 평택의 삼성전자 반도체 공장과 중국 시안(Xi'an)의 삼성 낸드 플래시 공장 사이의 거리는 비행기로 3시간 남짓이다. 하지만 지금 그 두 공장 사이에는 보이지 않는 거대한 '철의 장막'이 내려지고 있다.

대한민국 반도체 산업은 지금 단군 이래 가장 위험한 외줄 타기를 하고 있다. 우리의 기술 원천은 미국에 있고, 우리의 최대 생산 기지와 시장은 중국에 있다. 삼성전자는 낸드플래시의 40%를, SK하이닉스는 D램의 40% 이상을 중국 공장에서 생산한다. 중국은 우리에게 '세계의 공장'이자

가장 큰 고객이었다.

하지만 워싱턴의 기류가 바뀌었다. 미국은 '칩4 동맹(Chip 4 Alliance)'이라는 청구서를 내밀었다. 미국(설계/장비), 한국(메모리), 대만(파운드리), 일본(소재/장비)이 뭉쳐 중국의 반도체 굴기를 막자는 것이다. 이것은 동맹이라는 우아한 이름을 썼지만, 실상은 "우리 편에 서지 않으면 너희 공장에 들어가는 장비 반입을 끊어 버리겠다."는 최후통첩이나 다름없다.

이 상황은 경영학 교과서에 나오지 않는 위기다. CEO가 아무리 경영을 잘해도, 바이든 대통령이나 시진핑 주석의 말 한마디에 수십조 원짜리 공장이 고철 덩어리가 될 수 있기 때문이다. 중국 시안과 우시에 있는 한국 공장들은 사실상 '인질'이 되었다. 장비 업그레이드를 못 하면 도태되고, 업그레이드를 하자니 미국의 허락이 필요하다.

사람들은 흔히 한국을 미·중 패권 전쟁이라는 '고래 싸움에 낀 새우'라고 걱정한다. 하지만 나는 이 패배주의적인 비유를 거부한다. 우리가 새우라면, 적어도 고래가 함부로 삼킬 수 없는 '독을 품은 새우'가 되어야 한다.

대만의 TSMC를 보라. 그들은 '실리콘 방패'를 만들었다. 전 세계가 TSMC의 칩 없이는 놀아가지 않게 만듦으로써, 중국도 감히 대만을 침공하지 못하게 하고 미국도 대만을 지킬 수밖에 없게 만들었다. 이것이 바로 기술이 안보가 되는 '기정학(Tech-politics)'의 핵심이다.

한국의 살길도 여기에 있다. 삼성과 하이닉스가 가진 메모리 반도체 기술을 누구도 대체할 수 없는 '초격차'의 영역으로 끌어올려야 한다. "한국 반도체 라인이 멈추면 구글 서버도 멈추고, 아이폰도 못 만들고, 알리바바도 장사할 수 없다."는 공포를 심어줘야 한다.

우리가 대체 불가능한 존재가 될 때, 미국은 우리에게 장비 수출 통제를 유예해 줄 수밖에 없고, 중국도 우리에게 보복할 수 없다. 외교적 줄타기의 균형을 잡는 장대는 화려한 말솜씨가 아니라, 오직 압도적인 '기술력'뿐이다.

반도체는 이제 쌀이 아니다. 그것은 총알이고, 방패이며, 대한민국을 지키는 가장 강력한 외교관이다. 평택과 이천의 불 꺼지지 않는 연구소들이야말로, 휴전선보다 더 치열한 우리의 최전방이다.

34장

네이버와 카카오

— 구글과 오픈AI에 맞서는 토종 AI의 고군분투

1. 구글 일극을 가장 늦게 허문 나라

전 세계 대부분의 국가에서 구글은 검색 시장을 사실상 독점하지만, 한국은 중국·러시아와 함께 구글의 일극 지배력이 상대적으로 약한 대표 시장으로 꼽힌다. 조사 시점·디바이스·집계 기관에 따라 수치는 엇갈리지만, 한국에서는 여전히 네이버가 높은 점유율을 유지하며 구글과 엎치락뒤치락하는 구조다.

지난 20년 동안 네이버는 지식iN·카페·블로그 같은 UGC(사용자 생성 콘텐츠)를 중심으로 독자적인 검색·콘텐츠 생태계를 구축했고, 이는 쇼핑·웹툰·지도·결제 등으로 확장되며 로컬 플랫폼이 미국 빅테크와 정면 승부를 벌일 수 있는 기반이 됐다. 그 덕분에 한국은 "검색에서조차 구글 일극이 아닌" 몇 안 되는 시장으로, 디지털 주권 측면에서 자주 언급된다.

그러나 2023년 이후 판은 다시 흔들리기 시작했다.

링크를 "찾는" 검색에서, 답을 "생성하는" 챗GPT·제미나이(Gemini) 같은 생성형 AI가 정보 탐색의 새로운 관문으로 떠오르면서, 일부 사용자의 질문·작성 작업이 포털 검색창에서 LLM 기반 챗봇으로 서서히 이동하고 있기 때문이다. 유튜브가 동영상·엔터테인먼트 체류 시간을 장악했듯, 거대 언어모델은 사용자의 사고·결정을 둘러싼 질문과 글쓰기 영역을 점점 집어삼키고 있다.

2. 플랫폼이 흔들리면 가치사슬 전체가 흔들린다

만약 한국인의 정보 탐색·상품 추천·여행 계획의 기본 출입구가 네이버나 카카오가 아니라 챗GPT·제미나이 같은 해외 LLM으로 바뀐다면, 그것은 단순한 검색 점유율 변화 이상의 의미를 가진다. AI가 추천하는 식당에 가고, AI가 골라준 상품을 사고, AI가 예약해 준 숙소에 머무는 과정마다, 그 연결 고리가 미국 플랫폼의 API·결제·광고·수수료 체계로 수렴될 가능성이 커지기 때문이다.

지금까지 수십만 국내 SME·온라인 마켓 셀러·웹툰 작가·인디 창작자·O2O 사업자는 "국내 플랫폼 → 국내 결제·광고 인프라 → 국내 데이터"라는 루프 안에서 성장해 왔다. 이 출입구가 통째로 해외 LLM·플랫폼으로 넘어가면, 노출·추천·거래의 관문이 미국 빅테크의 정책과 수수료 체계에 종속되고, 국내 사업자는 다시 글로벌 플랫폼의 '입점업체' 또는 '하청 기지'로 밀려날 위험이 있다.

이 때문에 네이버·카카오는 단기 수익성 악화를 감수하면서도 AI 인프라와 모델 투자를 쉽게 줄이지 못한다. GPU·데이터센터·연구개발 비용이 실적에 부담을 주고 있음에도, 양사는 실적 설명과 공시에서 "AI가 검색·커머스·콘텐츠 전 영역의 경쟁력을 좌우하는 코어 기술"이라고 반복해서 강조하고 있다.

3. "한국인은 한국 AI가 더 잘 안다" - 하이퍼클로바X의 승부처

네이버는 1조 원 이상을 투입해 한국어·한국 맥락에 특화된 초거대 언어모델 '하이퍼클로바X(HyperCLOVA X)'를 개발하고, 이를 검색·쇼핑·지도·클라우드·워크플레이스로 확대 적용하며 자사 서비스 전반을 AI 중심으로 재편하고 있다.

네이버와 관련 보도에 따르면 하이퍼클로바X는 GPT-3.5·GPT-4 등 오픈AI 모델보다 한국어 데이터를 6,500배 많이 학습했으며, 이는 네이버가 공개한 자체 비교 수치로 한국어 뉴스·블로그·지식iN 등 대규모 로컬 데이터를 활용한 결과라고 설명된다.

서비스 관점에서 네이버는 '한국 특화'와 '맥락 이해'를 전면에 내세운다.

"부산 돼지국밥 맛집"처럼 지역·취향이 섞인 질문에 대해, 하이퍼클로바X 기반 AI 검색은 네이버 지도·블로그·리뷰 데이터를 연동해 최신 트렌드를 반영한 후보를 제시하고, 예약·길찾기·주문으로 바로 이어지는 플로우를 제공하고 있다. 반면 챗GPT·해외 LLM은 한국 로컬 데이터와 실시간 상점 정보를 직접 크롤링하지 못해, 위치·영업 여부·평점 등에서 할루시네이션이 발생하는 사례가 적지 않다는 지적이 이어진다.

또한 법률·세금·부동산·행정절차처럼 국가별 제도·관행 차이가 큰 영역에서, 로컬 규정·자료에 접근할 수 있는 토종 AI의 상대적 장점이 부각되고 있다. 다만 종합 추론·코딩·다국어 성능에서는 여전히 GPT-4·Gemini 등 글로벌 모델이 우위라는 평가도 존재해, "한국어·한국 맥락

최적화"와 "글로벌 범용 성능"을 어떻게 조합할 것인가가 한국 AI 전략의 핵심 쟁점으로 떠오르고 있다.

4. 소버린 AI: 정부·기업이 몸을 맡길 피난처가 될까

네이버의 또 다른 승부처는 '소버린 AI(주권형 AI)'를 내세운 B2B 시장이다.

삼성전자와 여러 대기업·공공기관은 소스코드·기밀 데이터가 외부 LLM에 유출될 위험을 우려해, 사내에서 ChatGPT 등 외부 생성형 AI 사용을 제한하거나 별도 보안 가이드라인을 마련해 왔다. 이 공백을 노린 네이버클라우드는 자체 데이터센터와 GPU 인프라에 하이퍼클로바X를 올리고, 기업·공공 전용 클라우드와 온프레미스(고객 데이터센터 내 설치) 구성을 결합한 '소버린 AI 플랫폼'을 강조하고 있다.

네이버는 고객사의 데이터가 국경 밖으로 나가지 않도록 자국 내 데이터센터에 AI를 구축하거나, 고객 데이터센터 안에 경량 LLM 인프라를 설치해주는 '뉴로클라우드' 방식 등을 소개하며 "데이터 주권을 지키는 AI"라는 메시지를 반복한다.

우리 정부 역시 LG·SKT·네이버 등 국내 기업을 중심으로 국가 차원의 '소버린 AI 스택' 구축에 예산을 투입하는 계획을 내놓으며, 외국 모델·클라우드 의존도를 줄이고 한국어·한국 산업에 최적화된 독자 AI 인프라를 만들겠다는 정책 방향을 분명히 하고 있다.

사우디아라비아와의 협력은 이 전략의 해외 확장판이다.

네이버는 사우디 정부·기관과 함께 도시 디지털 트윈 구축, 중동 거점 데이터센터와 클라우드 인프라, 아랍어 LLM 개발 등을 추진하며, 이를 사우디의 '소버린 AI' 역량 확보라는 프레임으로 설명한다. 사우디 입장에서 한국 기업과 손잡는 것은 미국·중국 빅테크에 일방 의존하지 않고 자국 언어·문화·종교 정체성을 반영한 AI 생태계를 만들려는 전략의 하나로 해석된다.

5. 네이버가 치고 나가는 동안, 카카오가 놓친 시간

하이퍼클로바X와 소버린 AI를 앞세워 네이버가 공격적인 행보를 이어가는 동안, 카카오의 AI 전략은 상대적으로 늦게 가시화됐다.

카카오브레인의 KoGPT는 2021년 이미 공개됐지만, 이후 KoGPT 2.0과 멀티모달·초거대 모델의 상용화·서비스 통합이 지연되면서, 네이버에 비해 AI 전환의 속도가 느렸다는 평가를 받았다. 카카오톡 장애와 플랫폼 독점 논란, 경영진 사법 리스크 등도 겹치며, AI 전환의 '골든타임'을 제대로 활용하지 못했다는 비판이 이어졌다.

AI 경쟁은 속도전이라는 점에서 이 공백은 더 치명적이다.

구글·MS·오픈AI가 수개월 단위로 모델을 업그레이드하고 검색·브라우저·오피스까지 AI 에이전트화하는 동안, 카카오의 AI는 일부 베타 기능·파일럿 서비스에 머무르며 "카카오톡이 언제 본격적인 AI 플랫폼으로 전환될 것인가?"에 대한 시상의 의구심을 키웠나.

6. 거대 모델 전면전 대신 생활 밀착형·하이브리드 AI

카카오는 결국 "모든 것을 하나의 자체 초거대 모델로 해결한다."는 전략에서 한 발 물러나, 경량형 파운데이션 모델과 외부 LLM을 조합하는 하이브리드·버티컬(Vertical) AI 전략을 택했다.

홍은택 전 대표와 후임 경영진은 서비스별로 최적 모델 크기·구성이 다르며, 자체 모델은 효율·비용에 맞게 경량화하고 일부 고난도 작업에는 글로벌 LLM을 병행하는 것이 현실적이라고 설명한다.

이 전략의 중핵이 '허니콤(Honeycomb)'과 멀티모달 LLM '허니비(Honeybee)'다.

카카오는 허니비를 통해 텍스트·이미지를 동시에 이해하는 멀티모달 초거대 모델을 공개했고, 일부 모델과 추론 코드를 오픈소스로 풀어 글로벌 생태계와의 연결도 모색하고 있다. 동시에 카카오톡 선물하기·톡 비서·고객 상담, 모빌리티·핫플 추천, 금융·쇼핑·콘텐츠 큐레이션 등 카카오가 강점을 가진 생활 밀착 서비스에 AI를 촘촘히 심는 '허니콤' 전략으로, 국민 메신저를 AI 인터페이스로 전환하겠다는 목표를 내세운다.

이 선택이 '현명한 생존 전략'이 될지, '파운데이션 레이어에서의 영구적 열세'를 고착시키는 출발점이 될지는 아직 알 수 없다. 서비스 레이어에서 버티컬·경량형 AI가 성공하더라도, 기반 모델·GPU·클라우드에서 글로벌 빅테크 의존도가 높다면 장기적으로 수익성과 데이터 주권 모두에 구조적 제약이 생길 수 있기 때문이다.

7. 기울어진 운동장 위에서 싸우는 토종 AI

투자 규모만 보면 네이버와 카카오의 싸움은 여전히 '계란으로 바위 치기'에 가깝다.

마이크로소프트·구글·아마존 등 미국 빅테크는 연간 수백조 원에 달하는 AI·데이터센터·GPU 투자를 예고하는 반면, 네이버·카카오를 포함한 우리나라 IT 기업의 투자액은 그에 비해 두 자릿수~수백 배 차이에 불과하다는 분석이 많다. GPU 확보 경쟁에서도 네이버·카카오는 글로벌 클라우드·하이퍼스케일러에 비해 후순위에 놓이는 경우가 많아, 인프라 보급 속도는 구조적으로 불리하다.

그럼에도 이 싸움을 포기하기에는, 대가가 너무 크다.

영국·독일·일본 등에도 자국 검색엔진이나 LLM 프로젝트가 존재하지만, 구글·미국 LLM에 버금가는 통합 검색·AI 생태계를 구축한 국가는 사실상 전무하고, 플랫폼 의존도와 알고리즘 주권에 대한 우려가 커지고 있다. 한국이 이 끈마저 놓는다면, 다음 세대는 미국·중국 빅테크의 알고리즘이 골라 준 정보 속에서 세상을 보고, 그들의 AI가 정리한 역사·정치·문화 서술을 '기본값'으로 받아들일 가능성이 커진다.

8. 망 사용료 전쟁: 인프라와 주권이 만나는 지점

한편, 토종 AI·플랫폼이 힘겹게 버티는 동안 또 다른 전선에서는 넷플릭스·유튜브와 한국 통신사 사이의 '망 사용료' 전쟁이 이어져 왔다.

특히 넷플릭스와 SK브로드밴드 간 분쟁에서는 "폭증하는 트래픽에도 적정 망 이용대가를 내지 않는다."는 '무임승차' 프레임이 통신사·정치권에서 강하게 제기됐고, 1심 법원은 넷플릭스도 망 이용대가 부담 의무가 있다는 취지의 판결을 내렸다. 다만 양측은 3년 넘는 소송 끝에 전략적 제휴와 함께 분쟁을 종결해, 구체적인 비용 분담 구조는 당사자 협상에 맡겨진 상태다.

유튜브(구글) 역시 한국 트래픽에서 큰 비중을 차지하면서, 망 이용내가와 트래픽 처리 비용을 둘러싼 논쟁의 중심에 서 있다. 이는 단순한 기업 간 비용 분쟁을 넘어 "국가 인프라 위에서 글로벌 플랫폼이 어떤 방식

으로 비용을 분담해야 하는가?", "국내 통신·플랫폼·콘텐츠 산업의 수익
과 데이터가 해외 빅테크에 얼마나 이전되고 있는가?"라는 디지털 영
토·주권의 문제와 맞닿아 있다.

9. 검색 독립국에서 AI 주권국으로

우리나라는 네이버·카카오를 축으로 "검색에서조차 구글이 유일한 답
이 아닌 시장"을 20년간 유지해 온 보기 드문 나라다.

이제 승부는 검색 결과 페이지를 넘어, 하이퍼클로바X·KoGPT·허니
콤·허니비 같은 토종 LLM과, 이를 기반으로 한 소버린 AI 인프라·생활
밀착형 AI 에이전트로 옮겨가고 있다.

초거대 LLM·데이터센터·GPU 투자 규모에서 미국·중국 빅테크와의
격차는 냉혹하다. 그럼에도 한국이 로컬 검색·콘텐츠·AI 플랫폼을 어느
수준까지 지켜내느냐는, 두 기업의 실적을 넘어 "이 나라가 앞으로도 자
국의 언어·데이터·인프라를 어느 정도까지 스스로 통제할 수 있을 것인
가?"라는 AI 시대의 새로운 주권 문제와 직결돼 있다

[Off the Record: 기사 밖의 진실] 골리앗의 발목을 무는 다윗, 이것은 생존
을 위한 몸부림이다

실리콘밸리의 AI 엔지니어들과 이야기를 나누다 보면, 그들은 한국이
라는 나라를 매우 신기하게 바라본다. 전 세계에서 구글(검색)과 아마존
(쇼핑), 우버(지도/택시)가 1등을 하지 못하는 거의 유일한 나라. 중국이
나 러시아처럼 정부가 구글을 차단하지 않았는데도, 토종 기업인 네이버

와 카카오가 시장을 지키고 있는 기이한 나라가 바로 대한민국이다.

하지만 생성형 AI 시대가 도래하면서, 이 '철옹성'에 틈이 생기고 있다. 싸움의 체급이 달라졌기 때문이다. 마이크로소프트와 구글은 AI 학습에 수조 원, 아니 수십조 원을 쏟아붓는다. 엔비디아의 GPU 수만 개를 쓸어 담아 슈퍼컴퓨터를 돌린다. 반면, 네이버와 카카오의 자본력은 그들의 수십 분의 일, 아니 백 분의 일 수준이다. 주주들은 묻는다. "승산 없는 싸움에 왜 돈을 낭비하느냐? 그냥 오픈AI의 API를 갖다 쓰면 되지 않느냐?"

경제 논리로만 보면 그 말이 맞다. 계란으로 바위를 치는 격이다. 하지만 나는 네이버의 '하이퍼클로바X' 발표 현장에서 경영진의 눈에 서린 비장함을 보았다. 그들에게 이것은 사업 확장이 아니라 '방어전'이었다. 검색 시장을 뺏기면 쇼핑이 무너지고, 콘텐츠가 무너지고, 결국 플랫폼 전체가 미국 빅테크의 하청 기지로 전락한다는 공포. 그것이 그들을 사지로 내몰고 있었다.

우리가 토종 AI를 가져야 하는 이유는 단순히 '애국심' 때문이 아니다. '문화적 주권' 때문이다. 챗GPT에게 "김치찌개 맛있게 끓이는 법"을 물어보면 레시피를 알려준다. 하지만 "한국인의 '한(恨)' 정서가 녹아 있는 시를 써 줘."라고 하면 어색한 문장을 뱉어낸다.

언어는 단순한 정보 전달 수단이 아니다. 그 나라의 역사, 맥락, 정서가 담긴 그릇이다. 서구권의 데이터로 학습된 AI는 필연적으로 서구의 가치관을 투영한다. 만약 우리에게 토종 AI가 없다면, 우리 아이들은 미국 AI가 "이것이 정답이다."라고 골라주는 역사관과 가치관을 무비판적으로 받아들이게 될 것이다. 이것은 총성 없는 '정신적 식민지화'다.

유럽을 보라. 그들은 자체 검색엔진도, 자체 메신저도 없다. 그래서 AI

시대가 오자마자 미국 빅테크에 읍소하거나 규제하는 것 말고는 할 수 있는 게 없다. 반면 한국은 비록 성능은 조금 떨어질지라도, 우리말로 사고하고 우리 문화를 이해하는 독자적인 AI 모델(LLM)을 가진 세계 3대 보유국 중 하나다.

네이버와 카카오의 AI가 GPT-4보다 뛰어날 수는 없을지도 모른다. 하지만 그들이 존재한다는 사실만으로도 우리는 구글과 협상할 카드를 쥐게 된다. 대체재가 있는 나라와 없는 나라의 협상력은 하늘과 땅 차이다.

이 싸움은 다윗이 골리앗을 이기는 싸움이 아니다. 골리앗이 우리 땅을 마음대로 짓밟지 못하게 '발목을 무는 독한 다윗'으로 살아남는 싸움이다. 주가가 떨어진다고 욕을 먹으면서도 천문학적인 돈을 서버비로 태우는 그들의 고군분투는, 훗날 한국어가 디지털 세계의 변방 언어로 밀려나지 않게 지켜낸 '21세기의 한글 창제' 시도로 기록될 것이다.

35장

망 사용료 전쟁

— 넷플릭스·유튜브와 한국 통신망의 갈등

1. 고속도로가 막히기 시작했다

2021년 넷플릭스 오리지널 드라마 〈오징어 게임〉이 전 세계를 강타하면서, 한국 콘텐츠의 위상은 급격히 높아졌고 넷플릭스는 역대 최고 시청 기록을 갈아치웠다. 하지만 축포가 터지는 동안, SK브로드밴드, KT, LG 유플러스 등 우리 통신사의 상황실에는 '트래픽 폭증' 경보가 울렸다.

사람들이 밤새 고화질 영상 스트리밍을 즐기면서 인터넷 트래픽이 급증했고, 통신사들은 끊김 없는 서비스를 위해 해저 케이블 증설과 서버·전송망 용량 확충에 나서야 했다. 투자 부담이 커지자 통신사 안에서는 근본적인 질문이 다시 고개를 들었다. "고속도로(망)를 깐 건 우리인데, 그 도로를 가득 메운 화물트럭(글로벌 OTT·플랫폼)은 왜 통행료를 거의 내지 않는가?"

우리나라 통신사들의 논리는 분명했다.

네이버나 카카오 같은 국내 콘텐츠·플랫폼 사업자는 통신사와 계약을 통해 매년 수백억 원 규모의 망 이용대가를 지급한다. 그런데 과학기술 정보통신부 통계 기준 국내 인터넷 트래픽의 약 30% 전후를 차지하는 구글(유튜브 포함)과, 5%대 비중의 넷플릭스는 별도의 망 이용대가 계약 없이 대규모 트래픽을 발생시키고 있다는 것이다. 이는 "국내 기업만 돈을 내는 기울어진 운동장"이자, "글로벌 빅테크의 무임승차"라는 프레임으로 확산됐다.

2. 세기의 소송: SKB vs 넷플릭스

SK브로드밴드는 넷플릭스에 망 이용대가를 요구했지만 협상이 진전되지 않자, 2019년 방송통신위원회에 재정을 신청해 분쟁 해결을 요청했다. 넷플릭스는 2020년 서울중앙지법에 "SK브로드밴드에 망 사용료를 지급할 채무가 존재하지 않는다."는 취지의 채무부존재확인 소송을 제기하며 정면 승부를 걸었다.

2021년 6월 1심 법원은 넷플릭스의 청구를 받아들이지 않고 패소 판결을 내렸다. 재판부는 "넷플릭스가 SK브로드밴드의 망과 연결돼 트래픽 전송 서비스를 제공받고 있고, 망 접속 또는 연결 상태 유지와 같은 역무에 대해 대가를 지급할 협상의무가 존재한다."고 보았다. 다만 판결은 "대가를 얼마로 할지"를 정한 것이 아니라, 양측이 정당한 조건을 두고 협상해야 할 의무가 있다는 점을 확인하는 수준에 머물렀다.

이 소송은 "글로벌 OTT와 개별 통신사가 망 이용대가를 두고 법정까지 간 대표적 사례"로 전 세계 통신·플랫폼 업계의 관심을 끌었다. 우리나라에서 벌어진 이 분쟁은 이후 유럽연합(EU), 미국 등에서 이어진 '빅테크 망 분담금' 논쟁의 레퍼런스로 자주 언급된다.

3. "우리는 이미 콘텐츠를 제공한다"

넷플릭스를 비롯한 글로벌 빅테크의 반격 논리는 망 중립성과 이중 과금 반대였다.

이들은 "인터넷은 누구에게나 평등해야 하며, 통신사는 이미 이용자로부터 통신요금을 받고 있다. 이용자가 요금을 냈는데, 같은 트래픽에 대해 콘텐츠 제공자(CP)에게 추가로 '망 사용료'를 요구하는 것은 이중 과금"이라고 주장했다.

또한 넷플릭스는 자체 캐시 서버를 통해 통신사 망 인근에 콘텐츠를 저장해 트래픽 부담과 국제 회선 비용을 줄여 주고 있다고 강조했다. 구글역시 "유튜브가 한국 창작자에게 광고수익을 나눠주고, 한국 비즈니스 생태계를 키우고 있다. 망 이용대가까지 부담해야 한다면 서비스 구조 조정이나 사업 축소를 검토할 수 있다."는 취지의 메시지를 내놓았다.

이처럼 한쪽은 "막대한 트래픽을 유발하는 사업자의 인프라 분담"을, 다른 한쪽은 "망 중립성과 혁신·창작 생태계 보호"를 핵심 가치로 내세우며 정면으로 부딪혔다.

4. 입법 전쟁과 유튜버 동원령

정치권에서는 일정 규모 이상의 부가통신사업자가 "정당한 사유 없이 망 이용대가 지급을 거부"하지 못하게 하는 전기통신사업법 개정안, 이른바 '망 무임승차 방지법'이 여러 차례 발의됐다.

사실상 구글·넷플릭스 등 글로벌 플랫폼을 겨냥해, 국내 통신망 이용에 대해 협상 의무를 부과하려는 시도였다.

이에 대응해 구글은 유튜브 공식 채널·메일·공지 등을 통해 "망 사용료 법안이 통과되면, 한국 유튜버들의 수익과 서비스가 영향을 받을 수 있다.”며 반대 여론을 조직했고, 일부 인기 유튜버들도 동참해 반대 서명을 호소했다. 야당 일각은 이를 두고 “유튜버 동원과 거짓 선동”이라고 강하게 비판하기도 했다.

이 과정에서 여론은 “글로벌 플랫폼의 ‘무임승차’를 막아야 한다.”는 통신사·여권 논리와, “창작자 수익과 이용자 혜택을 유튜브가 지켜 주고 있다.”는 플랫폼·창작자 논리로 날카롭게 갈라졌다.

일부 개정안은 임기만료로 폐기됐고, 22대 국회에서 유사한 취지의 법안이 다시 발의되는 등 입법은 현재까지도 계류와 재발의를 반복하는 상태다.

5. 2024년 2월의 작별 인사

이 전쟁의 충격을 가장 먼저 체감한 쪽은 기업이 아니라 우리나라 이용자들이었다.

아마존 산하 게임 스트리밍 플랫폼 트위치(Twitch)는 한국에서만 화질을 1080p에서 720p로 제한하고, VOD(다시보기) 서비스를 중단하는 등 비용 감축 조치를 잇달아 발표했다.

트위치는 공식 입장에서 “한국에서의 네트워크 수수료가 다른 지역보다 10배 이상 높다.”고 주장하며, 결국 2024년 2월경 우리나라에서 영업 종료와 수익화 중단을 선언했다. 다만 이 ‘10배’ 수치는 트위치가 자사 망 구성·계약구조를 기준으로 한 내부 비교 결과로, 정부·제3자 통계로 검증된 객관 수치는 아니다.

트위치의 철수로 수많은 우리나라 게이머·스트리머들이 하루아침에

방송 플랫폼을 옮겨야 했고, 일부는 생계 기반을 잃을 것을 우려해야 하
는 상황에 놓였다.

트위치가 직접 "망 사용료 때문만은 아니다."라고 언급하면서도, 우리
나라의 높은 네트워크 비용 구조와 규제·수익성 문제가 결합된 결과라는
분석이 뒤따랐다.

6. 갈라파고스의 공포

트위치 사태 이후 국내에서는 "망 이용대가를 강하게 밀어붙이다가, 오
히려 글로벌 서비스가 한국만 떼어내 버리면 어떡하나."라는 우려가 거
세졌다.

특히 "망 사용료를 통해 디지털 주권을 확보하려는 시도가, 역설적으로
한국을 글로벌 인터넷 서비스 지도에서 고립시키는 '코리아 패싱(Korea
Passing)'을 부를 수 있다."는 비관적 전망도 언론·칼럼에서 제기됐다.

이른바 '갈라파고스' 우려는 단순히 한두 서비스의 철수가 아니라, 게
임·영상·클라우드·AI 플랫폼 등 핵심 디지털 인프라에서 우리나라만 빠
지는 시나리오가 현실화될 수 있다는 공포를 반영한다. 물론 현재까지
넷플릭스·유튜브 등이 한국 시장을 포기하겠다고 공식 선언한 적은 없지
만, 트위치 사례 이후 "한국만 예외적으로 비싼 시장"이라는 이미지가 강
화된 것도 사실이다.

7. 갑작스러운 화해: 적과의 동침

치열하게 법정 공방을 벌이던 SK브로드밴드와 넷플릭스는 2023년 9월
돌연 서로의 소송을 취하하고, SK텔레콤·SK브로드밴드·넷플릭스 3자

간 전략적 파트너십 체결을 발표했다. 양측은 구체적인 합의 내용은 공개하지 않았지만, SKT·SKB 통신상품과 넷플릭스 구독을 결합한 상품 판매 등 사업적 협력을 확대하겠다고만 밝혔다.

결과적으로 법원 판결을 통해 "망 이용대가의 금액과 산정 방식"이 선례로 남는 일은 없었고, 시장에서는 "명분보다 실리"를 선택했다는 평가가 나왔다.

반면 구글(유튜브)은 여전히 국내 통신사와 별도 망 이용계약을 맺지 않은 상태로, 국회에 계류·재발의되는 법안의 실질적 타깃으로 지목되고 있다.

즉, "넷플릭스 전쟁"은 일단락됐지만, "유튜브 전쟁"은 여전히 현재진행형이다. 망 이용대가를 둘러싼 구조적 갈등은 해소되지 않고 이해당사자 구도가 이동하고 있을 뿐이라는 평가가 지배적이다.

8. 인프라의 주인은 누구인가

이 전쟁이 남긴 질문은 단순한 요금 분쟁을 넘는다.

5G, 그리고 앞으로의 6G 이동통신망과 초고속 인터넷 인프라를 까는 데에는 막대한 투자비가 들어가는데, 이 비용을 결국 누가 부담할 것인가 하는 문제다.

통신사가 전적으로 부담하면 수익성 악화와 투자 위축, 장기적으로는 품질 저하가 우려된다. 이용자 요금을 올리면 가계 통신비 부담이 커지고, 사회적 역풍이 만만치 않다.

빅테크에게 분담을 요구하면, 트위치처럼 "한국만 채산성이 맞지 않는다."며 서비스 축소나 철수를 선택할 수 있다는 리스크가 드러났다.

우리나라는 세계에서도 손꼽히는 수준의 유·무선 초고속 인터넷 인프라를 구축한 나라다. 이제 이 도로는 미국 빅테크들의 '초대형 트럭'으로 가득 차 있고, 망 유지·증설 비용을 둘러싼 갈등은 언제든 다시 폭발할 수 있는 시한폭탄으로 남아 있다.

9. 사라지는 사람들

디지털 인프라를 두고 벌어지는 싸움의 이면에서 우리 사회에서는 더욱 근본적인 위기가 진행되고 있다. 바로 이 인프라를 사용할 사람 자체가 빠르게 줄어들고 있다는 점이다.

통계청이 발표한 잠정 통계에 따르면 2023년 우리나라 합계출산율은 0.72명으로 역대 최저를 기록했고, 분기 단위로는 이미 0.6명대까지 내려앉았다. 이후 추세를 반영한 정부·연구기관 전망에서는 2020년대 중반 합계출산율이 0.6명대에 진입할 가능성이 높다고 보고 있으며, 우리나라는 OECD 국가 중 최저 수준의 출산율 국가로 자리 잡았다.

디지털 인프라·망 사용료 논쟁은 "누가 비용을 낼 것인가?"를 둘러싼 싸움이지만, 인구 감소와 초저출산 문제는 "향후 이 인프라를 누가 이용하고, 누가 유지·투자할 것인가?"라는 더욱 장기적인 질문을 던진다.

AI와 로봇이 줄어드는 노동력을 어느 정도 내체힐 수는 있겠지만, 투표와 세금, 규범을 형성하는 주체는 여전히 '사람'일 수밖에 없다는 점에서, 인구 위기와 디지털 인프라 논쟁은 결국 같은 문장 안에서 다뤄질 수밖에 없는 형제 이슈가 되어가고 있다.

[Off the Record: 기사 밖의 진실] 고속도로는 우리가 깔았는데, 통행료는 누가 내야 하나?

몇 년 전, 넷플릭스 드라마 〈오징어 게임〉이 전 세계를 강타했을 때 대한민국은 환호했다. K-콘텐츠의 승리라고 했다. 하지만 그 시각, 여의도의 통신사(ISP) 임원들은 식은땀을 흘리고 있었다. 폭증하는 트래픽 때문에 서버가 다운되기 일보 직전이었기 때문이다.

이 아이러니가 바로 '망 사용료' 논쟁의 시발점이다.

한국은 인터넷 강국이다. 통신사들은 수십조 원을 들여 전국 방방곡곡에 광케이블이라는 '디지털 고속도로'를 깔았다. 그런데 정작 이 고속도로를 꽉 채우고 달리는 거대 트럭들은 한국 차가 아니다. 구글(유튜브)과 넷플릭스가 한국 전체 인터넷 트래픽의 40% 이상을 차지한다. 문제는 이 외국 트럭들이 "우리는 톨게이트 비용을 낼 수 없다."고 버틴다는 점이다.

통신사(SK, KT, LG)의 주장은 억울함에 가깝다. "도로가 망가지고 꽉 막히는데, 정작 도로를 점거한 과적 트럭들은 돈 한 푼 안 내고 수익만 챙겨간다(무임승차)"는 것이다. 반면 빅테크(CP)들의 논리는 명쾌하다. "우리가 재미있는 콘텐츠를 제공하니까 소비자들이 당신네 비싼 인터넷에 가입하는 것 아니냐? 왜 우리한테 이중으로 돈을 받으려 하느냐(망 중립성)"는 것이다.

이 싸움이 흥미로운 건, 한국이 전 세계 최초의 '전쟁터'가 되었기 때문이다. 유럽과 미국의 통신사들도 빅테크에게 돈을 받고 싶어 안달이 나 있다. 만약 한국에서 빅테크가 망 사용료를 내는 법안이 통과된다면? 이 불길은 전 세계로 번질 것이다. 구글이 한국 국회와 여론을 상대로 그토록 필사적인 여론전을 펼친 이유가 여기에 있다.

나는 이 과정에서 빅테크의 무서운 '동원력'을 목격했다. 구글은 유튜브 크리에이터들을 앞세워 "망 사용료 법이 통과되면 한국 유튜버들의 수익이 줄어들 수 있다."고 경고했다. 순식간에 수십만 명의 네티즌이 법안 반대 서명에 동참했다. 아마존의 트위치(Twitch)는 아예 "망 사용료가 비싸서 한국에서 사업을 못 하겠다."며 한국 철수라는 초강수를 뒀다.

결국 소비자는 '인질'이 되었다. 통신사 편을 들자니 인터넷 요금이 오를 것 같고, 빅테크 편을 들자니 그들이 챙겨가는 막대한 수익이 배 아프다. 트위치의 철수는 경고장이었다. "너희가 규제하면 우리는 언제든 떠날 수 있고, 그 피해는 고스란히 너희 소비자가 입는다."는 협박 말이다.

이 전쟁의 본질은 결국 '인프라 권력 vs 플랫폼 권력'의 충돌이다. 도를 닦은 지주(ISP)와 그 위에서 장사를 하는 상인(Big Tech) 중 누가 주도권을 쥘 것인가.

분명한 것은, 지금의 구조는 지속 불가능하다는 점이다. 트래픽은 매년 폭증하고 있다. 누군가는 비용을 분담해야 한다. 만약 빅테크가 내지 않는다면? 그 청구서는 결국 돌고 돌아 당신의 월 통신요금 고지서에 찍히게 될 것이다. 세상에 공짜 점심은 없으니까.

36장

인구 절벽과 기술:
로봇과 AI가 소멸하는 한국을 구할까

― 흑사병보다 무서운 숫자: 0.6의 공포

1. "대한민국은 소멸하고 있습니까?"

옥스퍼드대 인구학자 데이비드 콜먼 교수는 한국이 초저출산이 지속될 경우 "세계 최초로 인구가 사실상 소멸하는 국가"가 될 수 있다고 경고한 바 있다. 2023년 한국의 연간 합계출산율은 0.72명으로 OECD 최저를 기록했고, 특히 2023년 4분기 합계출산율은 0.65명으로 분기 기준 사상 최저치였다.

전쟁·대형 전염병 없이 이런 수준의 인구 자연 감소를 겪는 국가는 현대 통계가 존재하는 나라들 가운데에서도 전례가 드물어, 수십 년 안에 인구가 반 토막 날 수 있다는 경고가 이어지고 있다. 지방의 초등학교 폐교, 병력 부족에 따른 군 구조조정 논의, 소아과·산부인과의 폐업과 장례식장 증가는 이미 통계와 현장 보도로 확인되는 징후들이다.

2. 사람이 없어서 로봇을 쓴다

우리나라 산업 현장에서는 "로봇이 일자리를 빼앗는다."는 과거의 우려보다 "사람이 없어 로봇이라도 써야 한다."는 절박함이 더 자주 등장한다. 조선·제조·농업·외식업 등에서 인력 부족이 심화되면서 임금을 올려도 사람을 구하기 어렵다는 보도와 통계가 계속 나오고 있다. 특히 식당·카페·프랜차이즈 업종에서는 서빙 로봇·배달 로봇 도입이 급증하며, 산업계에서는 인건비 절감보다 인력 공백을 메우기 위한 '생존형 자동화'라는 인식이 확산되고 있다.

3. 불 꺼진 공장: 삼성과 현대차의 미래

삼성전자는 2030년 전후를 목표로 반도체 생산라인을 고도의 자동화·무인 운전 수준으로 끌어올리기 위해 디지털 트윈, 스마트 센서, AI 기반 제어 시스템을 도입하고 있으며, "사람이 거의 없는 팹"을 장기 목표로 제시하고 있다.

현대자동차의 싱가포르 혁신센터(HMGICS)는 로봇과 AI를 활용해 조립·물류·검사 공정을 자동화한 스마트 팩토리로, 보스턴 다이내믹스의 로봇개 'Spot'이 설비 점검과 안전 모니터링에 쓰이고, 사람은 공정 설계·감독·데이터 분석 등 고부가 업무 비중을 늘리가는 형태다. 인간이 완전히 퇴장한 것은 아니지만, "직접 나사를 조이는 노동자"에서 "나사를 조이는 로봇을 설계·감독하는 관제자"로 사람의 역할이 이동하고 있고, 이는 인구 감소 리스크를 회피하려는 기업들의 전략과 맞물리며 노동시장 구조를 근본적으로 바꾸고 있다.

4. 튀김 로봇과 바리스타 로봇

치킨집·패스트푸드점·카페 주방에서는 로봇 팔이 튀김을 튀기고 커피를 내리는 풍경이 더 이상 낯설지 않다. 많은 업체가 서빙·조리 로봇을 월 수십만 원대 렌털료를 내고 구독하는 'RaaS(Robot as a Service·구독형 로봇)' 모델을 도입하고 있으며, 특히 인력난이 심한 중소 자영업 매장에서 빠르게 확산되고 있다.

사람 없는 가게, 키오스크와 로봇만 움직이는 적막한 매장은 효율성과 비용 측면에서는 합리적일 수 있지만, 소비자와 노동자 모두에게 인간적 소통의 빈자리와 '기술이 가져온 고독'을 체감하게 만든다는 평가도 나온다.

5. 독거노인의 친구: "효돌아, 나 아파"

초고령사회 한국에서 가장 큰 사회 문제 중 하나는 '돌봄 공백'과 '고독사' 위험이다.

이를 메우기 위해 지자체들은 AI 스피커와 인형형 AI 반려로봇 '효돌' 등을 독거노인 가구에 보급하며 약 복용·식사 시간 알림, 응급상황 감지, 말벗 기능 등을 제공하고 있다. 효돌은 손을 잡거나 말을 걸면 반응하고, 일정 시간 반응이 없으면 보호자·담당 공무원에게 알림을 보내는 기능까지 갖추고 있어, 이미 전국적으로 1만 대 이상이 독거노인에게 보급된 것으로 알려져 있으며, 우울감 감소·정서 안정에 도움이 됐다는 연구 결과도 보고되고 있다. 노인들은 그것이 기계라는 사실을 알면서도 이름을 붙여 부르고 쓰다듬으며 정서적 위안을 얻고 있고, 이런 '로봇 돌봄 관계'가 인간 돌봄을 대체할 수 있는지에 대한 윤리적 논쟁도 함께 커지고 있다.

6. 똥 기저귀를 가는 로봇

장기 요양시설과 병원에서는 간병인 1명이 다수의 노인을 책임지는 열악한 인력 구조가 일반적이며, 근골격계 질환과 번아웃이 심각한 문제로 지적돼 왔다. 이 때문에 배설 처리를 자동화하거나, 환자를 들어 옮기고 체위를 바꿔 주는 이송·리프팅 로봇, 웨어러블 보조장치를 도입해 간병인의 신체적 부담을 줄이려는 시도가 한국과 일본 등에서 활발히 진행되고 있다.

국내 기업 큐라코의 자동 배설 처리 장비처럼 센서로 배설을 감지해 세정·건조까지 지원하는 시스템은 이미 요양병원·시설에 상용화돼 있으며, 연구에 따르면 이들 '케어 로봇'은 간병인의 신체 부담을 줄이는 데 유의미한 효과를 보이는 것으로 나타났다. 다만 현재 기술 수준에서 로봇이 돌봄 노동을 전면 대체하는 것은 아니며, 힘들고 반복적인 신체 노동을 보조하는 수준에 머물러 있어 "생의 마지막 순간에 차가운 기계 팔만 남는 죽음"을 우려하는 목소리와, "휴먼 터치와 로봇 보조를 어떻게 결합할 것인가?"에 대한 논의가 병행되고 있다.

7. 연금의 붕괴와 로봇세

인구 절벽의 가장 가시적인 후폭풍 중 하나가 국민연금 재정 악화다.

정부의 5차 재정추계에 따르면 현행 제도를 유지할 경우 국민연금기금은 2041년부터 적자로 전환되고 2055년에 고갈될 것으로 전망되며, 이는 2018년 추계보다 고갈 시점이 2년 빨라진 것이다. 저출산·고령화가 계속되면 연금·건강보험 등 사회보험의 보험료 부담은 급격히 늘고, 청년 세대는 "내가 낸 만큼 돌려받지 못할 것"이라는 불신을 키우고 있다.

로봇·AI 자동화가 생산성을 끌어올리며 GDP를 방어할 수는 있지만, 로봇은 노동소득세·사회보험료를 내지 않기 때문에 사람이 하던 일자리를 대체할수록 임금 기반 세수와 사회보험료 수입은 줄어드는 구조적 문제가 발생한다.

이와 관련해 빌 게이츠는 2017년 인터뷰 등에서 "로봇이 사람이 하던 일을 대신하면 그만큼 세금을 부과해, 그 재원으로 교육·돌봄·복지 등을 지원하자."는 '로봇세(Robot Tax)'를 제안했으나, 국제로봇연맹(IFR) 등은 혁신과 생산성 향상을 저해한다는 이유로 반대하고 있어, 아직 주요국에서 본격 도입된 사례는 없다.

8. 기술은 도구일 뿐, 답이 아니다

로봇과 AI는 한국의 인구 감소가 가져올 노동력 부족·돌봄 위기를 완화하는 강력한 '완충 장치'이자 필수 인프라로 자리 잡고 있지만, 저출산·인구 축소라는 구조적 문제 자체를 되돌리지는 못한다. 인구가 줄면 내수 시장과 지역 공동체, 교육·문화 생태계 전반이 위축되고, OECD와 국내 연구기관들은 지금과 같은 추세가 이어질 경우 한국 인구가 60년 내 절반 수준으로 감소할 것이라고 경고한다.

결국 초저출산·고령화·양극화·주거·교육비·성평등·이민 정책을 묶어 재설계하는 사회 구조 개혁과 함께, 로봇·AI를 인간 존엄과 결합해 활용하는 규범과 제도를 만들어야만 '기계만 윙윙거리는 공장 국가'가 아닌 '사람이 사는 사회'를 유지할 수 있다는 문제의식이 점점 더 힘을 얻고 있다.

[Off the Record: 기사 밖의 진실] 요람이 빈 나라, 그곳을 채우는 강철의 아이들

대한민국의 합계출산율 0.6명. 이 숫자는 단순한 통계가 아니다. 국가가 서서히, 그러나 확실하게 자살하고 있다는 '사망 진단서'다. 흑사병이 돌던 중세 유럽보다 아이가 덜 태어나는 이 기이한 나라에서, 유일하게 인구(?)가 폭발적으로 늘어나는 종족이 있다. 바로 '로봇'이다.

우리는 그동안 AI와 로봇을 보며 "내 일자리를 뺏길까 봐." 두려워했다. 하지만 한국에서 그 걱정은 사치가 되었다. 지금 지방의 공장 사장님들은 로봇 영업사원에게 제발 기계를 팔아달라고 사정한다. 사람을 자르기 위해서가 아니라, 일할 사람이 '증발'해 버렸기 때문이다.

한국은 세계에서 가장 빠르게 '무인화(Unmanned) 실험실'이 되고 있다. 식당에는 서빙 로봇이 돌아다니고, 편의점은 무인 점포로 바뀌며, 건설 현장에는 벽돌을 나르는 로봇이 투입된다. 이것은 기술 혁신이 아니라, 인구 절벽이라는 재난 앞에서 생존하기 위한 처절한 '땜질'이다.

가장 서글픈 풍경은 10년 뒤의 요양병원이다. 지금 태어나는 아이들이 없으니, 미래의 노인들을 돌볼 젊은 간병인도 사라진다. 결국 그 자리는 '돌봄 로봇'이 채우게 될 것이다. 차가운 금속 팔이 내 기저귀를 갈아주고, AI 스피커가 내 말벗이 되어 주는 노년. 그것이 기술 강국 대한민국이 마주할, 피할 수 없는 미래다.

정부와 기업은 "AI와 로봇이 생산성을 높여 인구 감소의 충격을 막아줄 것"이라고 낙관한다. 하지만 그들은 중요한 사실 하나를 간과하고 있다. "로봇은 물건을 만들 수는 있어도, 물건을 사주지는 않는다."는 점이다.

자본주의는 생산과 소비라는 두 바퀴로 굴러간다. 로봇이 24시간 공장

을 돌려 현대차를 조립할 수는 있다. 하지만 그 차를 사서 타고 다닐 '인간'이 없다면 경제는 붕괴한다. 로봇은 월급을 받아 아파트를 사지도 않고, 치킨을 시켜 먹지도 않으며, 세금을 내지도 않는다. 기술이 노동력 부족은 해결해 줄지 몰라도, '소비 절벽'은 해결해 줄 수 없다 .

우리는 지금 텅 빈 운동장에 로봇들만 뛰어노는 세상을 만들고 있는지도 모른다. 기술은 인구 소멸이라는 질병을 치료하는 백신이 아니다. 그저 고통을 잠시 잊게 해주는 '진통제'일 뿐이다.

강철로 만든 아이들이 인간의 빈자리를 채우는 세상. 그곳은 효율적일지는 몰라도, 몹시 쓸쓸하고 차가운 세상일 것이다. 소멸해가는 한국을 구할 구세주가 로봇이라고 믿는다면, 그것은 너무 비겁한 희망이 아닐까. 기술을 탓하기 전에, 왜 이 땅에서 인간이 태어나기를 거부하는지, 그 근본적인 질문부터 다시 던져야 할 때다.

37장

디지털 권리장전:
한국이 제시해야 할 새로운 디지털 규범

— 1987년 헌법을 넘어: 21세기의 새로운 사회 계약

1. 2023년 9월 25일의 선언

2023년 9월, 우리 정부는 뉴욕 구상에 이어 「디지털 공동번영사회의 가치와 원칙에 관한 헌장: 디지털 권리장전」을 공식 발표했다. 법적 구속력은 없지만, 전문과 6장 28개 조항으로 구성된 이 헌장은 한국 사회가 추구해야 할 디지털 질서의 기본 원칙을 제시하는 국가 차원의 선언문이다.

제1장은 디지털 공동번영사회를 구현하기 위한 5대 기본원칙을 제시한다. 그 내용은 ① 자유와 권리의 보장, ② 공정한 접근과 기회의 균등, ③ 안전과 신뢰의 확보, ④ 디지딜 혁신의 촉진, ⑤ 인류 후생의 증진이다. 제2장부터 제6장은 이를 구체화한 권리와 책임을 다루며, 제2장은 "디지털 환경에서의 자유와 권리 보장"을, 제3장은 "디지털에 대한 공정한 접근과 기회의 균등"을, 제4장은 "안전하고 신뢰할 수 있는 디지털 사회"를, 제5장은 "자율과 창의 기반의 디지털 혁신의 촉진"을, 제6장은 "인류 후생의 증진"을 담고 있다.

왜 이런 헌장이 필요해졌을까.

1987년 개정된 현행 헌법에는 '인공지능', '데이터', '플랫폼'이라는 단어가 등장하지 않는다. 노동자가 알고리즘과 로봇에 종속되지 않을 권리, 내 데이터가 부당하게 추출·착취되지 않을 권리, 자동화된 의사결정에 의해 차별받지 않을 권리 등 새로운 기본권을 포섭할 '21세기형 그릇'이 필요하다는 문제의식이 디지털 권리장전 논의를 촉발했다.

2. 기술은 자유를 확대하는가, 억압하는가

디지털 권리장전의 5대 기본원칙 중 첫 번째는 "자유와 권리의 보장"으로, 정부는 이를 "디지털 기술이 개인의 자유를 확대하는 방향으로 설계·운영되어야 한다."는 기준으로 설명한다. 중국식 디지털 문명이 국가의 통제·감시에 초점을 맞추고 있다면, 한국의 디지털 문명은 헌장을 통해 "민주주의와 인권을 토대로 한 디지털 공동번영사회"를 지향하겠다고 선언한 셈이다.

키오스크 이용이 어려워 식당·공공서비스 접근에서 배제되는 고령층 문제는 단순한 UX 이슈를 넘어 '디지털 접근권'과 '사회적 기본권'의 문제로 논의되고 있다. 알고리즘 조작이나 불투명한 배차 시스템으로 피해를 입는 플랫폼 노동자, 딥페이크·리벤지 포르노로 고통받는 피해자는 기술이 아니라 인권의 언어로 보호되어야 할 대상이며, 이러한 현상을 산업·혁신정책이 아닌 인권·기본권 정책의 핵심 의제로 재배치해야 한다는 목소리가 커지고 있다.

이제 "기술 정책"은 경제성장·산업경쟁력만의 문제가 아니다.

유럽연합이 GDPR과 AI Act를 통해 디지털 기본권을 재구성하듯, 한국 역시 디지털 권리장전을 매개로 산업부·과기정통부 중심의 혁신 담론에 인권위·개인정보위·시민사회가 참여하는 다원적 거버넌스로의 전환을 시도하고 있다.

3. "제 과거를 지워 주세요": 잊혀질 권리와 '디지털 회복권'

세계에서 인터넷·스마트폰 보급률이 가장 높은 국가 중 하나인 한국은, 그만큼 '디지털 흔적'이 남기는 상처도 일찍 겪기 시작했다.

어릴 적 철없이 올린 SNS 게시물, 리벤지 포르노 피해 영상, 탈퇴한 사이트에 남아 있는 과거 계정, 청소년기 해프닝이 검색 결과 첫 화면에 고정된 채 평생을 따라다니는 사례들이 '디지털 주홍글씨'로 지적되어 왔다.

이 상황에서 부상한 개념이 '잊혀질 권리'다. 개인이 더 이상 필요하지 않거나 과도한 온라인 정보에 대해 삭제·차단·검색배제를 요구할 수 있는 권리로, 유럽연합은 이미 GDPR을 통해 이를 비교적 상세히 규정하고 있다. 한국 정부는 2023년 4월, 개인정보보호위원회 주도로 "아동·청소년 디지털 잊힐 권리 시범사업(지우개 서비스)"를 시작했다.

지우개 서비스는 만 24세 이하가 대상이며, 그 중 아동·청소년 시기에 본인이 올린 글·사진·영상 등 개인정보 포함 게시물을 삭제 또는 가림 처리하도록 지원한다. 2023년 4월 24일부터 두 달간 3,488건의 신청이 접수되었고, 1년 남짓한 기간 동안 누적 신청은 1만7천 건을 넘었으며, 이 중 1만6천 건 이상이 실제 삭제·비공개 처리되었다는 집계도 나왔다.

이 사업이 하는 일은 행정적으론 '삭제 지원 서비스'지만, 사회석으론 다르다.

돌이킬 수 없는 형벌처럼 남는 디지털 흑역사를 완전히 지우지는 못하더라도, 검색·공유 구조를 바꾸어 낙인을 완화하고 재출발의 기회를 넓혀주는 일종의 '디지털 회복권' 실험으로 볼 수 있다. 형사 사면처럼 범죄 기록을 소멸시키는 제도와는 법적 성격이 다르므로, '21세기형 사면권'이라기보다는 "디지털에서 과거의 실수를 과도한 낙인 없이 넘어갈 수 있도록 돕는 회복·갱생 장치"로 이해하는 편이 더 정확하다.

4. 디지털 유산 상속: 죽음 이후의 데이터

사람이 죽으면 예금·부동산 등 재산은 유족에게 상속된다. 그렇다면 네이버 블로그, 인스타그램 계정, 카카오톡 대화 내용, 유튜브 채널 같은 '디지털 자산'은 어떻게 될까.

한국 민법은 원칙적으로 피상속인의 재산을 포괄상속하도록 규정하지만, 온라인 계정과 그 안의 데이터는 재산·개인정보·통신비밀이 뒤섞인 특수한 영역이다.

현재까지 한국에는 '디지털 유산 상속'을 포괄적으로 규율하는 단일법은 없다.

유족이라도 고인의 계정 ID·비밀번호를 제공해 달라고 사업자에게 요구할 수 있는 명시적 법적 근거는 부족하고, 사업자약관·개인정보보호법·정보통신망법·통신비밀보호법 등이 중첩되면서 유족 접근이 제한되는 경우가 많다. 예컨대 카카오톡·네이버 등 주요 플랫폼은 고인의 명시적 사전 동의가 없는 한, 유족에게 대화내용·쪽지·비공개 게시물 등을 열람·제공하기 어렵다는 입장을 유지해왔다.

그러나 유족 입장에서는 고인의 SNS 공간을 추모의 장으로 남길지, 계정을 삭제할지, 특정 콘텐츠만 정리할지 결정할 권한이 필요하다는 요구가 커지고 있다.

2010년 천안함 사고 당시 고인의 싸이월드 미니홈피를 둘러싼 유족·사업자 갈등 이후, 국회에서는 개인정보보호법 개정과 별도 디지털 유산법 제정 논의가 이어져 왔고, 2025년 이후 일부 개정 규정이 시행될 것이라는 전망도 나온다.

현재 단계에서 정리하면, ① 재산적 가치가 명확한 디지털 자산(코인·온라인 포인트·유료 구독 등)은 상속 대상이 될 수 있고, ② 계정 로그인 정보와 사생활·통신내용은 개인정보·통신비밀 보호 원칙상 유족이 쉽게 접근하기 어렵고, ③ 그 사이 회색지대를 어떻게 정리할지에 대한 입법·정책 논의가 진행 중인 과도기에 서 있다는 것이다. 앞으로의 디지털 권리장전 후속 입법은 생전의 '디지털 유언장' 제도화, 사망 후 계정 처리 기본원칙, 유족·사업자·국가의 역할을 보다 명료하게 그려야 한다.

5. AI를 공격하라: 한국형 레드팀과 시민 거버넌스

"AI의 안전성을 누가 보장할 것인가?"라는 질문에 대해 우리라나는 2024년 이례적인 실험을 택했다. 4월 "생성형 AI 레드팀 챌린지(Gen AI Korea 2024)"가 열려 대학생·직장인·교사 등 약 1,000여 명이 참여해 네이버 CLOVA X, SKT, 업스테이지, 포티투마루 등 국내 대규모 언어모델(LLM)을 상대로 모의 공격을 수행했다.

참가자들은 "잘못된 정보", "편견·차별", "인권침해", "불법 콘텐츠", "탈옥" 등 7개 주제에 따라 AI에게 악성 프롬프트를 넌시며, 어디까지 대응하고 어디서 무너지는지 실시간으로 검증했다. 이 행사는 과기정통부·민간 기업·스타트업이 함께 주관한 국내 최초의 대규모 AI 레드팀 대회로,

AI 안전성 검증을 기업 내부 윤리위원회나 소수 전문심의에만 맡기지 않고 일반 시민과 해커, 현업 개발자를 참여시키는 거버넌스 실험이라는 점에서 상징성이 크다.

물론 일회성 행사만으로 '시민 감시체계'가 제도화되었다고 보기는 어렵다.

그러나 디지털 권리장전이 "시민이 참여하는 디지털 거버넌스"를 방향으로 제시한 뒤, 실제로 생성형 AI를 대상으로 국가-기업-시민이 함께 '공격과 방어'를 시험해 본 것은, 향후 상설 레드팀 제도·공개 검증 플랫폼 도입 논의로 이어질 수 있는 중요한 파일럿이라고 평가할 수 있다.

6. 알고리즘 설명 요구권: 블랙박스를 여는 열쇠

대출 심사에서 탈락하거나, 배달·택시 플랫폼에서 콜을 받지 못하거나, 채용 AI에 의해 떨어졌을 때, "무엇이 문제였는지 설명을 들을 권리"는 있을까. 현재 많은 알고리즘은 영업비밀과 기술복잡성을 이유로 상세한 기준을 공개하지 않고 있으며, 이용자는 불투명한 '블랙박스' 결정을 수용하는 객체로 머물고 있다.

디지털 권리장전과 관련 해설서는 "알고리즘의 투명성과 설명가능성을 확보해야 한다."고 명시하며, 자동화된 의사결정으로 인한 차별과 불공정이 발생하지 않도록 제도·기술·윤리적 장치를 마련해야 한다고 강조한다. 국회에서도 검색·추천·배열 알고리즘 운영자에게 원리와 기준 공개, 차별요인 사전점검, 이용자의 정보열람·설명 요구권을 부여하는 '알고리즘 투명성법' 논의가 진행되어 왔다.

또한 개인정보보호법 개정으로 자동화된 의사결정에 대해 정보주체가 자신의 권익에 중대한 영향을 미치는 경우, 해당 처리에 관여하지 않을 권리와 적절한 설명을 요구할 수 있는 토대가 마련되었다는 평가도 나온다.

아직 '설명 요구권'이 헌법상 명문화된 새로운 기본권으로 자리 잡은 것은 아니지만, 디지털 권리장전·개인정보보호법·별도 알고리즘 투명성법을 통해 "왜 이런 결정을 내렸는지 설명하라"는 요구를 제도적 권리로 끌어올리는 방향이 한국 디지털 규범 논의의 핵심 축이 되고 있다.

7. 샌드박스 코리아: 기술과 인권이 공존하는 모델

우리나라는 구글·아마존·메타 같은 글로벌 초대형 빅테크를 보유한 국가는 아니지만, 반도체·5G·플랫폼 서비스·AI 모델 등에서 상당한 기술 역량을 가진 디지털 강국이다. 동시에 민주화 이후 헌법질서·선거·사법제도가 비교적 안정된 민주주의 국가로 평가받으며, 규제샌드박스와 디지털 권리장전을 결합한 독자 모델을 실험할 수 있는 '중견 디지털 국가'라는 포지션을 갖고 있다.

유럽연합은 GDPR과 디지털서비스법(DSA), AI Act 등 강력한 규범을 통해 글로벌 표준을 선도하고 있지만, 미국·중국과 비교할 때 플랫폼·클라우드·생성형 AI 분야에서 빅테크 집중도가 낮다는 지적이 있고, 중국은 세계 최고 수준의 AI·플랫폼 기술력을 보유하는 동시에, 감시·검열과 인권침해 문제가 국제사회로부터 꾸준히 제기되고 있다.

이 사이에서 우리나라는 규제샌드박스를 통해 혁신을 실험하면서도, 디지털 성범죄·딥페이크 처벌 강화, 망 사용료 논쟁, AI 저작권·공정이용 기준, 개인정보보호 강화 등에서 인권과 기술의 균형점을 모색하는 사례를 축적하고 있다.

정부는 디지털 권리장전에서 우리나라를 "보편적 디지털 질서 규범을 선도하는 모범국가"로 위치시키겠다고 밝힌 바 있다. 우리나라가 마련하는 딥페이크 규제, AI 저작권 가이드라인, 망 이용료·망 중립성 가이드라인, 알고리즘 투명성 규범 등은 당장 '글로벌 표준'이 되지는 않더라도, 비슷한 도전에 직면한 개발도상국·중견국들이 참고할 수 있는 레퍼런스로서 의미를 가질 수 있다.

8. 데이터 민주주의: 국가를 넘어, 개인과 미래로

반도체 산업 정책, 토종 AI 육성, 망 사용료·망 중립성 논쟁, 인구·노동구조 변화 그리고 디지털 권리장전에 이르기까지, 우리나라는 '샌드위치 위기' 속에서도 나름의 생존 방정식을 짜 맞추고 있다. 이 방정식의 공통분모는 "데이터와 AI가 경제·안보·복지·민주주의를 동시에 관통하는 인프라가 되었다."는 인식이다.

그러나 이 거대한 구조 변화를 평가하는 최종 잣대는 결국 "개인"과 "미래"다. 기술 거인과 국가가 데이터와 알고리즘을 독점하는 세계에서, 내 데이터의 진짜 주인은 누구이며, AI가 나를 어떻게 평가하고 분류하는지에 대해 어떤 목소리를 낼 수 있는가가 민주주의의 질을 가르는 핵심 기준이 된다.

데이터 민주주의란 단순히 개인정보를 보호하는 것을 넘어,

내 데이터가 언제·어디서·어떻게 쓰이는지 알 권리,

부당한 활용에 거부·삭제·수정·이동·설명을 요구할 권리,

데이터 기반 의사결정에 참여하고, 그 규칙을 함께 만드는 권리까지 포

함하는 개념이다.

디지털 권리장전은 이러한 미래를 향한 '사회 계약의 초안'이다. 이제 과제는 이 초안을 헌법·법률·표준·플랫폼 설계·교육·거버넌스로 촘촘히 번역해, 디지털 기술이 소수 거인과 국가의 권력을 키우는 도구가 아니라 다수 시민의 자유와 존엄을 확장하는 인프라가 되도록 만드는 일이다.

[Off the Record: 기사 밖의 진실] 속도의 나라, 이제는 '브레이크'의 사용법을 적어야 할 때

전 세계 테크 업계에는 이런 농담이 있다. "미래의 디지털 부작용을 보고 싶다면 한국을 보라."

대한민국은 자타가 공인하는 '디지털 탄광의 카나리아'다. 우리는 세계 최초로 초고속 인터넷망을 깔았고, 가장 먼저 전국민이 스마트폰을 들었으며, 가장 먼저 e스포츠와 사이버 문화를 꽃피웠다. 그 대가로 우리는 가장 먼저 인터넷 중독을 앓았고, 가장 잔혹한 악플 문화와 사이버 불링을 경험했으며, 24시간 꺼지지 않는 '카톡 지옥' 속에 살고 있다.

우리는 기술의 빛과 그림자를 그 누구보다 먼저, 그리고 가장 뼈저리게 체험한 민족이다. 그렇기에 나는 확신한다. 21세기 디지털 문명의 새로운 헌법, 즉 '디지털 권리장전'을 쓰기에 한국만큼 자격 있는 나라는 없다고.

지금까지 디지털 규범은 실리콘밸리가 만들었다. 그들의 철학은 "빠르게 움직이고 파괴하라."였다. 자유와 혁신을 외쳤지만, 그 결과는 일고리즘에 의한 착취와 프라이버시의 실종이었다. 반대편에는 중국이 있다. 그들의 규범은 "국가가 데이터를 통제한다."는 디지털 전체주의다.

한국은 이 두 극단 사이에서 '제3의 길'을 제시해야 한다. 그것은 기술을 거부하는 것이 아니라, 기술이 인간을 덮치지 못하게 안전바를 설치하는 일이다.

우리가 제안할 권리장전의 제1조는 '연결되지 않을 권리'여야 한다. 퇴근 후 날아오는 상사의 카톡, 잠들기 전까지 뇌를 괴롭히는 알림 공해로부터 인간의 휴식을 지켜내는 법적 권리다. 이는 세계에서 가장 노동 시간이 길고 스마트폰 의존도가 높은 한국 사회가 인류에게 던지는 절박한 구조 신호다.

제2조는 '알고리즘의 투명성을 요구할 권리'다. 배달 라이더는 왜 내가 이 콜을 받았는지, 유튜버는 왜 내 영상이 노출되지 않는지, 취준생은 왜 AI 면접에서 탈락했는지 알 권리가 있다. 블랙박스 속에 숨은 기업의 이윤 논리를 해명하라고 요구하는 것, 이것이 디지털 공정이다.

마지막으로 '디지털 잊힐 권리'다. 한 번의 실수로 박제된 과거가 평생을 따라다니는 디지털 주홍글씨를 지워 주는 것. 죽은 자의 SNS 계정을 존엄하게 정리해 주는 '디지털 장례' 절차. 이것은 기술이 잊어버린 인간의 '용서'와 '망각'을 제도화하는 일이다.

우리는 언제까지 "우리가 세계 최초로 5G를 상용화했다."는 속도 자랑만 할 것인가. 1등으로 달리는 차는 엔진도 좋아야 하지만, 브레이크 성능도 최고여야 한다.

이제 한국의 목표는 '가장 빠른 나라'가 아니라 '가장 인간적인 디지털 국가'가 되어야 한다. 우리가 겪은 시행착오와 고통을 바탕으로 만들어낼 '디지털 사용 설명서'는, 앞으로 기술의 쓰나미를 맞이할 전 세계 개발도상국들에게 가장 귀중한 교과서가 될 것이다.

룰을 따르는 자는 2등이지만, 룰을 만드는 자는 1등이다. 이제 우리가
펜을 들고 디지털 시대의 정의를 다시 쓸 차례다.

8부

데이터 민주주의를 위하여

38장

데이터 오너십: 내 데이터의 주인은 누구인가

— 약관 동의의 함정: 우리는 영혼을 팔았다

1. "전체 동의하시겠습니까?"

우리는 하루에도 몇 번씩 거짓말을 한다. "약관을 모두 읽었으며 이에 동의합니다." 수십 페이지의 이용약관과 개인정보 처리방침을 실제로 처음부터 끝까지 읽는 사용자는 거의 없다. 그럼에도 이 한 번의 클릭으로, 우리는 위치·검색·구매·관심사 같은 디지털 흔적에 대한 상당한 통제권을 플랫폼 기업에게 넘겨준다.

구글의 위치 기록·타임라인 기능은 사용자가 해당 기능을 켜둔 경우, 수년간 언제 어디를 이동했는지 상당히 정밀하게 재구성할 수 있다. 페이스북(메타)은 친구 관계와 '좋아요', 활동 로그 등으로 정치 성향·성격 특성 등을 예측해 광고 타게팅에 활용해 왔고, 아마존 같은 플랫폼은 구매·검색 기록으로 임신·우울 가능성처럼 민감한 상태까지 추정하는 모델을 운용해 왔다. 이 데이터는 누구의 것인가? 생성한 건 나(User)인데, 저장하고 분석하며 돈을 버는 건 기업(Platform)이다.

2. 디지털 봉건제

우리는 지금 21세기의 '디지털 봉건제'라고 불리는 구조 속에 살고 있다는 비판을 듣는다.

- 영주(빅테크·플랫폼): 서버·앱·클라우드라는 디지털 토지와 인프라를 제공한다.
- 농노(사용자): 그 땅에서 활동하며 글, 사진, 클릭, 위치와 같은 데이터라는 작물을 생산한다.

영주는 무료 이메일, 검색, SNS, 클라우드 저장공간 같은 서비스를 미끼로, 이용자가 생산하는 데이터에 대한 실질적인 통제권과 수익을 독점한다. 우리는 인스타그램에 사진을 올리고, 페이스북에 글을 쓰고, '좋아요'를 누르며 플랫폼 가치를 높이지만, 그로부터 발생하는 대부분의 수익은 마크 저커버그와 주주들의 잔고로 귀속된다.

3. 금융의 혁명: "은행 말고 나한테 줘"

한국에서 가장 먼저 제도화된 데이터 주권 운동은 마이데이터(MyData), 특히 금융 마이데이다. 과서에는 내 통장·카드 내역을 다른 서비스로 옮기려면, 사실상 은행에 정보 제공을 '부탁'해야 했고, 금융사는 이 정보를 일종의 '자산'처럼 붙들어 두려 했다.

그러나 「신용정보법」 개정으로 2022년 전면 시행된 금융 마이네이터 제도는, 개인이 자신의 개인신용정보 전송요구권(정보 이동권)을 행사해 "내 10년 치 거래 내역을 지금 당장 저쪽 서비스로 보내라."고 요구할 수 있는 구조를 만들었다.

이제 신한은행·국민카드 등은 정해진 형식에 따라 고객의 동의가 있으면 토스·뱅크샐러드 등 마이데이터 사업자에게 데이터를 전송해야 하며, 이 정보는 '은행의 자산'이 아니라 정보주체인 고객의 개인신용정보로 본다는 점이 법에 명시된다. 흩어진 금융 정보를 한곳에 모아 통합 조회·분석하고, 더 좋은 조건을 제시하는 곳으로 갈아타기 쉬워진 것, 이것이 금융 영역에서 구현된 '데이터 이동권'의 첫 번째 승리다.

4. 의료 마이데이터: 내 MRI는 내 것이다

의료 분야에서도 비슷한 혁명이 진행 중이다.

예전에는 A병원에서 찍은 MRI나 CT를 B병원으로 가져가려면, CD를 구워 들고 다니거나 팩스로 기록을 보내달라고 요청해야 했고, 환자의 몸에서 나온 정보임에도 병원이 사실상 '주인'처럼 굴었다.

지금 한국 정부는 '건강정보 고속도로'와 나의 건강기록 앱 을 중심으로, 환자가 자신의 진료기록·검사결과를 스마트폰으로 내려받고 다른 병원·의사와 공유할 수 있는 의료 마이데이터 인프라를 단계적으로 구축하고 있다.

2023년 이후 수많은 의료기관이 이 사업에 참여하면서, 아산병원 등은 환자가 앱을 통해 검사 결과·처방·영상정보를 직접 조회·저장·제공하는 서비스를 본격화했다. 나의 건강 데이터가 내 손안으로 돌아오는 순간, 맞춤형 헬스케어·정밀의료·원격진료와 같은 새로운 시장과 진료 방식이 열린다. 다만 아직은 전면 도입이 아닌 단계적 구축 단계라는 점도 함께 기억해야 한다.

5. "구글 아이디로 로그인"을 거부하라

마이데이터가 제도를 통한 개혁이라면, 웹 3.0(Web3) 진영은 기술을 통한 다른 길을 모색한다. 오늘날 우리는 수많은 사이트와 서비스에 '구글 계정으로 로그인', '카카오 아이디로 시작하기' 같은 간편 로그인을 사용한다. 이는 편리하지만, 동시에 개인의 신원 증명과 서비스 접근이 몇몇 빅테크 플랫폼의 계정 시스템에 종속되는 구조를 만든다. 만약 구글 계정이 정지되거나 해킹당하면, 그 계정으로 로그인하던 여러 서비스에서 사실상 "디지털 사망"과 비슷한 상태가 될 수 있다.

Web3 진영은 이런 구조를 비판하며, 자기주권 신원(SSI·Self-Sovereign Identity) 이라는 대안을 제시한다.

SSI에서는 내 지갑(Wallet)에 나의 디지털 신분증과 자격증명을 저장해두고, 블록체인 기반의 탈중앙 식별자(DID)와 검증 가능한 자격증명을 이용해 필요할 때만 일부 정보를 증명한다.

네이버·페이스북 서버를 거치지 않고, 내가 관리하는 지갑과 공개키·비공개키로 "내가 나임을" 증명하는 것이다. 아직은 실험 단계와 초기 서비스가 많지만, 국제 표준화와 규제 논의가 빠르게 진행 중이라는 점은 분명하다.

6. 팀 버너스 리의 솔리드(Solid) 프로젝트

월드와이드웹(WWW)의 창시자 팀 버너스 리는, 현재의 인터넷이 소수 플랫폼의 데이터 독점과 감시에 취약한 구조로 변질되었다고 비판하며 '솔리드(Solid)' 프로젝트를 시작했다. 솔리드는 각 개인이 포드(Pod·Personal Online Data Store) 라는 개인용 데이터 저장소를 가지고, 데이터는 여기에 저장되고 앱·플랫폼은 이 Pod에 접근 권한만 위임받는 구조를 지향한다.

이론적으로 Solid 기반 SNS에서는, 페이스북에 글을 써도 그 글은 페이스북 서버가 아니라 내 Pod에 저장된다. 페이스북은 그 글을 "열람할 수 있는 권한"만 빌려 갈 뿐이고, 내가 "이제 그만 봐."라고 권한을 끊으면 페이스북에서 내 글은 즉시 사라진다. 이것이 데이터에 대한 실질적 소유와 통제에 가까운 상태다.

이미 영국 NHS·플랑드르 지방정부 등과 파일럿 프로젝트를 진행하며, 사용자가 Pod에서 데이터를 관리하고 세밀한 접근권을 설정할 수 있음을 시연하고 있다. 다만 아직은 실험·도입 초기 단계이며, 거대 플랫폼이 이 아키텍처를 채택하려면 상당한 시간이 걸릴 것이라는 평가도 공존한다.

7. 데이터는 노동이다

경제학자 글렌 와일은 에릭 포즈너 등과 함께 "데이터는 노동"이라는 프레임을 제시했다. 이용자가 검색하고, 게시물을 올리고, '좋아요'를 누르고, 위치를 남기는 행위는 단순한 "부수적 부산물"이 아니라, AI·추천 알고리즘·광고 시스템을 학습시키는 노동이며, 이에 대해 적절한 보상을 받아야 한다는 주장이다.

이 논의와 맞물려 '데이터 배당금' 아이디어도 등장했다.

미국 캘리포니아주 정치권과 전 대선 후보 앤드루 양은, 빅테크가 이용자의 데이터를 공짜로 채굴해 막대한 이익을 얻고 있다며, 데이터 사용에 대해 국민에게 일정 금액을 돌려주는 '데이터 배당' 구상을 공개적으로 제안했다.

앤드루 양이 주도한 이 계획은 캘리포니아 소비자 프라이버시법(CCPA)

등을 활용해 "데이터 사용에 대한 금전 보상"을 제도화하자는 캠페인이었으나, 현재까지는 정치·학계에서 찬반 논쟁이 이어지는 단계이고, 본격적인 연방 차원의 입법으로 정착한 것은 아니다. 그럼에도, 유튜버에게 광고 수익을 나눠주듯 검색·좋아요·이동 데이터에 기여한 일반 이용자에게도 일정한 '데이터 배당'을 지급해야 한다는 문제제기는, 앞으로의 규제·조세·플랫폼 거버넌스 논의에서 계속 등장할 가능성이 크다.

8. 주인이 될 것인가, 노예로 남을 것인가

데이터 오너십은 단순한 기술 문제가 아니라, 근본적으로 재산권과 인권, 그리고 거버넌스의 문제다. 서부 개척 시대에 땅에 울타리를 치고 소유권을 인정받았듯, 21세기의 디지털 영토인 데이터에도 "이 정보는 누구의 것인가, 누가 접근하고 이전·삭제·이익을 통제할 권리가 있는가?"라는 이름표를 붙이는 작업이 시작되었다.

다만 현재의 법제는 데이터를 전통적인 의미의 '소유권 객체'로 일괄 인정하기보다는, 접근권·정정권·삭제권·전송요구권 같은 권리의 묶음으로 설계하고 있다. 마이데이터·GDPR의 데이터 이동권, 개인정보자기결정권 논의는, 이용자가 자신을 둘러싼 데이터에 대해 어느 정도까지 주체가 될 수 있을지에 대한 초기 실게도에 가깝니. 우리가 이 권리들을 확보하지 못하고, 데이터 인프라와 AI·플랫폼의 규칙을 기업이 일방적으로 정하도록 내버려 둔다면, 이용자는 영원히 디지털 소작농에 머무르고, 알고리즘이 계산해 준 최소한의 혜택과 기본소득만 받으며 살아가는 미래에 더 가까워질 수 있다.

그러나 Solid·SSI·마이데이터·데이터 배당 같은 다양한 실험과 규제가 동시에 진행되고 있다는 사실은, 이 권력을 되찾기 위한 싸움이 이제 막 시작되었음을 보여 준다.

기업들이 자발적으로 이 권력을 내놓을 가능성은 크지 않다. 그렇다면 우리는 어떤 법과 기술, 그리고 어떤 집단행동을 통해 거대 기술 기업을 통제하고 새로운 규칙을 강제할 것인가. 데이터의 시대에, 주인이 될 것인가, 아니면 기록되는 노예로 남을 것인가라는 선택이 우리 앞에 놓여 있다.

[Off the Record: 기사 밖의 진실] 내 뒷마당에서 석유가 솟는 왜 돈은 구글이 가져가는가

만약 당신의 집 뒷마당에서 갑자기 검은 석유가 콸콸 솟아오른다면 어떻게 하겠는가? 당연히 그 석유에 대한 소유권을 주장하고, 정유사에 팔아 막대한 돈을 벌 것이다.

그런데 21세기, 우리는 매일 자신의 손가락으로 '데이터'라는 이름의 석유를 퍼 올리고 있다. 우리가 검색하고, 위치를 이동하고, 사진을 올리는 모든 행위는 디지털 경제를 돌리는 원유가 된다. 하지만 기이하게도, 우리는 그 석유를 공짜로 빅테크 기업의 송유관에 흘려보내 준다.

우리는 지금 '디지털 소작농'과 다를 바 없다. 우리는 페이스북과 유튜브라는 거대 지주의 땅에서 열심히 농사(콘텐츠 생산, 좋아요, 댓글)를 짓는다. 그 덕분에 플랫폼은 비옥해지고 천문학적인 광고 수익을 거둔다. 하지만 지주는 우리에게 수확물을 나눠주지 않는다. 그저 "우리 땅에서 공짜로 놀게 해 줬으니 고마워하라."며 '무료 서비스'라는 이름의 품삯만 던져줄 뿐이다.

과거에는 이것이 공정한 거래처럼 보였다. 하지만 생성형 AI 시대가 되면서 이 계약은 불공정 노예 계약임이 드러났다.

챗GPT나 미드저니 같은 AI는 하늘에서 떨어진 지능이 아니다. 인류가 수십 년간 인터넷에 공짜로 올린 블로그 글, 그림, 사진, 댓글을 닥치는 대로 학습해서 만든 결과물이다. 내 글과 그림이 AI의 지능이 되어 유료 서비스로 팔리고 있는데, 정작 원작자인 나에게는 단 1원의 저작권료도 들어오지 않는다. 이것은 명백한 '데이터 절도'다.

이제 우리는 '프라이버시'를 넘어 '오너십'을 이야기해야 한다. "내 데이터를 훔쳐보지 마세요."라는 소극적 방어를 넘어, "내 데이터를 썼으면 돈을 내세요."라는 적극적 권리를 주장해야 할 때다.

미국 캘리포니아와 유럽에서는 이미 '데이터 배당' 논의가 시작되었다. 알래스카주가 석유 수입을 주민들에게 배당금으로 나눠주듯, 빅테크 기업이 우리 데이터로 번 돈의 일부를 사용자에게 현금이나 포인트로 돌려줘야 한다는 개념이다.

이것은 몽상가들의 헛소리가 아니다. 데이터가 곧 자본인 시대에, 자본을 댄 사람(사용자)에게 배당을 주는 것은 자본주의의 가장 기초적인 원칙이다. 우리가 생산한 데이터의 가치를 0원으로 취급하는 현재의 회계 장부는 조작되었다.

당신의 데이터는 공공재가 아니다. 그것은 당신의 노동이자, 당신의 재산이다. 우리는 언제까지 거대 플랫폼을 위해 무보수로 일해 주는 자원봉사자로 남을 것인가. 이제 지주에게 당당히 청구서를 내밀어야 한다. "내 인생을 갈아 만든 데이터 값을 지불하시오."

39장

새로운 사회 계약:
기술 거인들을 어떻게 통제할 것인가
— 21세기의 스탠더드 오일: 쪼개야 사는가

1. 리나 칸의 도전: "값이 싸도 경쟁이 죽을 수 있다"

1911년 미국 대법원은 석유왕 록펠러의 스탠더드 오일이 시장 지배력을 남용해 경쟁을 억압했다는 이유로 회사를 34개로 강제 분할했다. 독점이 가격뿐 아니라 정치·사회·민주주의까지 왜곡할 수 있다는 인식이 반독점의 출발점이었다.

100년 뒤, 리나 칸 미 연방거래위원회(FTC) 위원장은 논문「Amazon's Antitrust Paradox」에서, 아마존처럼 가격을 낮추고 서비스를 무료로 제공하면서도 데이터·물류·클라우드 인프라를 통제하는 플랫폼이 장기적으로 경쟁과 혁신을 훼손할 수 있다고 비판했다. 기존 미국 반독점이 '소비자 가격·출력'에 초점을 둔 소비자 후생 기준에 갇혀 있어, 플랫폼 시대의 새로운 독점 권력을 제대로 포착하지 못한다는 문제제기였다.

아마존이 입점업체 데이터를 활용해 자체 브랜드 상품을 설계·판매하는 관행, 메타(옛 페이스북)가 인스타그램·왓츠앱 등 잠재적 경쟁자를 초기에 인수한 사례는 21세기 '약탈적 독점' 논쟁의 상징이 됐다. 다만 모든 법원이 이를 불법으로 확정한 것은 아니며, "가격 대신 경쟁자를 죽이는 행위만이 기준"이라는 식보다는, 구조·데이터 지배·플랫폼 종속·혁신 저해를 포괄하는 새로운 반독점 프레임을 제시한 것으로 보는 편이 정확하다.

2. 유럽의 디지털시장법(DMA): 게이트키퍼 길들이기

유럽연합(EU)은 디지털시장법(DMA)을 통해 구글, 애플, 메타, 아마존, 마이크로소프트, 바이트댄스를 '게이트키퍼'로 지정하고 특별한 의무를 부과했다. 이들은 검색·모바일 OS·앱스토어·브라우저·메신저 등 핵심 디지털 관문을 장악한 기업으로, DMA는 이들의 구조적 지배력을 직접 겨냥한다.

DMA는 게이트키퍼에게 자사 서비스에 대한 부당한 우대를 금지하고, 제3자 서비스가 공정하게 경쟁할 수 있도록 검색 결과·랭킹·디폴트 설정을 설계하라고 요구한다. 애플의 경우 iOS에서 제3자 앱스토어·사이드로딩을 허용하고, 사용자가 브라우저·검색 엔진·기본 앱을 자유롭게 선택·변경할 수 있게 해야 하며, 다만 보안 목적의 제한은 일부 인정된다.

의무를 위반하면 EU는 게이트키퍼의 전 세계 매출의 최대 10%, 반복·중대한 위반 시 20%까지 과징금을 부과할 수 있고, 반복적·체계적 위반에 대해서는 구조적 분할 등 강력한 시정조치도 옵션으로 열어두었다.

인류는 여기서 선택의 기로에 서 있다. 거대 기술 기업을 스탠더드 오일처럼 쪼개 권력을 분산할 것인지, 수도·전기 같은 공공 인프라로 보고 DMA처럼 강력한 공적 규율과 의무를 부과할 것인지다.

3. 알고리즘 감사: '검사받지 않는 권력'에 대한 요구

식당 위생은 보건 당국이 점검하고, 건물 안전은 전문가가 진단하지만, 채용·대출·콘텐츠 추천 등 일상의 중요한 결정을 좌우하는 알고리즘과 AI는 오랫동안 "영업 비밀"이라는 방패 뒤에 숨어 있었다. 이제는 알고리즘이 사기업의 사유물이면서 동시에 사회 전체에 영향을 미치는 공적 인프라라는 인식이 확산되고 있다.

EU AI 법안과 각국의 정책 논의는 고위험 AI 시스템에 대해 데이터 품질·편향, 설계·운영 프로세스, 성능·안전성을 체계적으로 점검하는 독립적 평가·감사를 요구하는 방향으로 가고 있다. 현실 제도는 소스코드 전체 공개를 일률적으로 강제하기보다는, 규제기관·외부 감사자가 데이터·모델·출력과 이에 관한 문서화된 정보에 접근해 편향·위험을 평가하고, 필요한 경우 시정 명령·사용 제한을 내릴 수 있도록 설계된다.

채용 AI가 특정 성별·연령·학력·경력 패턴을 차별하지 않는지, 대출 AI가 특정 거주지·소득층에 구조적 불이익을 주지 않는지, 유튜브·틱톡 등 추천 알고리즘이 10대에게 극단·유해 콘텐츠를 과도하게 노출하지 않는지 등은 더 이상 기업 내부의 자율 규제에만 맡길 사안이 아니다. 새로운 사회 계약은 알고리즘 감사와 공적 감독을 통해, '검사받지 않는 알고리즘 권력'을 민주적 통제의 범위 안으로 끌어들이는 것을 핵심 과제로 삼고 있다.

4. 설명 가능한 AI(XAI): "이유 없는 결정은 받아들일 수 없다"

딥러닝·대규모 언어모델 등 현대 AI는 종종 스스로의 판단 근거를 사람에게 직관적으로 설명하기 어렵다는 점에서 '블랙박스'로 불린다. 그러나 의료·사법·채용·신용 평가처럼 인간의 운명을 좌우하는 영역에서, 당사자가 "왜 이런 결과가 나왔는지" 이해할 수 없는 결정은 민주 사회의 정당성 요구와 충돌한다.

EU AI Act는 고위험 AI 시스템에 대해 사용 목적, 작동 방식의 핵심 요소, 성능·한계, AI가 개입하는 정도 등 '이해 가능한 수준의 정보 제공과 투명성 의무'를 명문화했다. 아직 "설명할 수 없는 AI는 아예 사용 금지"라는 수준의 글로벌 법적 합의까지 이르지는 않았지만, 고위험 영역에서는 AI가 내린 결정의 근거·데이터·논리 구조를 사람이 검증 가능하도록 만드는 방향으로 규제가 빠르게 움직이고 있다.

"설명할 수 없다면, 적용할 수 없다."는 구호는 기술적 현실보다 한 걸음 앞선 규범적 요구다. 효율성을 명분으로 완전한 불투명성을 용인하는 대신, 일정 수준 이상의 설명가능성과 인간의 이의제기·정정권을 보장해야 한다는 점에서, 투명성 없는 효율성은 기술적 폭력이라는 비판의 핵심을 잘 요약한다.

5. "국내에서 벌고, 세금은 해외에": 글로벌 최저한세와 디지털세

구글코리아·넷플릭스코리아 등 글로벌 플랫폼은 한국에서 수천억~수조 원 매출을 올리면서도, 수익의 상당 부분을 아일랜드·싱가포르 등 법인으로 이전해 상대적으로 낮은 법인세를 적용받는다는 비판을 받아 왔다. 서버·지적재산권·계약구조를 조세혜택이 큰 국가에 배치하고, 한국 법인은 마케팅·지원 등 제한된 역할만 수행하는 구조가 대표석이다.

이를 견제하기 위해 OECD/G20 포괄적 이행체계에 참여한 130개국 이상이 두 개의 축(Pillar 1·2)으로 이루어진 국제 조세 개혁에 합의했다. 특히 Pillar 2는 연 매출 7억5천만 유로 이상 다국적 기업을 대상으로, 어느 국가에서든 실효 세율이 15% 아래로 떨어질 경우 다른 국가가 '톱업 택스'를 부과해 글로벌 최저한세 15%를 실질적으로 보장하는 구조다.

Pillar 1은 서버 위치와 관계없이, 소비자가 존재해 실제로 매출이 발생하는 국가에 일정 부분 과세권을 배분하는 디지털세 성격을 갖지만, 구체적인 도입·발효는 국가별로 지연·조정되고 있다.

"돈은 한국에서 벌고, 세금은 아일랜드에 낸다."는 비판적 표현은 이러한 조세 구조를 압축적으로 설명한 것으로, 글로벌 최저한세·디지털세 논의는 바로 이 구조를 바로잡기 위한 시도다.

6. 기술세와 재분배: AI 시대의 안전망

글로벌 최저한세와 디지털세를 통해 확보되는 재원을 어떻게 쓸 것인지는 아직 국제적으로 합의된 바가 없고, 각국의 정치·예산 과정에 따라 결정된다.

다만 국제기구·학계·시민사회에서는 AI·자동화로 인한 일자리 불안과 불평등 심화를 완화하기 위해, 재교육·직업 전환, 디지털 격차 해소, 사회안전망 확충 등에 이 재원을 우선적으로 투입하자는 제안이 다수 제기되고 있다.

"기술이 초래한 불평등을 기술 기업의 돈으로 메우는 것"은 현재로서는 규범적 주장에 가깝다. 그러나 플랫폼·AI 기업이 막대한 초과 이윤과 데이터 자산을 축적하는 구조가 지속 가능한 자본주의와 양립하려면, 조세·사회보험·공공투자를 통한 적극적 재분배가 필요하다는 문제의식은 국제 논의의 중심으로 이동하고 있다.

7. "Move fast and break things"의 시대를 넘어서

페이스북(현 메타)의 초기 슬로건이 "Move fast and break things"였고, 이후 마크 저커버그가 인프라 안정성과 책임을 강조하는 "Move fast with stable infrastructure" 등으로 회사의 핵심 가치를 수정했다고 밝힌 것은 사실이다. 이 문장은 실리콘밸리 스타트업 문화에서 "규제보다 먼저 움직여 시장을 장악하라."는 정서를 상징하는 구호가 됐다.

물론 모든 기술 기업이 20년간 일률적으로 "법과 규범을 무시했다."고 단정할 수는 없지만, 플랫폼·공유경제·소셜미디어·암호화폐 등 여러 분야에서 "규제는 나중에"라는 태도가 사회적 갈등·사생활 침해·노동권 침해·허위정보 확산 같은 부작용을 초래했다는 비판은 설득력을 얻고 있다. 새로운 사회 계약이 요구하는 것은 "빨리 움직여 파괴하라."가 아니라, "책임 있게 움직이고 문제를 해결하라."는 방향 전환이다.

기술적 진보는 더 이상 민주적 숙의와 사회적 합의를 '나중에 처리할 일'로 미뤄둘 수 없다. 혁신의 속도를 다소 늦추더라도, 그 방향이 인간의 존엄성과 자유, 사회의 안정과 평등을 향하고 있는지 끊임없이 점검하는 것이 21세기 기술 거버넌스의 핵심 과제가 되고 있다.

8. 인간의 미래: 공존하는 기술, 공존하는 인간

데이터 주권을 회복하고(선 상), 플랫폼·AI·빌리언달러 테크 기입을 통제하는 새로운 규범과 제도를 세운다 해도, 기술은 계속 진화할 것이다. 2035년, 2050년의 인류는 소수의 '호모 데우스'와 대다수 '잉여 인류'로 갈라질 수도 있고, 기술과 공존하는 더 지혜로운 존재로 진화할 수도 있다.

지금 논의되는 알고리즘 감사·설명가능 AI·DMA·글로벌 최저한 세·디지털세는 그 갈림길에서 인간이 어떤 사회 계약을 선택할 것인지에 대한 초석이다. 기술은 중립적인 운명론이 아니라, 정치적·법적·윤리적 선택의 결과라는 점을 잊지 않는 것이, "기술의 시대에 인간답게 산다."는 질문에 대한 최소한의 답이다.

[Off the Record: 기사 밖의 진실] 선출되지 않은 권력, 그들을 위한 헌법은 없다

애플의 시가총액은 프랑스의 GDP를 넘었다. 마이크로소프트와 구글의 현금 보유고는 웬만한 개발도상국의 외환보유액보다 많다. 2025년 현재, 이들은 단순한 주식회사가 아니다. 국경 없는 영토와 디지털 군대, 그리고 데이터라는 세금 징수권을 가진 거대한 '제국'이다.

우리는 4년마다 대통령을 뽑는다. 대통령이 정치를 못 하면 투표로 심판한다. 하지만 우리는 마크 저커버그나 일론 머스크를 투표로 뽑은 적이 없다. 그들이 마음에 들지 않는다고 해고할 수도 없다. 그런데도 그들은 한 국가의 대통령보다 우리 삶에 더 깊고 강력한 영향력을 행사한다. 그들이 알고리즘 스위치를 내리면 소상공인은 파산하고, 그들이 뉴스 배열을 바꾸면 여론이 뒤집힌다.

이것이 현대 민주주의가 직면한 가장 큰 모순이다. "우리의 삶을 지배하는 가장 강력한 권력은, 민주적 통제를 받지 않는다."

과거 미국 대통령 시어도어 루스벨트는 석유 재벌 록펠러의 '스탠더드 오일'을 34개로 쪼개버렸다. 기업이 국가보다 힘이 세지는 것을 용납하지 않았기 때문이다. 하지만 지금의 법은 무력하다. 과거의 반독점법은 "가격을 올려 소비자에게 피해를 줬는가?"를 따졌다. 하지만 구글과 페이스북은 "우리는 공짜인데요?"라고 반문한다. 무료 서비스로 시장을 장악한 뒤, 경쟁자를 죽이고 데이터를 독점하는 그들의 방식에 20세기의 법 잣대는 통하지 않는다.

이제 우리에게는 '새로운 사회 계약'이 필요하다. 루소의 사회 계약론이 "국가는 국민의 안전을 지키는 대가로 권력을 위임받는다."는 약속이었다면, 21세기의 계약은 "빅테크는 데이터를 사용하는 대가로 투명성과 사회적 책임을 져야 한다."는 약속이어야 한다.

이 계약서에는 다음과 같은 조항들이 들어가야 한다.

첫째, '알고리즘 감사권'이다. 기업의 회계 장부를 감사하듯, 사회에 막대한 영향을 미치는 알고리즘이 공정하게 작동하는지 외부 전문가가 들여다볼 수 있어야 한다. 영업 비밀이라는 방패 뒤에 숨어 차별과 혐오를 조장하는 코드를 방치해서는 안 된다.

둘째, '플랫폼과 플레이어의 분리'다. 심판이 선수로 뛰게 해서는 안 된다. 아마존이 장터(플랫폼)를 열어놓고 자사 브랜드(PB) 상품을 검색 상단에 올리는 행위, 구글이 검색 결과에 자사 서비스를 먼저 보여 주는 행위는 금지되어야 한다.

셋째, '제대로 된 세금'이다. 전 세계에서 돈을 벌어가면서 조세 회피처에 법인을 세워 세금을 피하는 '무임승차'를 끝내야 한다. 데이터가 발생한 곳에서 세금을 내는 '디지털세'는 기업 벌주기가 아니라 정당한 인프라 사용료다.

기업은 이윤을 추구하는 조직이다. 그들의 선의에 기대를 걸어서는 안

된다. 견제받지 않는 권력은 반드시 부패하고 폭주한다. 100년 전 인류가 석유 제국을 해체하며 시장의 자유를 지켰듯, 이제 우리는 데이터 제국에 맞서 '디지털 민주주의'의 깃발을 세워야 한다.

그들은 황제가 되고 싶어 한다. 하지만 우리는 신민(Subject)이 아니라 시민(Citizen)이다. 시민은 황제를 용납하지 않는다.

2035년의 세계:
호모 데우스(신이 된 인간)와 잉여 인간

— 두 개의 인류: 업그레이드된 자와 남겨진 자

1. 2035년의 아침 풍경

2035년, 서울의 어느 아침. 상위 1% 엘리트 A씨는 잠에서 깨자마자 뇌에 이식한 BCI(뇌-컴퓨터 인터페이스)를 통해 밤새 축적된 정보를 단 몇 초 만에 불러온다. 실제로 BCI는 의료·보조기술을 넘어 인지 증강까지 겨냥한 연구가 빠르게 진행 중이지만, 2035년까지 전면 상용화·대량 보급이 될 것인지에 대해서는 여전히 논쟁이 크다.

A씨는 별도의 외국어 학습을 하지 않아도 클라우드 AI 통역·자막 시스템과 연결된 인터페이스를 통해 수십 개 언어의 말을 거의 실시간으로 이해하고 소통한다. 오늘날에도 이미 실시간 음성 번역·자막 서비스가 상용화돼 있고, 2030년대에는 이러한 "언어의 장벽을 지우는 AI 서비스"가 고급 사용자에게는 거의 일상 인프라가 될 것이라는 전망이 다수다.

유전자 치료와 정밀의학 덕분에 그는 암·희귀질환의 상당 부분을 사전에 관리받는다. 지금도 특정 암·유전질환에 대한 유전자 편집·세포치료가 임상 단계에 들어가 있으며, 2030년대에는 일부 부유층이 보다 정교한 예방·맞춤 치료에 먼저 접근할 가능성이 크다. 그러나 "암에 걸리지 않는다."는 식의 절대적 예방은 과학적으로 과장된 표현이며, 안전성과 윤리 문제 때문에 전면적 적용에는 더 긴 시간이 필요하다는 평가가 우세하다.

반면, 나머지 99%를 상징하는 B씨는 여전히 저가형 스마트폰 알람 소리에 힘겹게 눈을 뜬다. 그는 여러 개의 플랫폼 일자리를 전전하며, AI 도구를 쓰지 못해 배제된다기보다 "어느 정도는 쓸 줄 알지만 고급 기술·교육에 접근하지 못한 사람"의 전형이다. A씨처럼 BCI·최첨단 유전자 강화까지 누리지는 못하지만, 저렴한 범용 AI 서비스와 기본적인 의료 혜택에는 어느 정도 접근하는 "중간 지대"가 여전히 존재한다.

이 극단적 대비는 현실의 복잡성을 단순화한 가상의 장면이다.

다만 기술·교육·건강 인프라에 대한 접근성이 계층별로 갈라지면서, 상위층이 사실상 다른 "생물학적·인지적 계층"으로 느껴질 수 있다는 우려는 실제로 제기되고 있다.

2. 생물학적 불평등의 기울기

유발 하라리는 『호모 데우스』에서 "21세기 불평등은 소득·자산 격차를 넘어, 지능·수명·건강 그 자체의 격차로 확장될 수 있다."고 경고했다. 과거에는 돈이 많으면 좋은 집·차·교육을 가졌다면, 앞으로는 돈이 많으면 "더 똑똑한 뇌"와 "더 건강하고 긴 수명"을 구매할 수 있다는 것이다.

이미 오늘날에도 소득·교육 수준에 따라 기대수명과 건강 상태가 크게 갈리는 사실은 여러 통계로 확인된다. 정밀의학·유전자 치료·고급 AI 튜터·개인 맞춤형 교육 시스템이 상위 계층부터 보급될 경우, 이 격차는 단순한 "환경 차이"를 넘어 "생물학·인지 능력의 차이처럼 체감되는 불평등"으로 변할 수 있다는 점이 논쟁의 핵심이다.

다만 "기술을 소유한 자들이 완전히 다른 종으로 진화한다."는 표현은 생물학적으로 과장이다. 인류 내 유전자·보철·약물에 의한 "강화된 소수 vs 비강화 다수" 시나리오는 윤리·정책 논의에서 자주 다뤄지지만, 2035년까지 실제로 "종 분화 수준"이 일어날 것이라는 과학적 전망은 존재하지 않는다. 중요한 것은, 이런 극단적 그림을 빌려 오늘의 정책 선택—예컨대 공공 의료·교육 인프라, 접근 가능한 AI·바이오 기술 설계—를 어떻게 바꿀지 묻는 것이다.

3. "착취당하는 것이 차라리 나았다"는 역설

20세기 노동자들의 두려움은 "자본가에게 착취당하는 것"이었다.

그러나 하라리는, 초자동화 시대에는 "착취조차 되지 않는 존재", 즉 체계가 필요로 하지 않는 "잉여 인간(useless class)"을 우려했다. 이 개념은 충격적인 용어 선택 덕분에 널리 인용되지만, 어디까지나 미래 경고용 철학적 표현이라는 점을 전제할 필요가 있다.

현재까지의 연구를 보면, AI가 "모든 인간 노동을 대체해 대다수를 영구 실업 상태의 잉여 계급으로 만든다."는 주장에는 근거가 부족하다. OECD·ILO·각국 싱크탱크는, AI가 일부 일자리를 없애는 동시에 다른 영역에서 새로운 직무·산업을 만들어내고, 전체적으로는 "일자리의 재편과 기술 격차 심화"가 더 현실적인 시나리오라고 본다.

2030년대 중반까지의 다양한 시나리오 연구를 합쳐 보면,

반복적·루틴 업무의 상당 부분이 자동화되고,

동시에 데이터·창의·대인 서비스·돌봄·AI 관리·감독 등 영역에서 수백만~수천만 개의 새로운 일자리가 생길 수 있으며,

관건은 "얼마나 빨리·공정하게 재교육·전환을 지원하느냐."에 달려 있다는 분석이 많다.

그럼에도 불구하고, 디지털·교육 자원이 부족한 집단이 고부가가치 일자리 경로에서 지속적으로 배제될 경우, "경제·정치·군사적 영향력이 거의 없는 대규모 주변화 계층"이 형성될 위험은 실제로 제기되고 있다. 이 글의 "잉여 인간"은 그런 위험을 극단화한 상징으로 이해하는 편이 적절하다.

4. 의미의 침식

자동화된 사회에서 진짜 위기는 빈곤이 아니라 "무의미"일 수 있다. 이미 오늘날에도 플랫폼·비정규·프리랜스 노동 확산이 "일에서 얻는 자존감·소속감·의미"를 약화시키고, 정신건강 악화와 연결된다는 연구가 늘고 있다.

2035년까지 AI가 노동의 많은 부분을 대체·변형한다면, 일부 집단은 "생존은 기본소득·복지로 유지되지만, 사회가 나를 필요로 하지 않는 것 같은 감각"을 강하게 경험할 수 있다. "아침에 눈을 떠야 할 이유가 사라진 세상"이라는 표현은 과장이지만, 기술·노동 구조 변화가 인간의 자존감·의미감에 큰 충격을 줄 수 있다는 우려는 심리학·사회학 논의에서 실제 쟁점이다.

다만 "인간이 역사상 처음으로 존재의 무가치함과 싸우게 된다."는 식

의 서술은 역사적으로 부정확하다. 산업혁명·대량실업·전쟁·경제위기 등은 이미 여러 차례 "소외와 무의미감의 대중화"를 낳았고, 오늘의 논쟁은 그 연장선에서 "AI·플랫폼 자본주의가 이를 얼마나 심화시킬 것인가?"에 초점을 맞추고 있다.

5. "데이터가 결정했습니다"와 데이터교

2035년의 어느 시점, 사람들은 중요한 결정을 내릴 때 스스로보다 알고리즘을 더 신뢰하기 시작한다. 대학·직업·연애·결혼·대출 등에서, 개인의 DNA·생체 신호·검색 기록·소비 패턴을 분석한 AI 보조자가 "통계적으로 최적의 선택"을 추천해주는 모습은 이미 현실의 초기 버전이 나타나고 있다.

하라리는 이를 "데이터교(Dataism)"라고 불렀다. 데이터의 흐름과 처리 능력을 인간의 감정보다 더 높은 권위로 삼고, "알고리즘이 더 잘 안다."는 신념이 확산되는 세계관이다. 다만 이는 엄밀한 과학 이론이 아니라, 데이터 중심 사회를 비판적으로 바라보기 위해 하라리가 만든 개념적·비유적 용어다.

실제로는, 의료·금융·채용 등에서 알고리즘 의존도가 높아지면서 "판단의 외주화"가 진행되고, 동시에 "알고리즘 편향·불투명성·책임 소재"를 둘러싼 규제·윤리 논쟁도 빠르게 커지고 있다.

핵심 질문은 "우리는 자유의지를 가진 주체인가, 아니면 알고리즘이 제안한 선택지만 골라 누르는 존재로 만족할 것인가?"이다.

6. 민주주의의 도전과 디지털 테크노크라시

데이터와 AI가 최고 권위로 떠오른 사회에서, 민주주의는 심각한 도전에 직면한다. 이미 선거·여론전·여론 조사·정책 설계에 AI가 활용되면서, 조작·감시·극단화·정보 왜곡 우려가 현실 정치의 중요한 이슈가 됐다.

일부는 묻는다. "왜 비전문가인 대중에게 투표권을 줘서 비합리적 결정을 하게 하나? 슈퍼 AI가 최적의 정책을 계산하면 되지 않는가?" 이러한 유혹은 "디지털 테크노크라시(기술 관료주의)"—전문가·알고리즘 중심 통치—를 정당화하는 논리로 사용될 수 있다.

정치학·민주주의 연구에서는 AI가 한편으로는 행정 효율성·데이터 기반 정책·시민 참여 플랫폼을 통해 민주주의를 강화할 수 있는 도구이지만, 다른 한편으로는 불평등을 심화하고, 빅테크·엘리트의 권력을 집중시켜 "형식만 민주주의인 체제"로 만들 위험이 크다고 경고한다.

따라서 "민주주의의 황혼"이라는 표현은 "민주주의에 대한 강력한 도전"이라는 의미의 비유로 이해하는 편이 좋다. 2035년의 세계는, AI를 어떻게 설계·규제·감독하느냐에 따라 "보다 참여적인 민주주의"와 "디지털 테크노크라시적 관리 사회" 사이 어디쯤에 위치할 수 있다.

7. 디스토피아는 기본값이 아니라 선택의 결과

이 암울한 시나리오는 "정해진 운명"이 아니라, 우리가 아무런 제동도 걸지 않았을 때 도달할 수 있는 "기본값"에 가깝다. 연구자들은 반복해서 "AI의 경제·정치적 결과는 기술 그 자체보다, 제도·규범·정책 설계에 달려 있다."고 강조한다.

질문은 명확하다.

기술을 일부 기업·엘리트의 전유물이 아니라, 모두를 위한 공공 인프라·공공재로 설계할 것인가.

AI·바이오 기술에 민주적 통제·투명성·책임성을 부여해, 인간의 존엄과 권리를 중심에 두는 규칙을 만들 것인가.

8. 마지막 질문: 2025년의 우리에게

2035년의 어느 날, 당신의 손주가 묻는다. "할아버지는 그때(2025년)에 뭐 하셨어요? AI가 세상을 바꿀 때, 왜 그냥 두셨어요?" 이 질문은 이제 단순한 수사가 아니라, AI 거버넌스·노동 전환·디지털 권리 논쟁이 본격화된 2020년대에 실제로 우리 앞에 놓인 과제다.

"기술은 죄가 없고 사용하는 사람이 문제다."라는 오래된 칼 비유는 여전히 일정 부분 유효하지만, 오늘날 AI 논의는 한 걸음 더 나아간다. AI 시스템은 설계 단계에서부터 데이터 선택·목표 함수·편향과 같은 인간의 가치·권력을 내장하며, 따라서 "어디에 쓰느냐." 뿐 아니라 "어떻게 설계·소유·감독하느냐."가 정치적 선택이다.

지금 우리 손에 쥐어진 것은 인류 역사상 가장 날카롭고 강력한 칼—AI 다. 이 칼을 누가 쥐고, 어떤 규칙 아래 휘두르며, 누가 그 결과에 대한 책임을 지도록 만들 것인지는 2035년이 아니라 바로 지금 결정되고 있다.

이 글의 2035년은, "그냥 두었을 때의 최악의 결과"를 먼저 그려보고, 오늘의 선택을 바꾸자는 초대장에 가깝다.

[Off the Record: 기사 밖의 진실] 인류는 두 개의 종으로 갈라진다

유발 하라리는 그의 저서 〈호모 데우스〉에서 섬뜩한 예언을 남겼다. "미래의 가장 큰 위협은 AI가 인간을 지배하는 것이 아니라, 사회가 소수의 '신이 된 인간(Homo Deus)'과 다수의 '무용한 계급'으로 쪼개지는 것이다."

2035년, 나는 이 예언이 현실이 되는 문턱에 서 있다고 느낀다.

우리가 상상하는 미래의 불평등은 기껏해야 "부자는 좋은 차를 타고 가난한 사람은 버스를 타는" 수준이었다. 하지만 2035년의 불평등은 차원이 다르다. 그것은 '생물학적 불평등'이다.

돈이 있는 사람들은 자신의 뇌에 최신형 BCI(뇌-컴퓨터 인터페이스) 칩을 심는다. 그들의 지능 지수는 AI와 결합해 300, 400으로 치솟는다. 유전자 가위 기술로 질병을 제거하고 수명을 150세로 늘린다. 그들은 더 똑똑하고, 더 건강하며, 더 오래 사는, 사실상 현생 인류(호모 사피엔스)와는 다른 '진화한 종'이 된다.

반면, 돈이 없어 '업그레이드'를 하지 못한 대다수의 사람들은 어떻게 되는가? 그들은 단순히 가난한 것이 아니다. 그들은 '쓸모가 없어진다'.

과거의 독재자나 자본가들은 가난한 노동자라도 필요로 했다. 공장을 돌리고 전쟁을 하려면 그들의 손과 발이 필요했기 때문이다. 이것이 '착취'라는 형태의 관계였다. 하지만 AI와 로봇이 모든 생산을 담당하는 2035년에, 업그레이드되지 않은 인간은 경제적으로나 군사적으로나 아무런 가치가 없다.

착취보다 더 무서운 것은 '배제'다. 세상이 자신을 필요로 하지 않는다는 사실, 내가 사회 시스템의 잉여 생산물일 뿐이라는 자각은 인간의 영

혼을 파괴한다. 이 '잉여 인간'들을 달래기 위해 국가는 기본소득이라는 이름의 용돈을 주고, 메타버스라는 가상현실 마약에 취해 있게 만든다. 현실의 고통을 잊고 가상 세계에서 왕 노릇을 하라는 것이다.

이것은 21세기의 카스트 제도다. 노력으로 극복할 수 없는, 태어날 때부터 혹은 자본력에 의해 결정되는 생물학적 계급 사회. 부자의 자식은 뇌 자체가 다르게 태어나고, 가난한 자의 자식은 영원히 그 격차를 따라잡을 수 없는 세상. 여기서 '기회의 평등'이나 '민주주의' 같은 단어는 박물관에나 있는 화석이 된다.

우리는 지금 '호모 사피엔스'라는 단일 종으로 사는 마지막 세대일지 모른다. 우리는 지금 스스로에게 묻지 않고 기술이라는 열차에 올라타고 있다. 이 열차의 종착역에서, 우리는 여전히 '같은 인간'으로 서로를 바라볼 수 있을까?

기술은 우리에게 신(God)의 능력을 주겠다고 유혹한다. 하지만 그 대가로 우리는 인간성이라는 영혼을 팔아넘기고 있는지도 모른다. 2035년, 당신은 업그레이드된 신이 될 것인가, 아니면 데이터 쪼가리가 되어 가상 세계를 떠도는 잉여 인간이 될 것인가. 선택의 시간은 얼마 남지 않았다.

데이터 제국, 한국이 나아가야 할 길

: 정부, 기업, 그리고 당신을 위한 제언

거대한 데이터 패권 전쟁의 파도가 밀려오고 있다. 이 흐름을 거스를 수는 없지만, 파도에 휩쓸릴지 파도를 탈지는 우리의 선택에 달렸다. 여기, 대한민국이 데이터 식민지가 아닌 주권 국가로 생존하기 위한 구체적인 로드맵을 제안한다.

1. 정부: '규제'를 넘어 '전략'으로

데이터는 21세기의 영토다. 정부는 이 영토를 지키고 확장하는 사령탑이 되어야 한다.

소버린 AI(Sovereign AI) 구축을 국가 과제로 격상하라:

구글과 오픈AI에 의존하지 않는, 한국의 언어와 문화를 이해하는 독자적인 초거대 AI 모델을 반드시 확보해야 한다. 이는 단순한 기술 개발이 아니라 '문화 주권'과 '안보'의 문제다.

'데이터 안보'와 '개방' 사이의 균형점을 찾아라:

공공 데이터는 과감하게 개방하여 민간의 혁신을 돕되, 국가 핵심 기술과 민감 정보는 철통같이 방어하는 '투 트랙(Two-track)' 전략이 필요하다. 더 이상 낡은 망 분리 규제에 갇혀 있어서는 안 된다.

미·중 사이 '기술 외교'의 레버리지를 키워라:

반도체라는 강력한 카드를 활용해 미국과는 공급망 동맹을, 중국과는 실리콘 방패 전략을 구사해야 한다. 고래 싸움에 등 터지는 새우가 아니라, 고래를 춤추게 하는 '돌고래'가 되어야 한다.

2. 기업: '추격자'에서 '설계자'로

하드웨어 제조 강국을 넘어, 데이터를 지배하는 소프트 파워 기업으로 거듭나야 한다.

메모리 반도체 성공 신화에 안주하지 마라:

데이터를 저장하는 메모리를 넘어, 데이터를 해석하고 연산하는 '시스템 반도체'와 'AI 칩' 역량을 사활을 걸고 확보해야 한다. 미래의 부는 저장 창고가 아닌 '두뇌'에서 나온다.

데이터를 '비용'이 아닌 '자산'으로 재정의하라:

고객 데이터를 단순히 마케팅 용도로만 쓰지 말고, 새로운 비즈니스 모델을 창출하는 원천 사원으로 활용해야 한다. '데이터 리터러시'가 높은 인재를 채용하고 그들에게 전권을 부여하라.

플랫폼 종속을 경계하고 자체 생태계를 구축하라:

빅테크의 플랫폼에 얹혀가는 쉬운 길은 결국 종속으로 이어진다. 작녀라도 독자적인 고객 데이터 파이프라인을 구축하고, '내 땅'에서 비즈니스를 해야 한다.

3. 개인: '데이터 노동자'에서 '데이터 주권자'로

우리는 알고리즘의 노예가 아니다. 깨어있는 시민만이 기술의 폭주를 막을 수 있다.

'공짜'의 유혹을 끊고 정당한 대가를 요구하라:

나의 검색 기록, 위치 정보, 소비 패턴이 곧 돈이다. 내 데이터를 제공할 때는 그에 합당한 서비스나 보상이 주어지는지 따져 묻는 습관을 들여야 한다.

알고리즘의 '필터 버블'을 의도적으로 탈출하라:

유튜브와 SNS가 떠먹여 주는 정보만 편식하지 마라. 나와 다른 의견, 낯선 분야를 일부러 찾아보고 검색하여 알고리즘의 편향을 깨뜨려야 한다. 스스로 생각하는 힘을 잃으면 AI의 판단에 지배당하게 된다.

기술의 윤리성을 감시하는 눈이 되어라:

편리함 뒤에 숨겨진 차별과 감시를 경계해야 한다. 기업과 정부가 나의 데이터를 어떻게 쓰는지 감시하고, 잘못된 기술 사용에 대해 목소리를 높이는 '디지털 시민성'을 발휘하라.

결국 질문은 하나다. 데이터가 권력이 되는 세상, 우리는 그 권력의 부속품으로 남을 것인가, 아니면 그 권력을 통제하는 주인이 될 것인가? 답은 이제 당신의 행동에 달려 있다.

우리는 언제부터 스스로를 기록하기 시작했나

우리는 언제부터 스스로를 기록하기 시작했을까.

누군가 강제로 쓴 일기가 아니라 우리가 직접 남긴 위치 기록, 검색어, 결제 내역, 통화 기록, 사진과 영상, 심박수와 걸음 수로 이루어진 가장 정직한 자서전. 이 기록은 종이에 남지 않고 서버에 남고, 기억에 남지 않고 알고리즘에 남는다.

이 책은 중국의 코로나 봉쇄와 QR 코드 통제에서 시작해, 안면 인식과 결제, 신용과 AI, 그리고 우리나라 플랫폼·통신·금융 결합 구조까지를 살펴봤다. 처음엔 방역이었고 다음엔 효율이었으며 그다음엔 편의였다. 어느 순간부터 그 모든 것은 하나의 흐름이 되었다.

데이터 국가는 어느 날 갑자기 선포되지 않았다. 그것은 늘 "더 빠르게", "더 안전하게", "더 편리하게"라는 말과 함께 조용히 구축되었다. 사람들은 통제에 끌려온 것이 아니라 스스로 문을 열고 들어왔다.

국가는 더 똑똑해졌고, 개인은 더 투명해졌다.

범죄는 더 빠르게 예측되고 행정은 더 효율적으로 처리되며 금융은 더 정교해졌다. AI는 사회의 수많은 판단을 대신하고, 데이터는 정책의 새로운 언어가 되었다. 이 변화만 놓고 보면 데이터 국가는 '진보'처럼 보이기도 한다.

그러나 그 대가로 개인은 더 투명해졌다.

어디에 있었는지, 무엇을 샀는지, 누구를 만났는지, 무엇을 검색했는지, 어떤 감정 상태였는지까지 기록된다. 과거의 국가는 국민을 '봤다'. 지금의 데이터 국가는 국민을 '계산한다'. 그리고 계산된 개인은 언제든 점수로, 확률로, 위험도로 다시 불린다.

문제는 이 계산이 언제나 개인에게 설명되지 않는다는 점이다. 왜 대출이 거절됐는지, 왜 의심 대상이 되었는지, 왜 지원 대상에서 빠졌는지, 우리는 종종 알지 못한 채 결과만 통보받는다. 판단은 자동화되었고, 책임은 흐려졌다.

QR 코드도, 안면 인식도, AI도, 결제 시스템도 이미 우리 삶을 구성하는 일부가 되었다. 이 흐름을 되돌리는 것은 가능하지도, 현실적이지도 않다.

그러나 한 가지는 분명하다.

기술이 사회를 대신 설계하도록 방치하는 것과 기술을 이해한 채 사회가 기술을 선택하는 것은 전혀 다른 길이라는 점이다. 지금까지 우리는 너무 자주 기술의 속도에 떠밀려 결정을 미뤄왔다. "나중에 문제되면 그때 가서 고치자."는 태도는 데이터 사회에서는 거의 언제나 늦은 선택이 된다. 이미 수집된 데이터는 되돌릴 수 없기 때문이다.

데이터 국가는 이미 시작되었지만, 아직 완성형은 아니다.

이 사회가 안전한 데이터 국가가 될지, 편리한 감시 사회가 될지, 신뢰를 기반으로 한 디지털 공화국이 될지는 아직 정해지지 않았다.

그 갈림길에는 기술만 있는 것이 아니라, 제도와 책임, 그리고 시민의 태도가 함께 서 있다.

국가가 얼마나 투명하게 데이터를 관리하는지, 기업이 얼마나 책임 있게 데이터를 다루는지, 개인이 얼마나 무심하게 동의 버튼을 누르지 않는지가 이 방향을 결정한다.

개인은 여전히 변수로 남아 있다

이 책이 끝까지 붙잡고 온 질문은 단순하다. "데이터 국가 시대에도 개인은 주체로 남을 수 있는가."

나는 기술을 연구하는 개발자도, 정책을 결정하는 관료도 아니다. 데이터 국가의 구조를 매일 기사로 기록해 온 기자다. 기업의 서버를 취재했고, 해킹 사고를 취재했고, 플랫폼의 약관을 들여다봤으며, AI가 사람을 어떻게 분류하는지를 추적해 왔다. 그 취재의 끝에서 내가 얻게 된 확신은 하나였다.

데이터는 중립적이지 않다. 데이터는 언제나 힘이 되고 AI는 그 힘을 배가시키며 그 방향을 통제하지 못하면 개인의 삶은 늘 가장 먼저 흔들린다.

기록되는 시대에서, 선택하는 존재로 우리는 이미 데이터 국가 안에 들어와 있다. 그러나 아직 완전히 그 일부로 고정되지는 않았다.

알고리즘이 모든 것을 대신 결정하는 사회와 알고리즘을 이해한 시민이 그것을 감시하는 사회 사이에는 결정적인 차이가 있다.

기록되는 존재로만 남을 것인가 아니면 여전히 선택하는 존재로 남을 것인가. 이 질문은 기술이 아니라, 결국 사람에게로 되돌아온다.

그리고 그 선택은 '거대한 혁명'이 아니라 오늘 우리가 누르는 작은 버튼 하나에서 시작된다.

: 데이터와 기술이 만드는 복잡한 세계를 이해하기 위한 가이드

이 책에 등장하는 주요 기술, 경제, 지정학 용어를 알기 쉽게 풀이했다.(가나다순 정렬)

- 가상자산(Virtual Asset): 비트코인 등 블록체인 기술을 기반으로 하여 전자적으로 거래되는 자산이다. 책에서는 기존 화폐 권력(달러)에 도전하는 새로운 데이터 자산으로 묘사된다.
- GDPR(일반 개인정보 보호법): 유럽연합(EU)이 제정한 강력한 개인정보 보호 규정이다. 기업이 아닌 '개인'에게 데이터 통제권을 돌려주는 것을 목표로 하며, 전 세계 데이터 규제의 표준이 되고 있다.
- 데이터 주권(Data Sovereignty): 개인이나 국가가 생성된 데이터에 대해 소유권과 통제권을 가지는 권리를 말한다. 빅테크 기업에 종속되지 않기 위한 핵심 개념이다.
- 데이터 센터(Data Center): 방대한 데이터를 저장하고 처리하는 시설이다. '21세기의 공장'이자 전력을 엄청나게 소비하는 '전기 먹는 하마'로 불린다.
- 대만해협의 지정학(Geopolitics of Taiwan Strait): 세계 최대 파운드

리 기업 TSMC가 위치한 대만을 둘러싼 미·중 간의 군사·경제적 긴
장 상태를 뜻한다. 반도체 공급망의 급소다.

- 딥페이크(Deepfake): AI 기술을 이용해 특정 인물의 얼굴이나 목소
  리를 진짜처럼 합성한 가짜 콘텐츠다. 민주주의와 진실을 위협하는
  도구로 악용된다.

- 디지털 트윈(Digital Twin): 현실 세계의 기계, 장비, 사물 등을 컴퓨
  터 속 가상세계에 구현한 것이다. 재난 예측이나 도시 관리에 쓰이
  지만, 감시 사회를 가속화하는 기술이기도 하다.

- 마이 데이터(My Data): 흩어진 개인 신용정보를 한곳에 모아 보여
  주고 재무 현황 분석 등을 제공하는 서비스다. 내 데이터의 주인이
  '나'라는 인식에서 출발했다.

- 반도체(Semiconductor): '산업의 쌀'이자 데이터 경제의 핵심 인프
  라다. 미·중 패권 전쟁의 가장 치열한 전장이 되고 있다.

- 배터리(Battery): 반도체와 함께 4차 산업혁명의 핵심 부품이다. 전
  기차 시대의 에너지원이자 국가 안보 자산이다.

- 생성형 AI(Generative AI): 챗GPT처럼 텍스트, 이미지 등 새로운 콘
  텐츠를 스스로 만들어내는 인공지능이다. 노동의 미래를 바꿀 혁신
  이자 위협으로 다가오고 있다.

- 소버린 AI(Sovereign AI): '주권 AI'. 특정 국가나 문화권의 데이터와
  언어를 기반으로 구축된 독자적인 AI 모델이다. 빅테크의 AI 종속
  을 막기 위한 대안이다.

- 스플린터넷(Splinternet): 쪼개지다(Splinter)와 인터넷(Internet)의
  합성어다. 전 세계가 하나로 연결되던 인터넷이 미·중 갈등으로 인

해 분열되는 현상을 뜻한다.

- 실리콘 방패(Silicon Shield): 대만의 TSMC와 같은 독보적인 반도체 산업이 중국의 무력 침공을 막아주는 방패 역할을 한다는 이론이다.
- 알고리즘 편향(Algorithm Bias): AI나 알고리즘이 학습 데이터의 편향성 때문에 특정 인종, 성별, 계층에 불리한 판단을 내리는 현상이다.
- 제로 트러스트(Zero Trust): '아무것도 신뢰하지 않는다'는 원칙의 보안 모델이다. 내부자라 할지라도 끊임없이 신원을 검증하는 방식이다.
- 초거대 AI(Hyperscale AI): 파라미터(매개변수)가 무수히 많아 인간의 뇌처럼 복잡한 사고와 창작이 가능한 고성능 인공지능이다.
- 파운드리(Foundry): 반도체 설계 도면을 받아 위탁 생산만 전문으로 하는 기업이다. (예: TSMC, 삼성전자 파운드리 사업부)
- 팹리스(Fabless): 반도체 생산 공장(Fab) 없이 설계만 전문으로 하는 기업이다. (예: 엔비디아, 퀄컴)
- 할루시네이션(Hallucination): 생성형 AI가 거짓 정보를 마치 사실인 것처럼 그럴듯하게 답변하는 현상이다. '인공지능 환각'이라고도 한다.
- CBDC(중앙은행 디지털 화폐): 비트코인과 달리 각국 중앙은행이 직접 발행하는 디지털 화폐다. 현금 없는 사회를 앞당기고 국가의 통제력을 강화하는 수단이다.

: 2016~2024, 그리고 미래

책의 2부와 3부에서 다룬 기술 패권 경쟁의 흐름을 한눈에 정리했다.

2016. 03. 구글 딥마인드 '알파고', 이세돌 9단에 승리(AI 충격의 시작)

2018. 03. 미국 트럼프 행정부, 중국산 수입품에 관세 부과(미·중 무역 전쟁 개전)

2018. 05. 유럽연합(EU), 개인정보보호법(GDPR) 시행

2019. 05. 미국, 화웨이를 거래 제한 기업 명단에 등재(기술 봉쇄 시작)

2019. 07. 일본, 한국에 대한 반도체 소재 수출 규제(한·일 무역 갈등)

2020. 01. 중국 우한 봉쇄 및 디지털 감시 시스템 전면 가동(코로나19 팬데믹)

2020. 08. 한국, 데이터 3법 개정안 시행(데이터 경제 활성화)

2022. 10. 미국 상무부, 대중국 반도체 장비 수출 통제 조치 발표

2022. 11. 오픈AI, 생성형 AI '챗GPT(ChatGPT)' 공개(생성형 AI 시대 개막)

2023. 03. 한국 정부, 용인 반도체 클러스터 조성 계획 발표

2023. 08. 캠프 데이비드 한·미·일 정상회의(기술 안보 동맹 강화)

2024. 03. 유럽연합(EU), 세계 최초 'AI 규제법(AI Act)' 가결

2024. 05. 라인야후 사태 발생(플랫폼 주권 논란 점화)

2025~ 소버린 AI 구축 경쟁 심화 및 6G 통신 표준 전쟁 본격

2025~ 소버린 AI 구축 경쟁 심화 및 6G 통신 표준 전쟁 본격

: 감시 자본주의 시대, 나를 지키는 10가지 행동 지침

책의 6부(인간의 위기)와 8부(데이터 민주주의)의 결론을 바탕으로, 독자가 실천할 수 있는 구체적인 행동 강령을 제시한다.

[Part 1] 내 데이터 주권 지키기 10계명

- '무료'의 대가를 의심하라: 공짜 서비스는 나의 데이터를 대가로 지불하는 것이다. 약관을 읽는 습관을 들여라.
- 앱 권한, 최소한만 허용하라: 손전등 앱이 내 위치 정보를 요구할 이유는 없다. 불필요한 접근 권한은 꺼라.
- 때로는 '아날로그'로 회귀하라: 가끔은 현금을 사용하고, 스마트폰을 두고 산책하라. 기록되지 않을 권리를 누려라.
- 비밀번호는 길고 복잡하게, 2단계 인증은 필수: 내 디지털 자산을 지키는 가장 기본적이고 강력한 방패다.
- 소셜 로그인(간편 로그인)을 경계하라: 편리함 뒤에는 거대 플랫폼에 나의 모든 활동 내역을 넘겨주는 위험이 있다.
- 내 데이터의 '이동권'을 활용하라: 마이데이터 서비스 등을 통해 내 정보가 어디에 있는지 수시로 확인하고 통제하라.

- 알고리즘의 추천을 거스르는 선택을 하라: 유튜브나 쇼핑몰이 추천하는 것 외에, 내가 직접 검색해서 찾아보라. 편향된 정보 감옥(필터 버블)에서 탈출해야 한다.
- 가짜 정보(Fake News) 팩트체크를 생활화하라: 자극적인 제목의 기사는 반드시 출처를 확인하고, 교차 검증하라.
- '잊힐 권리'를 요구하라: 더 이상 사용하지 않는 사이트는 반드시 탈퇴하고, 내 흔적을 지워달라고 요구하라.
- 데이터 정책에 투표하라: 나의 프라이버시를 지켜줄 법과 제도를 만드는 정치인과 정당에 관심을 가져라.

[Part 2] 알고리즘 중독 자가 진단 & 디톡스

- 아침에 눈 뜨자마자 스마트폰부터 확인하는가?
- 숏폼(Short-form) 영상을 보느라 1시간 이상 훌쩍 보낸 적이 있는가?
- 알고리즘이 추천해 준 상품을 충동구매한 적이 있는가?
- 스마트폰 배터리가 없으면 극도의 불안감을 느끼는가?
- 위 항목 중 3개 이상 해당된다면, 일주일에 하루는 '디지털 단식(Digital Fasting)'을 실천해야 한다. 스마트폰을 끄고 온전히 나 자신과 대화하는 시간이 필요하다.

: 데이터 제국을 이해하기 위한 지식의 지도

이 책을 집필하며 영감을 얻었거나, 데이터와 기술 패권의 실체를 더 깊이 탐구하고 싶은 독자들을 위해 엄선한 자료들이다.

1. 데이터와 감시 사회: 보이지 않는 권력의 실체

우리가 편리함의 대가로 무엇을 지불하고 있는지, 거대 기술 기업의 감시 시스템이 어떻게 작동하는지 파헤친 필독서들이다.

- 쇼샤나 주보프, 『감시 자본주의 시대(The Age of Surveillance Capitalism)』(문학사상, 2021): 구글과 페이스북이 어떻게 인간의 경험을 공짜 원재료로 삼아 돈을 버는지 낱낱이 고발한 이 분야의 바이블이다. 책의 1부(감시 사회)와 6부(인간의 위기)를 뒷받침하는 핵심 문헌이다.
- 캐시 오닐, 『대량살상 수학무기(Weapons of Math Destruction)』(흐름출판, 2016): 알고리즘이 어떻게 불평등을 강화하고 민수수의를 위협하는지 수학자의 관점에서 증명했다. 8부(데이터 민주주의)의 논거로 활용하기 좋다.

- 조지 오웰, 『1984』(민음사): 팬데믹 이후의 디지털 감시를 설명할 때 빠질 수 없는 고전이다. '빅 브라더'의 현대적 의미를 되새기는 데 필수적이다.
- 한병철, 『투명사회』(문학과지성사, 2014): 모든 것이 투명하게 공개되는 데이터 사회가 역설적으로 어떻게 통제 사회가 되는지 철학적으로 분석했다.

2. 반도체와 미·중 패권: 21세기 지정학의 전장

데이터가 흐르는 통로인 '반도체'와 이를 둘러싼 국가 간의 전쟁을 이해하기 위한 전략서들이다.

- 크리스 밀러, 『칩 워(Chip War)』(부키, 2023): 반도체가 석유보다 중요한 전략 자산이 된 역사를 다룬다. 2부(하드웨어 전쟁)와 7장(TSMC 실리콘 방패)의 내용을 보강하는 가장 강력한 참고 자료다.
- 카이푸 리, 『AI 슈퍼파워(AI Superpowers)』(이콘, 2019): 실리콘밸리와 중국의 AI 경쟁력을 비교 분석한 책이다. 중국의 데이터 강점을 설명하는 데 유용하다.
- 그레이엄 앨리슨, 『예정된 전쟁(Destined for War)』(세종서적, 2017): 미·중 갈등을 '투키디데스의 함정'으로 설명한 지정학 필독서다. 데이터 패권 경쟁의 배경이 되는 거시적 안보 상황을 설명해 준다.

3. 인공지능(AI)과 인류의 미래: 위기인가 기회인가

챗GPT 이후 급변하는 세상과 인간의 설 자리를 고민한 미래학의 정수들이다.

- 유발 하라리, 『호모 데우스(Homo Deus)』(김영사, 2017): 데이터교 (Dataism)의 등장을 예견하며, 데이터가 신이 되는 미래를 경고했다. 책의 전반적인 철학적 배경이 될 수 있다.
- 헨리 키신저·에릭 슈미트 외, 『AI 이후의 세계(The Age of AI)』(윌북, 2023): 외교 전략가와 구글 전 회장이 만나 AI가 바꿀 안보, 질서, 인간 정체성을 논했다.
- 무스타파 술레이만, 『더 커밍 웨이브(The Coming Wave)』(한경BP, 2024): 딥마인드 창업자가 AI 기술의 통제 불가능성과 그 거대한 파도를 경고한 최신작이다.

4. 주요 보고서 및 기사

- 대외경제정책연구원(KIEP), 「미·중 기술패권 경쟁과 한국의 선택」 관련 보고서
- 한국지능정보사회진흥원(NIA), 「AI 및 데이터 산업 현황」 정기 보고서
- 정보통신정책연구원(KISDI), 「디지털 플랫폼과 데이터 주권」 관련 연구
- 유럽연합(EU), 「GDPR(일반 개인정보 보호법)」 및 「AI 법(AI Act)」 원문 요약

데이터 제국

초판 1쇄 발행 2026년 3월 3일

지은이   심재훈
펴낸이   이기봉
편집   좋은땅 편집팀
펴낸곳   도서출판 좋은땅
주소   서울특별시 마포구 양화로12길 26 지월드빌딩 (서교동 395-7)
전화   02)374-8616~7
팩스   02)374-8614
이메일   gworldbook@naver.com
홈페이지   www.g-world.co.kr

ISBN   979-11-388-5472-6 (03300)